Zlatan Ibrahimović
Adrenalin

PIPER

Zu diesem Buch

»Den Spieler Ibra kennen alle, aber den Menschen Ibra nicht.« Was macht den Fallrückzieher für einen Fußballspieler so besonders? Welche Bedeutung haben Tore für einen Stürmer, der auch mit über vierzig noch auf Weltklasseniveau kickt? Und welche Rolle spielen Trainer und Teamkollegen, Elfmeter und Verletzungen für jemanden, der sich schon so lange im Profisport behauptet? Zlatan Ibrahimović muss sich und den anderen auf dem Platz nichts mehr beweisen. Seine Erfolge in den international renommiertesten Clubs stehen für sich. In seiner Autobiografie gibt der »Gott des Fußballs« sehr persönliche Einblicke, wie er im Laufe der Jahre gereift ist – zu einem Mann, der vor allem vor sich selbst bestehen kann. Der zwischen Adrenalin und Balance seinen Platz auf dem Rasen und im Leben gefunden hat. Und zu dem neben Stärke, Entschlossenheit und Mut auch die Angst vor der Zukunft gehört.

Zlatan Ibrahimović, 1981 in Malmö geboren, spielte unter anderem bei Juventus Turin, dem FC Barcelona, Paris Saint-Germain und zwei Vertragslaufzeiten lang beim AC Mailand, wo er u.a. das 500. Tor seiner Vereinskarriere erzielte. Sein erster Band »Ich bin Zlatan« wurde in unzählige Sprachen übersetzt und gehört zu den erfolgreichsten Sportbüchern aller Zeiten.

Zlatan Ibrahimović
mit Luigi Garlando

ADRENALIN

WAS ICH NOCH NICHT
ERZÄHLT HABE

Aus dem Italienischen von
Barbara Neeb und Katharina Schmidt

PIPER

Mehr über unsere Autorinnen, Autoren und Bücher:
www.piper.de

Von Zlatan Ibrahimović liegen im Piper Verlag vor:
Ich bin Zlatan
Adrenalin

Erweiterte Taschenbuchausgabe
ISBN 978-3-492-32006-1
1. Auflage September 2023
5. Auflage März 2026

Titel der italienischen Originalausgabe: »Adrenalina. My untold stories«,
erschienen 2021 bei Cairo, RCS MediaGroup S.p.A., Mailand

Piper Verlag GmbH, Georgenstraße 4, 80799 München, *www.piper.de*
Für einen direkten Kontakt und Fragen zum Produkt wenden Sie sich
bitte an: *info@piper.de*
Redaktion: Steffen Geier, Heidelberg
Umschlaggestaltung: Birgit Kohlhaas, kohlhaas-buchgestaltung.de nach einem
Entwurf von PEPE nymi
Umschlagmotiv: Settimio Benedusi
Satz: Satz für Satz, Wangen im Allgäu
Gesetzt aus der Simoncini Garamond
Litho: Lorenz & Zeller, Inning am Ammersee
Gedruckt von ScandBook in Litauen
Printed in the EU

INHALT

Ich liebe Fallrückzieher.
Ich liebe es, in der Luft den Ball mit den Füßen zu treffen,
die doch die untersten Teile am Körper sind.
Ehe ich dann auf den Boden zurückfalle, betrachte ich
noch einen Augenblick die Welt auf dem Kopf.
Und in dem Moment stehen für mich alle anderen –
die Teamkollegen, der Schiedsrichter, die Zuschauer – kopf.
Es ist eine exklusive und sehr privilegierte Sicht.
Und sie gehört mir allein.
Ich widme dieses Buch allen, die gern
Regeln, Ansichten und Vorhersagen auf den Kopf stellen.
Denn nur wenn man hartnäckig und entschlossen,
mit Hingabe und Einsatz dem eigenen Instinkt folgt,
kann die eigene Sicht der Welt einzigartig sein.
Privilegiert und exklusiv.

VORWORT VON LUIGI GARLANDO

zur italienischen Taschenbuchausgabe 2022

Am 22. Mai 2022 schlägt Milan in Reggio Emilia Sassuolo Calcio 3 : 0 und wird nach elf Jahren des Wartens wieder italienischer Meister. Zlatan Ibrahimović hat wegen einer Knieverletzung nicht auf dem Platz gestanden, aber als die Party beginnt, geht er allen voran. Er ist der größte Held von allen.

Die Mannschaft kommt in die Kabine zurück, Zlatan stellt sich mit einer Wasserflasche in der Hand in die Mitte des Raums und sagt seinen Mannschaftskameraden sehr bestimmt, sie sollen sich auf die Bänke setzen. Der Trainer, Stefano Pioli, nimmt ebenfalls Platz, während Ivan Gazidis, der CEO des Clubs, der großartige Paolo Maldini, der Technische Direktor, und Ricky Massara, der Sportdirektor, in der Tür stehen bleiben, als hätten sie Scheu, in Zlatans Reich einzudringen. Der hält nun eine Ansprache: »Als ich zu Milan zurückgekommen bin, haben nicht viele an uns geglaubt. Dann, irgendwann, haben wir alle kapiert, dass wir Opfer bringen müssen, leiden, ackern müssen. In diesem Moment sind wir zu einer Gemeinschaft zusammengewachsen, und wenn aus einer

Mannschaft eine Gemeinschaft wird, kann sie die großen Dinge verwirklichen, die wir verwirklicht haben. Heute sind wir italienischer Meister. Dafür möchte ich vor allem den Spielern danken.«

An dieser Stelle fordert Zlatan Applaus ein, der sich gleich dröhnend in der Kabine erhebt.

»Ich spreche jetzt für die ganze Mannschaft. Wir möchten uns auch bei Paolo, Ricky und Ivan bedanken.«

Zuerst kommen die Spieler, erst dann die Manager, und zwar erst die, die ganz nah an der Mannschaft dran sind, und zum Schluss der, der dem Eigentümer am nächsten steht. Zlatans Hierarchie ist klar: Die Verdienste werden geringer, je weiter sie vom Platz entfernt sind.

Wieder gibt es Applaus, und wieder macht er eine Kunstpause.

»Ich bin superstolz auf euch alle hier. Und jetzt tut mir einen Gefallen: Feiert auch wie Meister. Denn Milan ist nicht nur Mailand, Milan ist Italien!«

Und noch während er das ruft, packt er den weißen Tisch vor ihm in der Mitte des Raums und stürzt ihn unter dem Gejohle und den Jubelrufen seiner entfesselten Teamkameraden um.

Mit dieser Geste hat er höchst eindrucksvoll den Sinn seiner letzten Herausforderung auf den Punkt gebracht: Er hat Milan auf den Kopf gestellt.

Im Januar 2019 hatte Zlatan eine Mannschaft aufgesammelt, die in Trümmern lag, da sie nach der 5:0-Niederlage in Bergamo auf dem elften Tabellenplatz stand und nur halb so viele Punkte wie Juve hatte, und er führte sie in zweieinhalb Meisterschaften zum Titelgewinn. Er hat eine Handvoll junger Spieler mit Stolz und Mut erfüllt und sie – *hasta la victoria* – zum Sieg geführt.

Und so hat Zlatan, als er die Kabine verlässt und zur Mitte des Platzes geht, um dort an der offiziellen Siegerehrung teilzunehmen, keine Wasserflasche mehr in der Hand, sondern eine Magnumflasche Champagner und in der anderen eine Zigarre à la Che Guevara. *Il Comandante*, das ist er, und neben ihm bringt sich Stefano Pioli in Stellung, der Trainer *on fire*, der klug genug ist, nicht unter dem Charisma seines Mittelstürmers zu leiden, sondern es im Spiel als tödliche Waffe einzusetzen: Das sind die beiden großen Architekten dieses Sieges.

Als sie später in der Nacht die Casa Milan, die Zentrale des Vereins, erreichen, spricht Zlatan zur Menge, einem Menschenmeer in Rot-Schwarz, das die Stadt erfüllt: »Wir möchten von ganzem Herzen all unseren Fans danken. Danke für dieses Jahr. Ohne euch wäre das nicht möglich gewesen.« Beifall, Jubel, Begeisterungsstürme.

»Ich möchte etwas sagen. Hört ihr mich?«

Wieder eine Kunstpause, dann schreit Zlatan wieder den Slogan, den er für diese Party gewählt hat: »Milan ist nicht nur Mailand, Milan ist Italien!«

Während des Triumphzugs durch die Straßen der Stadt, oben in einem offenen Bus, macht Zlatan eine große Show: Er trinkt Bier, tanzt, umklammert das Mikrofon und fordert die Fans auf: »Schickt Hakan eine Nachricht.« An den ehemaligen Milan-Spieler Hakan Çalhanoğlu, der zu Inter gewechselt ist und deshalb als Verräter gilt.

Zu Hause, inzwischen ist es früher Morgen, geht Zlatan auf die Terrasse seiner Mailänder Wohnung und schaut hinaus zum Horizont. Er liebt die Aussicht von dort oben. An klaren Tagen kann man die Berge sehen. Sein Blick wandert auf ein niedrigeres, nicht weit entferntes Gebäude, die Zentrale von Inter Mailand. Auf der Terrasse dort hat er vor einem Jahr Steven Zhang und dessen Team schwarz-blaue Fahnen schwenken sehen. Damals ist Zlatan beinahe fluchtartig ins Haus gelaufen, um ja nicht auf irgendeinem Foto zu landen.

Nun ist die Dachterrasse von Inter menschenleer. Nur ein Jahr nach deren Triumph hat Milan die Meisterschaft gewonnen. Zlatan kann also ruhig auf seiner Terrasse stehenbleiben und sich noch mehr auf dem Gipfel seiner Karriere fühlen, da ihm hier die Stadt zu Füßen liegt. Als Lukaku zu Inter kam, hat er gleich gesagt: »Der neue König von Mailand.« Darauf hat Zlatan reagiert mit: »Mailand hatte nie einen König, sie haben einen GOTT.«

Als er in der Morgendämmerung des 23. Mai 2022 auf der Terrasse seiner Wohnung steht, ist Zlatan ein zufriedener Gott, der seine Schöpfung vollendet hat. Er hat sein Versprechen eingelöst. Als er zu Milan kam, hatte er geschworen: »Die AC Mailand-Fans werden wieder vor Freude in die Luft springen.« Und das haben sie die ganze Nacht lang.

Am nächsten Tag kann er auf seinem Instagramaccount melden, dass er die Herausforderung gemeistert hat: »Ich habe es gesagt. Ich habe es getan.«

Adrenalin ist auch die Geschichte einer Reise vom »Sagen« zum »Tun«: die Anatomie eines Triumphs. Angefangen im Herbst 2019, als Zlatan, ausgelaugt von den Erfahrungen in der amerikanischen Liga bei Los Angeles

Galaxy, beschlossen hatte, mit dem Fußball aufzuhören; dann das Überdenken seiner Entscheidung, weil sein Freund und Agent Mino Raiola ihn heftig dazu drängte; die angenommene Herausforderung bei Milan; das Training wie in einem sibirischen Straflager, das er seinen neuen Teamkameraden auferlegte; die Ratschläge, mit denen er Talente wie Rafael Leão und Sandro Tonali förderte; seine Tore und das Vorbild, das er auf dem Platz verkörperte und womit er ganz allmählich den Siegerverein Milan aufbaute.

»Adrenalin« bedeutet in Zlatans Wortschatz eine Herausforderung, die dein Herz rasen lässt und dir die Kraft gibt, jeden Morgen aus dem Bett aufzustehen und Opfer und Schmerzen zu ertragen, weil du weißt, dass du am Ende mit Erfolg belohnt wirst.

Nachdem er die Mission Titelgewinn erfolgreich abgeschlossen hatte, stellte sich Zlatan, der Herausforderungen braucht, um sich lebendig zu fühlen, einer weiteren; wie viele andere während seiner Karriere war auch diese aus Schmerzen geboren. Zlatan fürchtet den Schmerz nicht, ganz im Gegenteil, er betrachtet ihn als Gegner, der ihm mit offenem Visier und auf Augenhöhe entgegentritt. Und er sagt: »Ich genieße es, wenn ich leide.«

Zlatan hat sein neues Ziel kurz nach dem Gewinn der Meisterschaft enthüllt: »In den vergangenen sechs Monaten habe ich ohne das vordere Kreuzband im linken Knie gespielt. Es war sechs Monate lang geschwollen. Ich habe nur zehnmal mit der Mannschaft trainieren können. Und habe über zwanzig Spritzen bekommen. An meinem Knie wurde einmal wöchentlich Flüssigkeit abgesaugt. Ich habe jeden Tag Schmerzmittel genommen. Die Schmerzen haben mich nicht schlafen lassen. Ich habe noch nie so auf dem Platz und außerhalb gelitten. Ich habe das Unmögliche möglich gemacht.«

Die Schmerzen der vergangenen sechs Monate waren der Atem, mit dem Gott Zlatan seine Schöpfung endgültig geformt hat.

Wenn Milan in den letzten Spielen der Serie A eine Energie, eine Bereitschaft, sich aufzuopfern, gezeigt hat, der niemand etwas Vergleichbares entgegensetzen konnte, wenn sie viele Partien kurz vor Schluss durch Willenskraft gewonnen haben, dann auch, weil sich das Team seines Anführers würdig erweisen wollte. Unter der Woche sahen die jungen Spieler einen Vierzigjährigen, der schon genug Erfolge erlebt hatte, der sich vollgepumpt mit Schmerzmitteln von einem Training zum nächsten schleppte, um dann am Sonntag wenigstens eine Viertelstunde mit dem kaputten Knie zu spielen. Wie sollten sie da nicht bis an ihr Limit und noch darüber hinaus gehen?

Am 25. Mai, drei Tage nach dem Titelgewinn, ließ sich Zlatan in Lyon operieren. Das vordere Band an seinem linken Knie wurde wieder aufgebaut, das seitliche verstärkt und der Meniskus repariert. Die Prognose: sieben bis acht Monate Ausfall. Wieder begann für ihn der schmale Grat voller Schmerzen und Rehamaßnahmen, den er schon so oft gegangen war, ganz extrem nach der furchtbaren Verletzung 2017 bei Manchester. Wieder eine neue Herausforderung: zurückzukommen, noch einmal zu zeigen, dass er Zlatan ist, sein junges Milan in die Champions League zu führen, die für ihn immer ein dorniges Feld war.

Am 18. Juli 2022 verlängerte er seinen Vertrag bei reduziertem Gehalt: eine Million Euro plus Bonuszahlungen, entsprechend seiner Einsätze und Tore.

Den ganzen Sommer 2022 über hat er sich am Meer oder in den Bergen gequält, mit einer professionellen Kompromisslosigkeit, die noch größer ist als die, die er von seinen Teamkameraden verlangt. Ihm zur Seite steht der vertraute Physiotherapeut Giorgio, der ihm seit langer Zeit auf Tritt und Schritt folgt. Zlatan sagt im Scherz über ihn, dass er jetzt eben vierundzwanzig Stunden lang betreut werden muss.

Zlatans neue Erkenntnis, dass er ein Mensch ist, macht es ihm unmöglich, für seine nächste Zukunft ein neues Ziel zu setzen. Es stimmt schon, das Wort »Aufgeben« hat keinen Platz in seinem Wortschatz; es stimmt schon, dass er sehr gern und sehr oft sagt, dass er aufhören wird, sobald er jemanden sieht, der besser ist als er, aber dass ihm so jemand bislang noch nicht untergekommen sei; aber es stimmt natürlich auch, dass dieser Gott von Mailand, der jetzt über vierzig ist, ein neues Bewusstsein für seine Grenzen hat, das ihn sagen lässt, dass er auf seinen Körper hören muss.

Adrenalin ist nicht nur die Story einer Reise zum Erfolg, sondern auch das Tagebuch eines Mannes, der zum ersten Mal seine Schwächen, seine Ängste eingesteht, und neben das Wort »Adrenalin«, das für Instinkt, Emotionen, Kampf steht, ein anderes stellt, nämlich *balance*, was so viel bedeutet wie Gleichgewicht, Überlegung, Besonnenheit.

Und natürlich stimmt es auch, dass sich Zlatan vor einer Zukunft ohne Fußball fürchtet, und das mit jedem

Tag mehr; aber ebenso richtig ist, dass einige Ereignisse ihn dazu gebracht haben, der Zeit, der Zukunft und den persönlichsten Gefühlen mehr Gewicht zu geben. Das letzte tragische Ereignis war der Tod von Mino Raiola, seinem Förderer, der, wie Zlatan es beschreibt, ein »Freund, ein Bruder, ein Vater, alles« für ihn war.

Am 3. Oktober 2021 feierte Raiola zusammen mit Zlatan dessen vierzigsten Geburtstag in einem Mailänder Hotel. Im Januar 2022 wurde er in Mailand ins Krankenhaus San Raffaele eingeliefert, wo er am 30. April starb. In seinen letzten Tagen hat sich Zlatan aus Milanello zu ihm begeben. Er hat ihn bis zu seinem letzten Atemzug begleitet, genau wie seinen Bruder Sapko, der mit einundvierzig an Leukämie verstarb.

In *Adrenalin* erzählt Zlatan, wie das tragische Ende seines Bruders ihn von der Vorstellung entfernte, an einen Gott zu glauben. Und ihn dazu brachte, einmal mehr darüber nachzudenken, auf welch schwachen Füßen die eigene Existenz steht, und die Zeit, die wir zu Verfügung haben, und die Menschen, die uns am meisten am Herzen liegen, wertzuschätzen. Minos Tod hat dieses Gefühl noch verstärkt.

Auch deshalb kann man heute unmöglich sagen, wie die Zukunft von Zlatan aussehen wird. Er hat bestimmt vor, den mühseligen Weg der Reha und der Schmerzen bis zum Ende zu gehen, um sich wieder einmal als jemand zu beweisen, der das Schicksal besiegen kann, und den Tag, an dem er sich vom Fußball verabschieden muss, hinauszuzögern. Dort war er, als wir ihn verlassen haben. Aber es ist nicht sicher, dass er dieses Mal den Weg bis zum Ende gehen wird.

Wenn das Adrenalin nicht mehr durch seine Adern pumpt, wenn er morgens nicht mehr den Drang spürt, aufzustehen und sich mörderischen Trainings zu unterziehen, wenn er merkt, dass er keine Version mehr von sich bieten kann, die des Spielers würdig ist, der er einmal war, dann wird Zlatan, der inzwischen genug *balance* hat, aufhören. Er ist jetzt einundvierzig. In den Glückwünschen von Milan auf Twitter heißt es: »Einen wie ihn gibt es nicht mehr.« Zlatan hat sich das gleiche Geburtstagsgeschenk gemacht wie im Jahr davor: ein paar Sondereditionen Ferraris. Aber im Gegensatz zu seiner Party zum Vierzigsten war Mino, sein unzertrennlicher Vertrauter, nicht mehr da. Zum ersten Mal seit zwanzig Jahren.

Stellen wir uns jetzt Zlatan vor, auf seiner Terrasse, es ist ein grauer Novembertag, und er sucht den Horizont ab. Seine Zukunft liegt dort, hinter den Wolken, die die Berge verdecken. Wenn es nicht der Fußball ist, wird es etwas anderes sein. Er hat genügend Interessen und genügend unternehmerische Aktivitäten. Gerade hat er einige Filmrollen angenommen.

Und eins ist gewiss: Zlatan Ibrahimovićs Zukunft wird bestimmt spektakulär sein. Um es mit seinen Worten zu sagen: »Ibra ist nicht nur Fußball, Ibra ist Leben!«

Nachbemerkung des deutschen Verlags:
Beim letzten Heimspiel der Saison, im Juni 2023, bedankte Zlatan sich bei den Mailänder Fans und verkündete das Ende seiner Karriere als Profifußballer.

VOR DER PARTIE

(oder: über Adrenalin und Balance)

Mailand, Montag, den 4. Oktober 2021

Okay, ich füge mich meinem Schicksal.

Ich bin ein Gott, aber ein Gott, der älter wird.

Endlich nehme ich das zur Kenntnis, so wie ich zur Kenntnis genommen habe, dass mein Körper nicht mehr wie früher ist. Jahrelang habe ich die Signale ignoriert, die mein Körper an mich sendete, bevor ich mich entschlossen habe, auf sie zu hören. Ich kann mir nicht mehr einen Spurt nach dem anderen leisten, wie ich sie als junger Kerl hingelegt habe; wenn ich mich auspowere oder etwas abbekomme, brauche ich mehr Zeit, um mich zu regenerieren. Ich habe mein Spiel an meinen neuen Körper angepasst. Ich bin nicht mehr das ganze Spiel über mitten im Strafraum, wo einem die Bälle nur so um die Ohren fliegen. Oft nehme ich mich da raus und baue das Spiel auf, ich arbeite heute mehr für die Tore der anderen als für meine eigenen. Ich muss nicht mehr im Rampenlicht stehen. Was ich gewinnen musste, habe ich gewonnen. Heute möchte ich meine jungen Teamkollegen inspirieren und ihnen helfen, sich weiterzuentwickeln.

Ich bin vierzig Jahre alt und habe zwei Söhne, die inzwischen keine Kinder mehr sind, sondern Teenager. In diesem Alter zieht man normalerweise einen Strich unter sein bisheriges Leben und erste Bilanzen.

Genau das ist Sinn und Zweck dieses Buches.

Tagelang habe ich versucht, so zu tun, als ob nichts wäre, und nicht über meinen Geburtstag nachzudenken, der immer näher rückte. Ich habe es vermieden, an die Zahl 40 zu denken, aber dann stand sie gestern Abend vor mir, rot und riesig groß, über eine gesamte Hotelfassade. Man hatte dafür in einigen Zimmern das Licht eingeschaltet und in anderen nicht.

In diesem Mailänder Hotel hatte meine Frau Helena eine Überraschungsparty organisiert, die mich sehr gerührt hat. Dort waren meine Liebsten versammelt, so viele Freunde aus der ganzen Welt, Menschen, die in meinem Leben etwas bedeuten. Fußballlegenden waren gekommen, Trainer, sogar Spieler, die ich auf dem Feld hart angegangen war. Ich hätte nie erwartet, sie dort auf der Hotelterrasse wiederzusehen.

Eine Erklärung dafür gab mir Rino Gattuso: »Du warst immer du selbst, auch wenn du ihnen was auf die Knochen gegeben hast. Deswegen sind sie gekommen.«

Helena war großartig. Sie hatte das alles heimlich organisiert, und damit hat sie mir ein wunderbares Geschenk gemacht. Normalerweise bin ich es, der andere beschenkt.

Wie ich von Rosengård weggegangen bin, um Fußballmeister zu werden, habe ich schon oft erzählt. Ich bin mit einem abgewetzten Select-Ball am Fuß aufgewachsen, habe jeden umdribbelt, der sich mir in den Weg gestellt hat, dort im »Rosengarten«, der tatsächlich ein Sammelbecken für Migranten aus aller Herren Länder war. Ein Funke genügte, und schon schlugen wir uns die Köpfe ein. Aber dieses handtuchgroße Stück festgestampfte Erde war das Labor für meinen Fußball, die Schule, in der ich die Tricks gelernt habe, die mich zu Ibra gemacht haben.

Meine Eltern haben sich früh getrennt. Ich wurde hin und her geschoben zwischen einer Mutter, die sich abschuftete, um etwas zu essen auf den Tisch stellen zu können, und einem Vater, dessen Kühlschrank oft leer war. Was mir fehlte, nahm ich mir. Ich klaute Fahrräder und Klamotten, weil ich es satthatte, dass man sich in der Schule über mich lustig machte. Ich trug immer Fußballstutzen statt normaler Socken und Trikots von Malmö, die ich mir heimlich aus der Umkleide »besorgte«.

Dann hat mich der Fußball aus dem Getto katapultiert und in ein anderes Leben geführt. Ich bin nach Amsterdam gekommen, wo ich mir den ersten Porsche kaufte und Mino Raiola kennenlernte, meinen Agenten. Er und meine Frau Helena zählen zu den wichtigsten Personen in meinem Leben und werden es immer bleiben.

Mino ist viel mehr als ein Manager, er ist ein Freund, ein Bruder, ein Vater, alles. Er gab den Kurs meiner Karriere, meiner Triumphe vor, er hat mich aus den schwierigsten Momenten herausgezogen und für mich Tausende von Problemen gelöst. Je mehr ich an Verletzungen laborierte, desto näher war er mir.

Aus Holland hat mich Mino nach Italien gebracht, dann nach Spanien, zurück nach Italien, nach Frankreich, nach England, nach Amerika und wieder zurück nach Italien.

Helena war immer die Reifere und Verantwortungsbewusstere von uns beiden. Sie hat mir geholfen nachzudenken, sie hat mir Vernunft beigebracht und auch Geschmack, sie kann Schönes erkennen und selbst erschaffen. Und sie hat ein besonderes Gespür für Eleganz. Das war ihr Beruf und wird es auch dann noch sein, wenn ich mit dem Spielen aufhöre. Mit der Zeit hat sie meinen wilden Charakter ziemlich gezähmt, und vor allem hat sie mir das für mich Wertvollste auf der Welt geschenkt: meine Söhne.

Den Spieler Ibra kennen alle, aber den Menschen Ibra nicht.

Ich will versuchen, von diesem Menschen zu erzählen, jetzt, auf der Hälfte meines Wegs, zwischen meiner Geschichte als Fußballspieler, die allmählich zu Ende geht, und einer Zukunft, die anders sein wird und immer näher rückt, aber im Moment noch unklar ist. Dieses Buch spiegelt in seiner Gliederung meine aktuelle Situation zwischen diesen zwei Welten.

Jedes Kapitel beginnt mit Geschichten aus dem Fußball und endet in Reflexionen über das tägliche Leben: vom Tor zum Glück, vom Schiedsrichter zur Gerechtigkeit, vom Assist zur Freundschaft, von der Verletzung zum Tod …

Ich verstecke mich nicht, ich spiele nichts vor. Ganz so, wie es Gattuso gesagt hat. Ich gestehe zum Beispiel, dass mir der Gedanke ans Aufhören Angst macht. Je näher der Zeitpunkt kommt, mit dem Spielen Schluss zu machen, desto größer wird meine Angst vor der Zukunft:

Wo werde ich das Adrenalin finden, das mir heute eine Auseinandersetzung auf dem Platz mit Giorgio Chiellini verschafft?

Adrenalin, der Titel dieses Buchs, ist das Schlüsselwort meines Lebens.

In allem, was ich mache, muss ich eine Herausforderung sehen und mich mit maximaler Leidenschaft einsetzen. Mit dem letzten Blutstropfen. So ist es immer gewesen, und so wird es immer sein. Ich muss das Adrenalin spüren, wie es in meinen Adern pulsiert. Das jetzt, mit vierzig Jahren, mit zwei großen Söhnen, anders pulsiert, weil ich andere Bedürfnisse habe. Habe ich mich früher mit Schiedsrichtern angelegt, unterstütze ich sie heute. Früher habe ich gerne gespalten, und für mich gab es nur eine Meinung – heute gehe ich nach Sanremo und bin gerührt, wenn ich die Liebe und den Respekt aller Italiener spüre. Aber trotzdem bekomme ich kaum Luft, wenn zu viele Menschen um mich herum sind. Dann hole ich eines von meinen Schätzchen aus der Garage, fahre auf die Autobahn, trete das Gaspedal durch und fahre den Tank leer, oder ich verschwinde in einen Wald auf der Suche nach Freiheit. Ich suche die Menschen, und gleichzeitig meide ich sie.

Das ist nicht der einzige Widerspruch, den ich an mir erkenne. Ich habe immer welche in mir gehabt, sie sind Teil meines Charakters. Neu ist, dass ich nun mit vierzig versuche, sie zu kontrollieren, wie ich auch gelernt habe, meine spontanen Reflexe unter Kontrolle zu halten. Heute kommt es selten vor, dass ein Verteidiger mich provozieren kann, so wie am Anfang meiner Karriere. Ich folge nicht mehr blind meinem Instinkt, ich denke, dass ich ausgeglichener geworden bin. Das habe ich der Zeit, Helena und Mino zu verdanken. Glaube ich. Ich suche in allem, was ich tue, nach Ausgeglichenheit. Auch bei der Erziehung meiner Kinder: Ich gleiche Disziplin mit Zärtlichkeit aus.

Das Wort »Gleichgewicht« kommt mir leichter auf Englisch über die Lippen: *balance*. Ich muss oft daran denken. Wenn ich früher nur Adrenalin war, so bin ich jetzt Adrenalin und *balance*.

Das ist nicht das Evangelium eines Gottes, sondern das Tagebuch eines vierzigjährigen Mannes, der mit seiner Vergangenheit abrechnet und der Zukunft direkt in die Augen blickt, als wäre sie ein weiterer von unzähligen Gegnern, denen es entgegenzutreten gilt.

1

FALLRÜCKZIEHER

(oder: über den Wandel)

Beverly Hills, Herbst 2019.

Es ist Abend, wir sind gerade von einem Essen im Restaurant nach Hause gekommen. Das Handy klingelt.

Helena vermutet: »Mino.«

Treffer: Es ist Mino Raiola, mein Agent. Aber das war nicht schwer. Seit Tagen bombardiert er mich mit Anrufen.

Nach der Erfahrung bei Los Angeles Galaxy und dem Ausscheiden in den Play-offs der MLS habe ich beschlossen, die Fußballstiefel an den Nagel zu hängen, und nun unternimmt er alles, um mich umzustimmen.

Er versucht es noch einmal: »Zlatan, einer auf deinem Level und mit deiner sportlichen Vergangenheit kann seine Laufbahn nicht in Amerika beenden. Man wird sagen, dass du keinen Mumm mehr hast, dass du schlapp geworden bist, dass du dich mit der leichten Tour begnügst. Wo ist der Löwe des Fußballs, der König des Waldes geblieben?«

»Ich bin angekommen, Mino. Ich hab damit abgeschlossen. Find dich damit ab.«

Aber er bleibt hartnäckig: »Nein. Du musst nach Europa zurückkehren und beweisen, dass du noch mit den Besten mitspielen kannst, trotz der Verletzung in Manchester. Und wenn es nur für sechs Monate ist, von Januar bis Juni. Beweis dich noch mal, nimm diese Herausforderung an, und dann mach, was du willst. Du bist Ibra. Du musst nach Ibra-Art abtreten. Ich finde einen Club für dich, wenn du willst.«

»Hör zu, Mino, es gibt nur eine Art, auf die du mich überzeugen kannst: mit Adrenalin. Ich brauche nicht irgendeinen Vertrag, ich brauche eine Herausforderung, die das Blut in meinen Adern unter Strom setzt. Hast du so was?«

Mit achtunddreißig Jahren kann ich mich immer noch im Training fertigmachen, mich total ausgepowert fühlen und trotzdem weitermachen. Aber wenn ich morgens aufstehe, brauche ich eine gute Antwort auf die Frage: Warum machst du das, Zlatan?

Und es kann nur eine Antwort darauf geben: Weil all diese Quälerei in Form von Adrenalin zu mir zurückkehrt, und das verschafft mir ein gutes Gefühl.

An einem Abend wenig später schaue ich zu Hause die HBO-Doku über Diego Armando Maradona. Irgendwann sieht man Aufnahmen einer weit zurückliegenden Partie des SSC Neapel, und die Bilder zeigen das Publikum im San Paolo. Das Stadion ist ausverkauft. Der Zoom geht auf die hitzigste Kurve, die Fans sind dicht gedrängt, sie singen, schreien, trommeln, die Spannung, die von ihnen ausgeht, ist unglaublich. Ich setze mich auf meinem Sofa auf, schaue aufmerksam hin und spüre, wie das Adrenalin zu pulsieren beginnt, hier, in den Adern am Hals. *Bumm, bumm, bumm …*

Sofort telefoniere ich mit Mino: »Ruf beim SSC Neapel an. Ich gehe zum SSC.«

»Zum SSC?«

»Ja, ich werde in Neapel spielen.«

»Bist du dir sicher?«, fragt er mich verdutzt.

»Du willst, dass ich weiter Fußball spiele? Mein Adrenalin sind die Fans von Neapel. Ich gehe dorthin, bei jeder Partie hole ich achtzigtausend Menschen ins Stadion, und ich gewinne den Scudetto wie damals Diego. Mit einem Sieg in der italienischen Meisterschaft bringe ich alle zum Ausflippen. Das ist mein Adrenalin.«

Wir sprechen mit dem Club, verhandeln und einigen uns.

Abgemacht. Ich bin jetzt beim SSC Neapel.

Der Trainer ist Carlo Ancelotti, den ich gut kenne, wir waren zusammen in Paris. Er freut sich riesig, dass wir dort wieder zusammenkommen, wir telefonieren fast jeden Tag. Er erklärt mir, wie und wo er plant, mich einzusetzen.

Mit dem Präsidenten, Aurelio De Laurentiis, habe ich nicht gesprochen, aber ich kannte ihn schon. Wir waren uns vor ein paar Jahren begegnet, als ich zusammen mit meiner Familie Urlaub in Los Angeles machte.

De Laurentiis hatte erfahren, dass wir im selben Hotel untergebracht waren, und an der Rezeption seine Karte hinterlassen: »Heute Abend sind Sie in diesem Restaurant eingeladen.« Daran hing ein Zettel mit der Adresse. Das wirkte nicht wie eine Einladung, sondern eher wie ein Befehl.

»Da gehen wir hin«, hatte Helena sofort gesagt.

Wir haben einen sehr angenehmen Abend verbracht.

Ich finde ein Haus in Posillipo, das für mich passen könnte, aber da ich nur sechs Monate bleiben soll und alle mir sagen, dass die Stadt ziemlich chaotisch ist, überlege ich mir auch die Möglichkeit, auf einem Boot zu leben.

An dem Tag, an dem ich in Neapel unterschreiben soll, am 11. Dezember 2019, schmeißt De Laurentiis Ancelotti raus. Mitten in der Saison.

Ich habe ein ungutes Gefühl. Das ist ein schlechtes Zeichen. Ich kann diesem Präsidenten nicht trauen. So jemand kann weder mir noch der Mannschaft Halt geben. Außerdem weiß ich, dass Ancelottis Nachfolger Rino Gattuso, der zwar mein Freund ist, einen anderen Typ Mittelstürmer für seine 4-3-3-Formation braucht. Und er meldet sich auch nicht bei mir.

Das Ganze platzt.

Ein paar Tage später rufe ich Mino an und frage ihn: »Wer braucht mich am meisten? Welche Mannschaft steckt am tiefsten in der Scheiße?«

Ich suche keinen Vertrag, ich suche eine Herausforderung.

»Milan hat 5 : 0 in Bergamo verloren.«

Normalerweise kehre ich aus Prinzip nicht zu einer Mannschaft zurück, in der ich schon einmal war, weil ich dann riskiere, schlechter zu spielen als damals. Aber dieses Mal ist es anders. Milan hat 5 : 0 verloren.

Ich trage Mino auf: »Ruf Milan an. Wir gehen nach Mailand.«

Meine Herausforderung wird es sein, einen der renommiertesten Clubs der Welt wieder an die Spitze zu bringen. Wenn ich das schaffe, zählt das mehr als alles, was ich bei den anderen Teams erreicht habe.

Das ist mein Adrenalin.

Zunächst haben wir mit Paolo Maldini, dem Technischen Direktor, gesprochen, und ehrlich gesagt lief es überhaupt nicht gut.

Okay, ich habe beschlossen, zum AC Milan zu gehen, und ich habe mich selbst vorgeschlagen, aber wenn du mich willst, dann musst du mich unter Spannung setzen, du musst mir Vertrauen einflößen, du musst mir Begeisterung vermitteln, du musst mich überzeugen und sollst mir nicht ständig vorbeten, dass ich achtunddreißig bin.

Ich weiß selbst sehr gut, wie alt ich bin, wie viele Geburtstage ich gefeiert habe.

Paolo vermittelte mir keine Sicherheit, genau wie der Präsident von Neapel. Dann kam Zvonimir Boban, der Manager, zu den Verhandlungen hinzu, und endlich verstanden wir uns. Zvone war deutlich überzeugter von mir: »Zlatan, verlang, was du willst, ich gebe es dir.«

Genau so spricht man mit Ibra.

Und so kam Ibra nach Mailand zurück.

Ich kannte Stefano Pioli nicht sehr gut, aber das war kein Problem. Mir war das Verhältnis zu den Trainern nie sehr wichtig. Ich habe mich ihnen gegenüber immer sehr professionell verhalten. Nur mit Pep Guardiola gab es Probleme, aber die hatte er mit mir, nicht ich mit ihm. Ehrlich gesagt, habe ich immer noch nicht verstanden, welche. Seine Sache.

Ich habe mir die neuen Teamkollegen genau angesehen und mir sofort gesagt: Die wissen nicht, was es heißt, beim AC Milan zu spielen.

Mein altes Milan, das waren Leute wie Gattuso, Pirlo, Ambrosini, Nesta, Cafu, Thiago Silva … Die alte Garde eben. Wenn du dich im Training nicht ins Zeug gelegt hast, bekamst du was auf die Fresse. Sie sagten nicht viel, aber sie gaben dir zu verstehen, dass du einen Fehler gemacht hast.

Jetzt sah ich dagegen, dass fast alle im Training langsam machten. Aber das habe ich mir nicht lange angesehen. Ich war zum AC Milan gekommen, um Dinge zu ändern, um den Verein auf den Kopf zu stellen, um die Revolution zu wagen.

Ich nenne keine Namen, aber einen Teamkollegen habe ich gefragt: »Sag mal, warum rennst du nicht?«

Und er: »Das stimmt nicht, ich renne doch.«

Ich weiter: »Nein, du rennst nicht. Erwartest du etwa, dass jemand für dich rennt? Weißt du, wann ich für dich rennen werde? Wenn ich mit dir etwas gewinne, aber du hast in deinem Leben noch nichts gewonnen. Also fang endlich an, zu spielen und zu rennen.«

Danach rannte er wirklich.

Die Mannschaftsgefährten haben mir mit Respekt zugehört, aber auch mit einer Spur Angst. Ich habe ihre Reaktionen aufmerksam beobachtet: Wenn einer nach Kritik zusammenbricht, dann schafft er es nicht; wenn er wieder aufsteht und sich ändert, dann kann er es schaffen. Und genau solche Leute brauchten wir.

Wir mussten lernen zu leiden, mussten lernen, in jeder Sekunde des Spiels um jeden Zentimeter auf dem Platz zu kämpfen, wir mussten eine starke Einheit werden, eine einzige Seele, denn nur so würden wir siegen können.

Wir waren nicht mehr der AC Milan von vor zehn Jahren. Allein mit Qualität würden wir nicht weit kommen, denn die anderen waren viel stärker als wir. Wir konnten nicht hingehen und uns den Ball hin und her schieben und auf Tikitaka machen oder auf den geeigneten Moment für einen Geniestreich warten, wir mussten die Partie gewinnen, indem wir die gesamten neunzig Minuten alle gemeinsam kämpften.

Aber so eine Haltung lernst du nur, indem du jeden Tag im Training dein Bestes gibst.

Wenn ich jemanden sah, der das nicht tat, dann sagte ich ihm das direkt ins Gesicht, noch ehe Pioli etwas sagte; auch nicht unter vier Augen, sondern vor der gesamten Mannschaft, denn das, was ich einem sagte, galt auch für die anderen, die zuhörten.

Ich selbst bin im Training aufs Höchste motiviert, ich mache immer alle fertig.

Auf diese Weise ist nach und nach der Teamgeist gewachsen, die Opferbereitschaft, mein Feeling für die Gruppe, mein Verantwortungsgefühl gegenüber den Jungs. Jedes Mal, wenn ich in die Kabine ging, spürte ich, wie sie mich anschauten, als wollten sie mich fragen: »Ibra, was machen wir heute?«

Dieses Gefühl begeisterte mich. Es war genau die Herausforderung, die ich gesucht hatte.

Folglich wurden auch die Ergebnisse immer besser.

Doch nach dem Weggang von Boban im März 2020 änderte sich alles, und es wurde sehr chaotisch. Man konnte weder erkennen, wo Milan jetzt stand, noch, wo es hinwollte.

Wir Spieler, dazu Pioli und sein Team, wir fühlten uns wie ein einziger Körper, aber wir waren der Körper eines *Dead Man Walking*, der dem Tod auf dem elektrischen Stuhl entgegengeht.

Wenn, wie es hieß, der Deutsche Ralf Rangnick als neuer Trainer gekommen wäre, wären wir alle raus gewesen, nicht nur Pioli, sondern auch ich, der Technische Direktor Maldini, der Sportdirektor Frederic Massara. Alle.

Jeden Tag haben wir uns gesagt: Wir können diese Situation nur auf eine Weise bereinigen, und zwar durch Ergebnisse. Einwände, Reden und alles Blabla würden nichts bringen. Harte Arbeit, Sichquälen und Ergebnisse: Das war die einzig mögliche Antwort, der einzige Ausweg. Wir glaubten fest an das, was wir taten, und in dieser Atmosphäre der Unsicherheit wurden wir noch stärker.

Irgendwann im Juni 2020 habe ich dann beschlossen, dass es zu viele Gerüchte gab und dass jetzt die Situation geklärt werden musste. Vielleicht war es nicht der beste Zeitpunkt, denn am Tag danach mussten wir die Partie unseres Lebens spielen, das Halbfinale der Coppa Italia gegen Juve, aber Ivan Gazidis, der CEO, war im Milanello, und diese Gelegenheit musste ich nutzen.

Ich sprach ihn vor der ganzen Mannschaft an: »Ivan, bei allem Respekt, hier brauchen wir mal ein wenig Klartext. In einem Monat laufen viele Verträge aus. Was sollen wir tun? Sollen wir die Mietverträge für unsere

Häuser verlängern? Keiner weiß es. Die Mannschaft für nächstes Jahr? Wir wissen es nicht. Es gibt keine Sicherheit. Wofür kämpfen wir? Die Mannschaft verdient Respekt und Antworten.«

Er dementierte eine Verpflichtung von Rangnick, bestätigte Pioli, und wir besprachen noch viele andere Dinge. Gazidis war noch nicht daran gewöhnt, wie er seine Rolle als CEO und Geschäftsführer ausfüllen sollte, wie man es in Italien macht, nämlich ganz nah am Team. Mir tat es im Herzen weh, denn ich erinnerte mich an den AC Milan von vor zehn Jahren mit einer starken Persönlichkeit und einer perfekten Organisation. Jetzt war alles so anders.

Ich verlangte ja gar nicht, dass alles wie früher sein sollte. Ich wusste, dass das unmöglich war. Ich bin ein Profi, ich passe mich der Situation an, aber ein Minimum an Dialog muss immer da sein. Und in der Tat wurde nach dieser Aussprache alles besser, denn wenn etwas an dir nagt, ist es das Schlaueste, das Ganze auf den Tisch zu bringen.

Ivan näherte sich der Mannschaft an. Paolo redete mehr mit mir und den anderen Spielern. Anfangs war er noch zu viel Fußballer und zu wenig Direktor. Wenn du dein Leben änderst, musst du vergessen, was du vorher warst. Die Mannschaft muss dich als Direktor respektieren, aber nicht für das, was du als Verteidiger geleistet hast. Paolo ist mit der Zeit gewachsen, an Haltung und Erfahrung.

Die Revolution im Milanello war geglückt.

Beim Training sah ich einen unglaublichen Hunger. Wenn wir verloren hatten, waren alle stinksauer. Inzwischen hatten sie die richtige Einstellung. Endlich hatten alle kapiert, wie es bei Milan läuft. Und ich arbeitete hart, um mit gutem Beispiel voranzugehen.

Es gab Tage, an denen ich völlig zerschlagen war, Pioli fiel das auf, und er sagte im Training dann zu mir: »Zlatan, jetzt lässt du mal eine Laufeinheit aus.«

Dann erklärte ich ihm: »Mister, wenn ich sie mache, dann machen sie alle und hören mir zu, wenn ich rede. Sonst werde ich nur zu einer Mogelpackung.«

Und wirklich dachten alle: Wenn Ibra läuft, dann müssen wir auch laufen, denn nur so hat er all das gewonnen, was er gewonnen hat. Und wir müssen es genauso machen wie er.

Nur bei Rafael Leão habe ich bis jetzt nicht den richtigen Knopf gefunden, um ihn aufzuwecken. Ich habe alles probiert, ich war sanft zu ihm, war hart zu ihm oder habe ihn ignoriert. Bei allen habe ich es geschafft, nur bei ihm nicht. Letztendlich bin ich zu dem Schluss gekommen, wenn einer nicht von allein aufwacht, dann kann man nur wenig machen.

Çalhanoğlu dagegen hat auf mich gehört. Ich sagte zu ihm: »Hakan, weißt du, was es heißt, die Nummer 10 bei Milan zu tragen, wie viel Geschichte dahintersteht? Weißt du, wer alles dieses Trikot schon getragen hat? Du musst wichtige Tore schießen, und bis jetzt kam von dir rein gar nichts.«

Ich habe ihn angetrieben und angetrieben, bis er endlich die Eier in der Hose hatte und eine Schippe zulegte. Mit Teamkollegen wie Hakan zusammenzuspielen war nun wesentlich einfacher. Viele der Jungs sind auch in ihrer Persönlichkeit gewachsen. Gianluigi Donnarumma zum Beispiel. Als ich ihn kennenlernte, bekam er fast nie den Mund auf. Ich habe ihn gezwungen, auf dem Platz herumzubrüllen. »Gigio, erzähl mir nicht, dass du jung bist, das interessiert mich nicht. Du bist hier, weil du stark und gut bist. Du musst dem Team helfen, seine Mission zu erfüllen.«

Ich durfte nicht der Einzige sein, der auf dem Spielfeld das Wort ergriff. Ich wollte ganz langsam auch andere Führungspersönlichkeiten aufbauen.

Als die Ultras ins Milanello kamen, um Donnarumma, der bei der Vertragsverlängerung zögerte, zu bedrängen, habe ich der Chefetage gesagt: »Lasst mich raus und mit ihnen reden. Hier haben wir gemeinsame Ziele, Einzelwünsche zählen nicht. Die Fans können sich immer noch am Ende der Meisterschaft äußern, jetzt fighten wir, um in die Champions League zu kommen. Ich werde ihnen sagen: Wollt ihr im nächsten Jahr die Champions League sehen oder nicht? Dann stört uns nicht weiter, kommt, wenn alles vorbei ist, dann könnt ihr schreien oder was immer ihr wollt. Wie kann man jetzt Gigio bedrohen? Wir brauchen Gigio. Wo landen wir wohl ohne ihn?«

Aber sie haben mich nicht rausgelassen.

Wir sind gewachsen und haben eine großartige Saison gespielt. Dass Inter den Scudetto gewinnen könnte, hatten im Sommer alle vorhergesagt. Dass Milan auf den zweiten Platz kommen würde, hatte niemand auf dem Plan. Was wir erreicht haben, ist sehr viel größer als das, was die erreicht haben. Sicher, wenn wir dann auch noch die Meisterschaft gewonnen hätten, wäre es noch mal eine ganz andere Geschichte gewesen. Ich hatte ab dem ersten Tag der Saison 2020/2021 daran geglaubt, dass wir den Scudetto gewinnen würden, denn wir hatten einen Lauf.

Pioli hatte es drauf, das Beste aus den ihm zur Verfügung stehenden Spielern herauszuholen. Mit seiner Organisation und unserem neuen Teamgeist standen wir lange Zeit an der Spitze. Als wir in ein Leistungsloch fielen, hätte uns die Qualität der einzelnen Spieler oben halten müssen. Aber wir hatten nicht so viel individuelle Klasse im Kader wie andere Mannschaften und fielen in der Tabelle zurück.

Eines Tages schoss mir in der Kabine eine Frage durch den Kopf: »Hand hoch, wer schon mal eine Champions-League-Partie gespielt hat.«

Nur bei Ciprian Tătăruşanu und Çalhanoğlu ging die Hand hoch. Ich war entsetzt.

Wenn Inter fünf Spieler auswechselte, kamen fünf gleichwertige oder stärkere Spieler auf den Platz, bei uns höchstens gleichwertige oder welche mit weniger Erfahrung. Daher habe ich dem Club vorgeschlagen: »Wir müssen dafür kämpfen, dass wieder nur drei Spieler ausgewechselt werden dürfen, sonst sind Inter und Juve dadurch im Vorteil.«

Aber obwohl wir keine so starke Mannschaft hatten, und trotz der vielen Verletzungen, haben wir es dennoch allen gezeigt. Niemand hatte an uns geglaubt, nur wir waren davon überzeugt, dass wir es schaffen konnten. Und wir haben den zweiten Platz gemacht.

Vor dem entscheidenden Spiel gegen Atalanta Bergamo am letzten Tag der Meisterschaft habe ich zu den Jungs gesagt: »Wisst ihr noch, wie ich euch gefragt habe, wer von euch schon mal in der Champions League gespielt hat? Mit diesem Spiel jetzt könnt ihr eure Antwort ändern. Wollt ihr in der nächsten Saison Champions League spielen? Dann zeigt das auf dem Platz!«

Und als wir aus der Kabine kamen, habe ich vor dem Anpfiff erklärt: »Heute gewinnen wir!« Ich war mir sicher. Ich musste die Partie gar nicht abwarten. Ich hatte das in den Augen der Jungs gesehen, ich hatte all diese positive Anspannung wahrgenommen, die in der Kabine herrschte.

Sie spielten eine perfekte Partie, mit Teamgeist, Opferbereitschaft und Leidensfähigkeit, ohne den Ball aufzugeben, ohne einen Zentimeter vom Platz kampflos zu überlassen. Wir waren Milan, der wahre AC Milan, mit dem Herzen, das wir in den Monaten im Milanello hart trainiert hatten.

Ausgerechnet gegen Atalanta Bergamo, die Pioli fünf Treffer eingeschenkt hatten, als ich noch in Los Angeles auf der Suche nach einer Herausforderung war, die mir das Blut in den Adern pulsieren lassen würde. Eine Herausforderung, die ich gefunden und erfolgreich gemeistert habe, nicht nur im Hinblick auf die Ergebnisse.

Seit ich Fußball spiele, habe ich noch nie eine so starke Verbundenheit zu meinen Teamkollegen gespürt. Ich habe mich in keiner Kabine jemals so geliebt gefühlt.

Was ich ein paar Wochen zuvor auf der Bühne des Festivals von Sanremo gesagt hatte, war keine Show gewesen, ich hatte das wirklich so empfunden: Ich vermisste die fünfundzwanzig Söhne, die ich in Mailand zurückgelassen hatte.

Die meine zweite Familie sind.

Und so habe ich Milan auf den Kopf gestellt.

Ich hatte schon immer eine geheime Vorliebe für Fallrückzieher, bei denen für mich alles auf dem Kopf steht.

Der schönste? Na, das ist keine Frage, oder?

Erst mal, weil der gegen die Engländer war, die immer schlecht über mich geredet haben: Ibra hat noch nie ein Tor gegen England gemacht, Ibra hat noch nie gegen eine englische Mannschaft getroffen, Ibra hat die Premier League immer gemieden, Ibra ist eine Diva und bla, bla, bla … Sie hatten mich auf dem Kieker, seit ich in Holland spielte, und dann sind sie an mir drangeblieben und sind mir nach Italien und Frankreich gefolgt.

Okay. Dann kommt dieses Spiel gegen sie.

Es ist der 14. November 2012, die Partie, mit der die Friends Arena, das neue Stadion von Solna, einem Vorort von Stockholm, eingeweiht werden soll. Es ist nur ein Freundschaftsspiel, aber für mich ist es viel mehr. Ich muss endlich mit den Engländern abrechnen.

Wenn abseits des Platzes so viel gelästert wird, dann bin ich aufgeladen bis zum Maximum. Ich habe Kritik immer als »Öl ins Feuer« benutzt, um mehr geben und mehr beweisen zu können.

Seit ich ein Teenager war, hatte ich immer die Presse an den Hacken, im Guten wie im Bösen. Ich stand immer im Fokus. Natürlich war ich auch selbst daran schuld, ich redete zu viel, ich sagte, ich sei der Tollste von allen oder so was in der Art, weil ich großes Selbstvertrauen hatte. Deshalb griff man mich doppelt so scharf an, auch persönlich, wenn ich einen Fehler machte. Und ich fühlte mich danach noch stärker.

An diesem Abend singen die englischen Fans: »Du bist nur ein falscher Andy Carroll«, das ist ihr Mittelstürmer, der etwa so groß ist wie ich.

Dann der Anpfiff im ausverkauften Stadion, sechzigtausend Zuschauer. Ab der ersten Minute herrscht Krieg.

Die Engländer wollen etwas beweisen, und wir dürfen zu Hause kein schlechtes Spiel abliefern, ausgerechnet in unserem neuen Stadion. Ich trage die Nummer 10 auf dem Rücken und die Kapitänsbinde am Arm. Zwanzig Minuten später steht es 1:0 für uns: eine flache Flanke, ich gehe zum Ball, es kommt zu einem Zweikampf, der Ball bleibt liegen, ich treffe ihn im Nachsetzen mit der Spitze, Tor.

Okay, habe ich mir gesagt, ich habe das erste Tor im neuen Stadion geschossen. Das wird in die Geschichte eingehen.

England reagiert und zieht an uns vorbei: 2:1.

Ich gehe wieder zum Ball, stoppe ihn mit der Brust, Schuss: 2:2. Bei der Aktion verletzt sich jedoch ein englischer Verteidiger, Gary Cahill, daher ist mir nicht nach Jubeln, und außerdem war es ja bloß der Ausgleich. Einen Ausgleich bejubele ich nicht. Wie in Bergamo am letzten Tag der Meisterschaft, als Milan gewann und sich für die Champions League qualifizierte. Alle auf dem Platz jubelten. Natürlich war ich sehr glücklich, aber ich jubelte nicht. Ich jubele nicht über einen zweiten Platz. Das habe ich nie gemacht und werde ich auch nie: Ich jubele nur über einen Sieg.

Man gibt uns einen direkten Freistoß. Ich schieße ihn fest, ein flacher Ball, er trifft in eine Ecke des Tors. 3:2 für uns. Ich habe einen Hattrick in unserem neuen Stadion geschafft. Was sollten die Engländer jetzt noch sagen?

Dass es ja nur ein Freundschaftsspiel war, bla, bla, bla …

Die Zuschauer beginnen schon zu gehen, denn die Parkplätze sind noch nicht fertig, und mit dem Auto her- und wieder wegzukommen, ist schwierig. Deswegen verlassen die Leute vorzeitig das Stadion. Es ist kurz vor Schluss der Partie. Dann kommt dieser lange Pass von unserer Verteidigung, eigentlich eher, um Zeit zu schinden, als aus irgendeinem anderen Grund.

Der Instinkt befiehlt mir: »Geh hin!« Erst beim Laufen werde ich sehen, ob ich ihn kriege oder nicht.

Während ich laufe, sehe ich, dass der englische Keeper Joe Hart aus dem Tor kommt. Was macht der denn da? Ein englischer Verteidiger bleibt stehen, um ihn nicht umzurennen. Da denke ich: Ich muss etwas tun, damit der Ball dorthin geht, wo ich ihn haben will, und nicht, wo er hinwill.

Ich habe zwei Möglichkeiten: Entweder ich gehe ins Duell mit dem Torhüter, oder ich tue so, als würde ich das machen, und drehe dann wieder um.

Hart sieht, dass ich auf ihn zukomme, um ihn dann zu überlaufen, aber als er von mir weg hin zum Ball schaut, weiche ich zurück. Er trifft den Ball schlecht mit dem Kopf, der Ball springt hoch und senkt sich auf mich.

Ich kümmere mich keinen Deut um das, was um mich herum geschieht, ob irgendein Gegner auf mich zukommt oder sonst was. Ich bleibe ganz auf den Ball konzentriert und denke nur daran, die Schultern in Richtung Tor zu drehen, denn so bin ich sicher, dass er, wenn ich den Ball per Fallrückzieher erwische, im Netz landen wird.

Ich treffe den Ball dreißig Meter vor dem Tor, und während ich noch in der Luft bin, drehe ich mich um, um ihm hinterherzusehen. Normalerweise strecke ich dann schon die Arme vor, um mich zu schützen, und sorge dafür, dass ich gut lande. Diesmal nicht: Es ist mir egal, ob ich mir was breche. Ich muss unbedingt diese Aktion beobachten, denn ein Engländer läuft zum Tor, und vielleicht kann er den Ball noch abfangen. Nein, bitte nicht, tu's nicht …

Der Verteidiger wirft sich rutschend dem Ball hinterher, aber er erreicht ihn nicht mehr, und der Ball landet im Netz. Da reiße ich mir das Trikot vom Leib und laufe mit nacktem Oberkörper über den Platz, ich flippe aus vor Befriedigung. Ich habe mehr erreicht als jemals zuvor in einem Spiel.

Gegen England!

Also, erzählt ihr ruhig, was ihr wollt, das hier ist meine Antwort. Ich werfe das Trikot in die Luft, ich sehe, wie die Schweden völlig außer Rand und Band sind und wie die englischen Spieler mich sonderbar ansehen. Ich weiß, was sie denken: Das ist nicht normal.

Ich laufe an Danny Welbeck vorbei und zische ihm auf Englisch zu: »*Enjoy, because you'll never see anything like this anymore.*« – Genieße es, denn so etwas wirst du nie wieder in deinem Leben sehen.

Ich habe Gänsehaut. An den Blicken der Leute erkenne ich, dass mir etwas Außergewöhnliches geglückt ist. Wenn dir klar wird, dass du etwas vollbracht hast, das für immer in die Fußballgeschichte eingehen wird, dann überkommt dich ein ganz besonderes Gefühl, hier in der Brust, das dich nie mehr verlassen wird.

In diesem Tor waren Mut, Fantasie, Akrobatik, Kraft, Risiko, Arroganz … Alles war da drin.

Ich bin dieser Fallrückzieher. Er ist meine beste Visitenkarte.

Ein 08/15-Spieler hätte den Ball gestoppt und von dreißig Metern aufs Tor geschossen. Aber ich bin kein 08/15-Spieler.

Wenn ich den Fallrückzieher vergeigt hätte, hätte man wieder gesagt: Ja, ja, typisch Ibra, der Angeber, nix im Kopf … Warum macht er denn so was?

Aber ich würde es auch beim nächsten Mal probieren, denn wenn ich ins höchste Risiko gehe, fühle ich mich noch stärker und selbstsicherer. Wenn du einmal dort oben warst, wenn du den Gipfel des Möglichen erreicht hast und bewiesen hast, dass du es schaffen kannst, dann willst du immer öfter dorthin.

In den Fallrückziehern ist auch viel von meiner Leidenschaft für Martial Arts enthalten, insbesondere für Taekwondo. Durch sie habe ich Beweglichkeit, Geschmeidigkeit und akrobatische Fähigkeiten erworben. Ich habe durch sie Bewegungsabläufe gelernt, die für den Fußball eher ungewöhnlich sind: einen Ball in zwei Meter Höhe zu kicken oder zu stoppen, ihn rückwärts zu treffen.

Wenn mein Knie untersucht wird, denken die Ärzte immer, dass es beschädigt ist und dass das Kreuzband überdehnt ist, dabei ist es einfach durch das viele Training extrem elastisch. Sogar meine Knochen sind elastisch.

Seit ich ein kleiner Junge war, habe ich trainiert. Mein Vater legte Kassetten von seinen Idolen Bruce Lee und Jackie Chan in den Videorekorder ein und setzte mich und meine Schwester dann davor. Wenn ich danach durch die Straßen lief, versuchte ich, gegen alles zu kicken, was mir in den Weg kam, Laternenpfosten, Mülleimer ... Ich trat alles um.

Kicken machte mir wahnsinnig viel Spaß, und instinktiv habe ich diese Bewegungen nach und nach auch in mein Fußballspiel übernommen. Ich versuchte, die Füße dort zu benutzen, wo andere den Kopf einsetzten. Deswegen bin ich auch heute noch nicht besonders gut bei Kopfbällen, wie man es eigentlich bei einem Mittelstürmer von 1,95 Meter erwarten würde. Für mich war es immer wichtiger, den Ball mit dem Fuß zu spielen. Ich versuchte lieber, ein Tor durch einen Fallrückzieher zu erzielen als mit dem Kopf. Zum einen, weil es spektakulärer war, aber auch, weil ich mich damit viel sicherer fühlte.

Und wenn man ab und an mit dem Kopf da hingeht, wo sonst die Füße sind, dann hilft das dabei, seine Sicht auf die Dinge zu verändern.

Auch im Leben.

An den Fallrückzieher von Pelé zum Beispiel im Film *Flucht oder Sieg* erinnert sich jeder.

Ich habe Pelé bei einer Preisverleihung in Schweden kennengelernt, er hat mir den Preis für den besten Fußballspieler des Landes überreicht. Eine Ehre und wirklich berührend. Legenden wie er oder Maradona bringen dich dazu, mit dem Fußball anzufangen. Du bekommst nicht etwa, wenn du einen Ball siehst, Lust, mal damit zu spielen, sondern wenn du im Fernsehen legendäre Helden wie Cruyff und Zidane siehst, nur das vermittelt dir den Spaß am Spiel.

Ich kenne sie nicht persönlich, aber Maradona wirkte auf mich am authentischsten. Bei ihm kam alles aus dem Herzen, er hatte keine Angst, den Mund aufzumachen, etwas zu riskieren, er hatte keine Filter vorgeschaltet, er kümmerte sich nicht darum, von sich ein perfektes Bild abzuliefern, und wenn er einen Fehler machte, dann tat er das aus vollem Herzen. Deswegen bewegte er einen mehr als andere.

Heute haben 95 Prozent der Fußballspieler einen Filter installiert, sie wollen ein makelloses Bild vermitteln. Das gibt es bei mir nicht. Für mich musst du immer du selbst sein. Du bist nur dann perfekt, wenn es dir gelingt, du selbst zu sein. Mach Fehler, lerne daraus, du wirst weitere Fehler machen, aber bleib du selbst.

Stattdessen haben heute alle eine Riesenentourage, die sie abschirmt, damit die Leute denken: Oh, der ist aber wichtig. Aber das stimmt nicht, das ist nur ein Filter. Maradona tat nichts einfach nur für den schönen Schein, er machte alles nach dem Herzen.

Wenn ein Tor mit der Hand mir einen Pokal einbringt, dann mache ich das auch, klar, aber sein zweites Tor aus jenem Spiel gegen England, bei dem er alle ausspielte, mag ich viel lieber. Auch er hat den Engländern eine richtige Lektion erteilt.

Ein ähnliches Tor ist mir auch gelungen, nicht ganz das gleiche, aber vergleichbar, als ich bei Ajax spielte, gegen NAC Breda. Es ging alles superschnell. Ich überlief einen

Gegner, zwei, drei … Bei jedem Dribbling stiegen in mir die Kraft, die Überzeugung, das Adrenalin. Ich war hoch konzentriert, aber ich hörte trotzdem, wie das Publikum *ouh … ouh … ouh* stöhnte. Bei jedem Dribbling schrien sie: Schieß! Schieß! Schieß! Und tief in mir antwortete ich: Nein! NEIN! *NEIN!*

Als der Ball endlich im Netz landete, explodierte ich vor Freude, gar nicht mal so sehr wegen des Tores, sondern weil ich bewiesen hatte, dass ich recht hatte: Der beste Moment, um zu schießen, ist der, wenn Ibra beschließt zu schießen.

Ich habe versucht, mich mit dem Ball aus der Masse hervorzuheben. Ich habe gelernt, um die Prüfungen in der Schule zu bestehen, aber danach habe ich alles wieder vergessen. Ich habe keine Bücher gelesen. Wenn ich Politik hätte machen wollen, wäre ich Politiker geworden. Stattdessen bin ich Sportler geworden. Ein Sportler verbindet, ein Politiker spaltet. Ich habe das Glück, dank des Sports Menschen aus aller Welt kennenzulernen, wir verbringen unser Leben in derselben Umkleidekabine, und wir fighten zusammen. Ohne den Fußball wäre ich ihnen niemals begegnet, ich hätte nichts über ihre Kulturen erfahren. Du bist Moslem, du bist Katholik? Scheißegal. Wichtig ist mir allein der Respekt in meiner Kabine.

Als meine Statue in Malmö eingeweiht wurde, habe ich gesagt: »Kinder, morgen braucht ihr nicht zur Schule zu gehen, meine Erlaubnis habt ihr. Kommt zu mir und sagt Hallo.«

Ein paar Kritiker haben das ein bisschen zu ernst genommen, aber dann haben alle begriffen, dass es bloß eine scherzhafte Bemerkung war, und vor allem, dass es für eine gute Sache war, die mir am Herzen liegt: Ich wollte mit den Jugendlichen aus meiner Stadt zusammen sein. Zu Kindern und Jugendlichen habe ich eine besondere Verbindung, ein tiefgreifendes Verständnis, das ich bei Erwachsenen nur selten finde. Sie geben mir eine unglaubliche Energie, ich spüre eine natürliche Chemie zwischen uns, die ich mir nicht erklären kann und die nicht davon abhängt, was ich sage.

Ich weiß, dass jede kleine Aufmerksamkeit für Jugendliche wichtig sein kann, daher versuche ich immer, Zeit für sie zu finden. Denn sie sind die Zukunft, und außerdem denke ich immer daran, dass ich in ihrem Alter nicht die Möglichkeit hatte, berühmte Menschen kennenzulernen, die mir Ratschläge, Inspiration und Energie hätten vermitteln können. Ich habe alles allein schaffen müssen.

Nur ich – so empfand ich es damals – gegen den Rest der Welt.

Meine Statue wurde vom Sockel gestürzt.

Sie entstand auf Betreiben des schwedischen Fußballverbandes, und ich hatte sie im Oktober 2019 eingeweiht. Einen Monat später wurde publik, dass ich Anteile von Hammarby IF erworben hatte, dem Fußballclub von Stockholm, wo heute meine Söhne spielen. Die Besitzer von Los Angeles Galaxy hatten mir das angeboten, als wir über eine Vertragsverlängerung verhandelten. Sie behielten eine gewisse Menge an Anteilen, ich erwarb 25 Prozent.

Es schien mir eine gute Gelegenheit, etwas Nützliches in Schweden zu tun. Für mich war es ein Akt der Dankbarkeit gegenüber meinem Land. Den Ultras von Malmö hat das aber gar nicht gepasst. Nicht wegen des Kaufs an sich, sondern wegen eines Satzes, den ich geäußert hatte: »Ich werde aus Hammarby den stärksten Club von ganz Schweden machen.«

Was hätte ich denn sonst sagen sollen? In allen Abenteuern, in die ich mich stürze, versuche ich immer, das Maximum herauszuholen. Ich weiß, dass es besser gewesen wäre, wenn ich in meine Geburtsstadt investiert hätte, aber es hatte sich eben diese Möglichkeit mit Stockholm ergeben, das war immerhin die Stadt, in der ich leben wollte.

So begannen die Aktionen gegen meine Statue, die vor dem Stadion in Malmö aufgestellt worden war: Man schlug ihr die Nase ab, sägte einen Fuß ab, hängte Klodeckel an die Arme, band einen Strick um den Hals, man hat sogar versucht, sie anzuzünden.

Die Stadt Malmö errichtete einen Zaun, um sie zu schützen, aber das hat wenig genützt. Im Januar ist es diesen Vandalen gelungen, sie endgültig vom Sockel zu stürzen, indem sie ihr die Beine absägten.

Ich stelle mir vor, dass das ganz junge Kerle waren. Die älteren, die mich besser kennengelernt haben, hätten das nicht getan, denn sie wissen, dass ich für Malmö und für Schweden doch das eine oder andere Gute geleistet habe.

Es tat mir vor allem für Peter Linde leid, den Bildhauer, der die Statue geschaffen hatte. Sie ist wirklich schön: ich mit ausgebreiteten Armen.

Ich erinnere mich, wie sie am Boden lag, ein schwarzes T-Shirt um den Kopf gewickelt.

In gewisser Weise ist diese Statue eine Metapher meines Lebens: Wo immer ich war, hat man versucht, mich auf ein Podest zu stellen, und dann hat man mich wieder von dort hinuntergestürzt. Das passiert vielen erfolgreichen Menschen.

Es waren schwierige Tage. Ich war sehr besorgt wegen meiner Verwandten, die in Stockholm leben, auch weil an den Hauswänden der Stadt Drohbotschaften auftauchten. Man nannte mich »Judas«.

Man hat lang über einen neuen Platz für die Statue diskutiert. Bestimmt nicht wieder in der Nähe des Stadions. Jemand hat vorgeschlagen, sie nach Mailand zu schaffen.

Ich weiß nicht einmal, wo sie gerade aufbewahrt wird.

Aber ich weiß, dass ich immer noch fest auf meinen Beinen stehe, und das mit vierzig Jahren.

Marco van Basten war auch so einer, der irre Fallrückzieher machte. Alle erinnern sich noch an den, den er im Trikot von Ajax gegen Den Bosch erzielte, oder den gegen Göteborg für Milan. Ajax und Milan, wie ich. Ich wurde im Laufe meiner Karriere immer wieder mit van Basten verglichen.

Als ich bei Ajax war, half Marco dem damaligen Cheftrainer und sagte mir ständig hinter vorgehaltener Hand: »Hör nicht auf den Mister, Zlatan. Spar deine Energie und setz sie nur zum Angreifen ein.«

Das sagte er mir, weil er sich daran erinnerte, wie Arrigo Sacchi ihm bei Milan eingebläut hatte: »Lauf nach hinten, hilf dem Team, arbeite auch ohne Ball, mach Druck, beteilige dich am Spiel …«

Genau das, was man mir bei Ajax befahl.

Sacchi war ein Revolutionär. Er hat den Fußball auf den Kopf gestellt, das erkenne ich an. Aber er hatte mich immer auf dem Kieker, und ich habe den Grund dafür nie so recht verstanden. Man hat mir sogar gesteckt, dass er Guardiola geraten hat, mich nicht nach Barcelona zu holen.

Zwei große Freunde. Also die beiden. Nicht meine Freunde.

Sacchi hatte eine Kolumne in der *Gazzetta dello Sport*, und mir kam es so vor, als würde er mich mehr auf persönlicher als auf professioneller Ebene kritisieren. So etwas akzeptiere ich nicht. Wenn ich einen meiner Mannschaftskollegen nicht leiden kann, verhalte ich mich auf dem Platz ihm gegenüber fair, so wie allen anderen gegenüber. Und von einem, der schreibt und kritisiert, erwarte ich die gleiche Korrektheit. Wenn du mir was vorzuwerfen hast, dann sag es mir ins Gesicht, posaune es nicht in die Welt hinaus, denn es ist nicht dein Job, mich als Mensch zu beurteilen, sondern als Fußballer.

Daher habe ich ihm auch, als wir uns einmal nach einem Spiel in der Champions League in einem Fernsehstudio getroffen haben, während der Liveübertragung klipp und klar meine Meinung gesagt. Denn ich kann Dinge ein, zwei Jahre, sogar fünf Jahre für mich behalten, aber ich vergesse nichts. So wie bei Marco Materazzi.

Die Worte von van Basten haben mich mit Stolz erfüllt.

Wenn eine Legende wie er dir so etwas sagt, dann denkst du: Er ist eine Legende, ich spiele auf seiner Position, die ganze Welt vergleicht mich mit ihm, dann höre ich doch auf ihn und nicht auf den Trainer.

Im Spiel musste ich immer an Marcos Rat denken, und ich sagte mir: Ruhig, Zlatan, lauf da nicht hin, bleib hier, spar deine Kräfte zum Angreifen. Denn in dieser Zeit war mein Fußball Rock 'n' Roll. Instinktiv rannte ich überallhin, um zu beweisen, dass ich alles draufhatte: Tunneln, Dribblings, Hackentricks. Ich dachte mehr an mich als daran, die Mannschaft bestmöglich zu unterstützen.

In diesem Sinn hat mich van Basten verändert, aber meine eigentliche Transformation kam dann unter Fabio Capello. Er hat mich wirklich auf den Kopf gestellt, denn bei ihm war das nicht nur ein Satz, sondern eine tägliche Gehirnwäsche. Jeden Tag sagte er zu mir: »Ich muss dir alles von Ajax aus dem Leib reißen und dir einimpfen, nur ans Tor zu denken, nur ans Tor.«

Und dann: »Die beste Art, dem Team zu helfen, ist, ein Tor zu machen. Du erinnerst mich sehr an van Basten, aber du weißt noch nicht, dich so wie er im Strafraum zu bewegen, um ins Netz zu treffen.«

Er stellte mich jeden Tag vors Tor und ließ mich fünfzig Mal schießen: *bam, bam, bam* … Der große Italo Galbiati, der Assistent vom Mister, saß mir immer im Nacken. Wenn ich einen Fehler machte, stichelte er: »Siehst du? Du schaffst es nicht …« Also strengte ich mich noch mehr an: *Bumm*, Tor.

Und er: »Noch nicht gut.«

Bumm, Tor! »Gut genug?«, fragte ich ihn.

Bumm, Tor! »Gut genug?«

Bumm, Tor!

Zwischen uns herrschte ein gutes Feeling. Er brachte mich jeden Tag ans Adrenalinlimit, sechs, acht Monate lang. Und am Ende war ich eine Tormaschine.

Von da an betrat ich den Platz mit einem anderen Fokus.

Bei Ajax hatte ich gesagt: »Gebt mir den Ball, damit ich euch was Tolles zeige.« Bei Juve sagte ich: »Gebt mir den Ball, damit ich ein Tor mache.« Ich hatte mich verändert. War ein anderer geworden.

Auch der Fallrückzieher von Rooney im Derby von Manchester wird für immer in den Geschichtsbüchern stehen. Wunderschön. Wayne ist ein großartiger Typ. Erst als ich an seiner Seite gespielt habe, habe ich begriffen, wie sehr er für den Fußball brennt, wie viel Arbeit er in sein Spiel für die Mannschaft steckt.

Rooney hat sechzehn Spielzeiten in der Premier League bestritten, das ist mehr als ein Fußballerleben, denn es gibt keine andere Meisterschaft, die dich so erschöpft wie die englische: Der Takt ist höher, das Spiel aggressiver, es gibt mehr Partien und keine Winterpause. Sechzehn Mal hintereinander.

Ich beobachtete ihn. Ich war vier Jahre älter als er, ich hätte eigentlich am Ende meiner Kräfte sein müssen, aber ich wirkte wesentlich jünger. Und tatsächlich konnte Rooney schließlich nicht mehr das abliefern, was José Mourinho von ihm wollte, und in meiner Zeit bei Manchester kam er nur wenig zum Einsatz.

Wir haben uns dann in der MLS, der amerikanischen Liga, wiedergesehen.

Ich bin in die USA gegangen, um dort alles auf den Kopf zu stellen. Ich habe mir gesagt: Jetzt gehe ich da hin und zeige ihnen, was Fußball ist, denn sie wissen das immer noch nicht.

Und dann fand ich mich in einer anderen Welt mit zu engen Grenzen wieder, wo die Zeit langsam vergeht, wo der Zeitpunkt für einen Fußballboom, auf den alle warten, niemals kommt und wo Frauenfußball einfach sehr viel erfolgreicher ist. Wo es vor allem auch an Wissen, an den Grundlagen mangelt.

Bei Galaxy hatten sie Jungs frisch von der Fußballakademie oder von einem College, die keine Ahnung hatten, wie sie sich auf dem Platz bewegen mussten. Ich nahm sie einzeln beiseite und sagte ihnen: »Schau mal, so verteidigt man nicht. Du darfst nicht stur wie ein Pfosten vor mir stehen, du musst dich mir in den Weg stellen, damit du mich zwingst, rechts oder links an dir vorbeizuziehen.«

Aber solche Dinge, auch die Einstellung, sollte ein junger Spieler nicht erst herausfinden, wenn er in der ersten Mannschaft ist, das muss er schon vorher gelernt haben. Wenn er in die erste Mannschaft kommt, muss er bereit sein, zu spielen und zu gewinnen. Einen Henry, Pirlo oder Ibrahimović in die Mannschaft zu holen hilft nicht für die Weiterentwicklung. Das ist nur gut für die Show, und um zu zeigen, wo du hinkommen kannst, welches Toplevel du anstreben sollst. Aber viel mehr noch braucht man die Trainer und das Wissen, damit die Basis wachsen kann. Man darf nicht glauben, dass man einfach elf Ibrahimovićs einzukaufen braucht, und schon ist alles geregelt.

Überhaupt ging mir dort alles gegen den Strich. Ich sah, wie Teamkollegen ein Spiel verloren und danach in die Kabine gingen und miteinander lachten. Das liegt an den Play-offs. Erst in der Schlussphase der regulären Saison qualifizierten sich die sieben besten Teams der Western Conference, daher zählte ein Sieg in der ersten Phase der Saison fast gar nichts. Aber seit ich auf der Welt bin, will ich immer gewinnen, auch im Training. Fressen oder gefressen werden: Ich will immer derjenige sein, der frisst.

Eines Tages habe ich das auch den Journalisten gesagt: »Das System der Play-offs ist Scheiße.« Sie sind fast in Ohnmacht gefallen, als hätte ich gesagt: »Ich bin ein Ferrari unter lauter Fiat 500«, denn amerikanischer Sport besteht nur aus Play-offs.

Ich war in Amerika, um etwas zu bewegen, ein Zeichen zu setzen. Doch meine Teamkollegen sahen mich nur auf zwei Arten: Die eine war: *wow* … Die zweite: Der ist nur hier, um die Kohle abzugreifen und schnell wieder abzuhauen. Aber so war das nicht.

Deshalb habe ich eines Tages in der Kabine Klartext gesprochen: »Hört zu, Jungs. Ich bin nicht nach Los Angeles gekommen, um am Strand herumzuliegen oder um durch Hollywood zu bummeln. Und eure Dollars brauche ich auch nicht. Ich bin hier, weil ich eine Mission zu erfüllen habe. Ihr braucht mich, und ich brauche euch, um sie zu verwirklichen. Wenn euch das nicht passt, dann sagt mir das gleich, und ich geh nach Hause. Ich bin hier nicht im Urlaub.«

Sie erwiderten: »Keine Sorge, Zlatan, wir wechseln jetzt in den Play-off-Modus.«

Was zum Teufel ist der Play-off-Modus? So funktioniert das nicht. Wir müssen das ganze Jahr siegen, nicht nur zwei Wochen lang. Dann sollten wir einen neuen Vertrag schließen, provozierte ich sie: Wir lassen uns für den ersten Teil der Meisterschaft nicht bezahlen, denn schließlich geben wir nicht hundert Prozent, wir nehmen erst Geld, wenn die Play-offs starten. *Okay, guys?*

Ich gebe bereits beim ersten Training der Saison hundert Prozent, denn in diesem Training beginnt man, die Meisterschaft zu gewinnen. Es gibt kein Spiel, das nicht gleichzeitig ein Finale für mich ist, denn in jedem Spiel gewinnt oder verliert man, und ich will immer gewinnen. Das wollte ich den Amerikanern beibringen, um sie weiterzuentwickeln. Eine Zeit lang hatten sie das Glück, live lernen zu können, wie echter Fußball funktioniert. Dann bin ich gegangen und habe mich so verabschiedet: Jetzt könnt ihr wieder Spaß mit eurem Baseball haben.

Frankreich dagegen habe ich nach einer Niederlage in Bordeaux auf den Kopf gestellt. Der Schiedsrichter pfeift einen Rückpass zum Torwart nicht ab. Wie bitte? Das darf man laut Reglement nicht.

Der Schiedsrichter meint zu mir: »Ich habe vorhin einen Fehler gemacht, und mit diesem Fehler sind wir quitt.«

Was ist das denn für eine Entschuldigung? Ich bin gerade drauf und dran, das Spiel zu verlieren, und du sagst mir: Ich habe da einen Fehler gemacht, dafür mache ich jetzt noch einen …

Ich wusste jedoch auch, dass es für die Schiedsrichter nicht leicht war. Als wir alle dorthin kamen, hat sich Paris Saint-Germain innerhalb von vierundzwanzig Stunden in eine Mannschaft von Superstars verwandelt. Unsere große Popularität auf und auch neben dem Platz hatte uns in eine andere Dimension katapultiert. Die Schiris dagegen, die diesen Beruf nicht einmal in Vollzeit ausüben, mussten erst noch wachsen und sich an das neue Niveau anpassen, aber es war keine Zeit, auf sie zu warten. Man bezahlte uns viel Geld, man setzte uns unter Druck, wir mussten gewinnen, auch gegen den Neid.

Die Franzosen verurteilten mich mit jedem Blick.

Mit all dem Adrenalin im Körper wegen der Schiedsrichterfehlentscheidungen und wegen der ungerechten Niederlage in Bordeaux habe ich getönt: »Frankreich, du Scheißland, du hast mich nicht verdient und auch nicht PSG!«

Wir waren ein *Wow*-Ding, und anscheinend wollte Frankreich kein *Wow*-Ding innerhalb seiner Grenzen. Wir waren zu viel, und man hielt uns für falsch hier.

Nach diesem Auftritt sah ich mich aufmerksam um, wenn ich auf die Straße ging. Pass auf, Zlatan, sei bereit, sofort zu reagieren, falls etwas passiert. Aber von zehn Leuten, die ich traf, sagten zehn: »Du hast recht, das hier ist ein Scheißland.«

Echt jetzt? Schauen wir mal, was der Nächste sagt.

»Du hast ja so was von recht, Ibra!«

Mit so einer Reaktion der Leute hatte ich überhaupt nicht gerechnet.

Von Beginn meiner Laufbahn an hatte ich mir vor allem eins geschworen: Egal was mir passiert, Erfolg, Reichtum, Ruhm dürfen mich nicht verändern, ich muss ich selbst bleiben, denn wenn ich mich verändere, dann enttäusche ich mich selbst.

Auch wenn ich von der Straße komme, muss ich immer der bleiben, der ich war, immer derselbe Mensch, auch wenn ich ganz oben ankomme.

In Frankreich verfolgte ich dieselbe Philosophie: Ich ändere mich nicht. Wenn ich etwas sagen muss, dann sage ich das. Deswegen hielt man mich für arrogant. Die Franzosen tun sich schwer damit, ein Verhalten zu akzeptieren, das anders ist als ihres. Die können nicht sagen: Ich mach das so, er macht das so, passt schon. Nein. Wer sich von ihren Vorstellungen freispielt, wird kritisiert, und man hält ihn für fehl am Platz.

Vor allem ehemalige Spieler regten sich auf, weil ich sagte, ich sei der beste Fußballer, der jemals nach Frankreich gekommen sei, und so was in der Art. Das war keine Arroganz, ich war davon überzeugt, ich glaubte an mich.

2014. Ich gewinne den Étoile d'Or als bester Feldspieler der Ligue 1, und ich muss ein Radiointerview zusammen mit Franc Lebœuf geben, einem ehemaligen Innenverteidiger der französischen Nationalmannschaft. Live. Ich mag das, weil ich sicher sein kann, dass die Leute alles hören werden, was ich sage, da kann man nichts löschen oder rausschneiden. Ich wiederhole: Wenn etwas an mir nagt, dann kann ich auch zehn Jahre warten, aber ich vergesse es nicht, und wenn der richtige Zeitpunkt gekommen ist, dann packe ich aus.

Es war der richtige Zeitpunkt für Lebœuf.

Wir beginnen zu reden, und er so: »Hör mal, Ibra, dein Verhalten …«

There we are.

Ich unterbreche ihn und sage: »Ja, sicher, mein Verhalten. Ich sag dir eins, Frank: Ich finde dieses Ding mit dem

Verhalten, von dem ihr immer redet, ziemlich seltsam. Eurer Meinung nach bin ich arrogant, aber in der gesamten Welt sind es die Franzosen, die für ihre Arroganz berühmt sind. Das bedeutet also, ich bin einer von euch. Also eigentlich müsstet ihr stolz auf mich sein, denn ich verkörpere eure Arroganz auf die beste Art und Weise.«

Lebœuf sagt nichts. Er ist sprachlos.

Nach den Beleidigungen von Bordeaux wollte man mich aus Frankreich rauswerfen. Marine Le Pen sagte immer wieder, dass ich das Land verlassen sollte. Sogar der schwedische Botschafter musste eingreifen. Meine Worte waren zu einem Politikum geworden, und das gefiel mir nicht, denn meine Beleidigungen waren in Zusammenhang mit einem Fußballspiel gefallen, man sollte mich als Sportler beurteilen und nicht persönlich angreifen. Wenn auch ich mich auf die politische Ebene begeben hätte, hätte ich vielleicht darauf hingewiesen, dass ich der Bürger war, der die meisten Steuern in Frankreich bezahlte. Ich gab dem Land durchaus etwas. Stattdessen habe ich gesagt, es reicht, machen wir hier Schluss.

Aber irgendwie fand ich diese ganzen Angriffe lustig. Als es darum ging, den Vertrag mit PSG zu verlängern, habe ich gesagt: »Ja, wenn ihr den Eiffelturm gegen eine Statue von mir austauscht, würde ich vielleicht unterschreiben.«

Diesmal wurden sie aber richtig wütend. Und ich freute mich diebisch über ihre Reaktion, denn wenn ich provoziere und sie so darauf antworten, dann hieß das, dass ich gewonnen hatte.

Wie damals, als ich auf Instagram die Röntgenaufnahme einer Hand mit gestrecktem Mittelfinger gepostet habe. Alle nutzen Social Media, um Follower zu bekommen, ich dagegen will Reaktionen. Wenn die Leute reagieren, habe ich gewonnen.

Ich weiß nicht, ob mich in meinem Leben mehr die Liebe oder der Hass auf den Kopf gestellt hat. Ich weiß aber eins: Wenn dich jemand hasst, dann weißt du, dass er dich hasst; wenn einer dich liebt, dann kannst du nicht wissen, ob die Liebe echt ist.

Als ich bei Inter spielte, liebten mich die Fans. Als ich wegging, was wurde dann aus dieser Liebe?

Wenn ich auf dem Platz bin, gibt mir das Gefühl, geliebt zu werden, eine unglaubliche Energie. Aber auch der Hass gibt mir viel. Wenn man mich zur Weißglut treibt, erreiche ich ein höheres Level: Ich bin aufmerksamer, konzentrierter, stärker, ich brenne darauf, etwas zu beweisen. Wenn sie mich hassen, dann machen sie mich besser. Deswegen setzen mich Spiele wie Derbys mega unter Strom und erfüllen mich mit besonderem Adrenalin, das mich beflügelt. Aber heute habe ich mich besser im Griff als früher, als ich noch jünger war.

Auch weil meine Söhne mir Ruhe und einen Lebensrhythmus gegeben haben, den ich früher nicht hatte. Bis zur Geburt meines ersten Sohns brachte ich den Fußball und all meine Wut mit nach Hause. Mit der Zeit hat sich das geändert. Ich kam nach Hause, sah die Kids und vergaß alles. Genau, sie haben mich wirklich auf den Kopf gestellt. Sie sind in mein Leben gekommen, und plötzlich war Fußball nicht mehr das Wichtigste auf der Welt. Es zählte bloß noch, dass es ihnen gut ging.

Ich habe mich bemüht, sie als Zlatan zu erziehen, nicht als Ibra. Ich habe alles getan, um den Fußballer auszulöschen und ihnen nur als Vater gegenüberzutreten, denn als sie klein waren, hassten sie Fußball. Sie sahen, dass ihr Papa allen gehörte, sogar mehr als ihnen selbst: Fernsehen, Fotos, Autogramme, Stadion, überall nur Ibra.

Wenn ich mit ihnen zu einer Wiese ging, um ein bisschen zu kicken, fing der eine an zu weinen, und der andere beobachtete Vögel.

Dann haben sie irgendwann angefangen, FIFA zu spielen, und da haben sie Neymar, Messi, Buffon, Totti … entdeckt. Sie sind zu mir gekommen und haben gesagt: »Papa, aber es gibt ja noch andere Champions.«

Na klar, es gibt jede Menge davon, es gibt nicht nur Ibrahimović.

»Ach so, okay.«

Und von da an haben sie erkannt, dass Fußball Spaß machen könnte, und haben mich gebeten, mit ihnen zu spielen. Mittlerweile sind sie total fußballverrückt, egal, ob wir zusammen oder einzeln spielen, ob als Videogame oder auf dem Platz, inzwischen sind sie richtig besessen davon.

Als sie noch klein waren, standen sie ganz im Schatten des Fußballers. Ich habe sie dort rausgeholt, habe ihnen den Weg ans Tageslicht gezeigt, und jetzt bemühe ich mich, zu Hause nur noch ihr Papa zu sein, nicht der Champion.

In unserem Haus in Schweden steht kein einziges Bild von mir als Fußballer rum, keine Trophäe, nichts davon. Im Haus meiner Söhne lebt nur der Vater, nicht der Fußballer, denn das ist unsere Zuflucht. Sie müssen von meiner Geschichte unabhängig sein, damit sie ihre eigene schreiben können, damit sie eines Tages ihren Weg, ihre Herausforderung frei wählen können.

Und das, was sie auf den Kopf stellen wollen.

2
DRIBBLINGS
(oder: über die Freiheit)

Als ich jung war, half mir das Dribbling dabei, meinen Gegner reinzulegen. Ich tunnelte ihn, spielte ihn aus, dann drehte ich mich um und sagte zu ihm: »Siehst du, dass du mich nicht stoppen kannst?«

Bei Ajax war ich ganz Dribbling. Als Junge war ich eine einzige Finte.

Besonders genau sah ich mir die Brasilianer an, Romário oder Ronaldo, *Il Fenomeno*, die den Ball vollkommen anders als die anderen nach vorne brachten. Sie verlagerten ihn mit kleinen Bewegungen, nahmen nie den Fuß vom Ball: *Bumm, bumm* …, Außenfuß, Innenfuß, schnell wie der Blitz … *bumm-bumm.* So wie die Spieler beim Bandy, einer Art Hockey auf dem Eis, das in Schweden sehr populär ist. Bei diesem Sport bewegen die Spieler den Ball, indem sie ihn mit beiden Seiten ihres Schlägers ein wenig hin und her schieben, und gleiten dabei vorwärts. Was die Schweden mit einem Schläger machten, machten die Brasilianer mit den Füßen.

Der »Elastico« … darauf fuhr ich voll ab. Das war und ist seit jeher meine bevorzugte Finte. Ich nannte sie *snake*, denn mit zwei Ballberührungen schlängelst du dich am Gegner vorbei, und dann greifst du an wie eine Kobra. *Bumm-bumm …*

Ich studierte die Brasilianer, denn die zeigten dir früher oder später immer etwas, das du so noch nie gesehen hattest. Und ich übte stundenlang auf der Straße den Elastico. Der Trick ist einfach zu schön, wenn er dir gelingt. Du kannst einen Gegner hassen und ihn von der Tribüne aus beleidigen, aber wenn er den Elastico bringt und den anderen Spieler hinter sich lässt, verstummst du und denkst nur noch: Wow, was für eine tolle Show …

Ich mochte auch den Doppelschritt, aber ich schaffte es nicht, so dynamisch zu sein wie Ronaldo. *Il Fenomeno* ging ab wie eine Rakete. Unvergessen das Tor gegen Lazio Rom in Paris im UEFA-Cup-Finale 1998, das er für Inter Mailand schoss. Eine Finte, zwei, drei. Er zieht nach rechts, nach links, Luca Marchegiani, der Torhüter, wirft sich ihm auf der einen Seite in den Weg, und er umläuft ihn und bringt den Ball von der anderen Seite ins Tor.

Dann kam ich zu Juve, und dort hat Capello mich gefragt: »Dribbling ist okay, aber wofür? Um nach vorn zu kommen, um eine Chance zu kreieren, um eine Flanke zu schlagen? Okay. Dribbling als Selbstzweck? Ist nicht okay.«

Heute in meinem Alter ist Dribbling zu kräftezehrend geworden. Wenn ich eins hinter mir habe, muss ich mich erholen, um dann wieder die Energie zu haben, aufs Tor zu gehen. Wie hat Capello mal zu mir gesagt? »Du hilfst der Mannschaft am besten, wenn du Tore schießt.«

Heute ist Dribbling für mich nicht mehr die erste Wahl. Ich muss meine Kräfte aufsparen, um vors Tor zu kommen. Ich muss einfach, schnörkellos spielen, was eigentlich am schwierigsten ist. Passen, Schießen, das sind die Grundlagen des Fußballs, der an sich ein einfacher Sport ist, auch wenn wir ihn kompliziert machen. Was sagt man einem, der es mit den spektakulären Tricks übertreibt? »Spiel einfacher.« Genau. Die wahre Herausforderung ist nicht das besondere Dribbling, sondern einfach und schnörkellos mit deinen Kollegen zu spielen, auch wenn dich dein Ego drängt, wie *Il Fenomeno* zu spielen.

Dribbeln ist ein Spaß für Jungs wie das Fahren nur auf dem Hinterrad mit dem Mofa, um einen auf cool zu machen. Wenn du dann älter wirst, steigst du aufs Auto um und bleibst mit den vier Rädern fest auf dem Asphalt. Doch für mich war Dribbeln gleichbedeutend mit Freiheit: mit meinem Wunsch wegzulaufen, alle hinter mir zu lassen und ganz allein da vorn zu sein, wenn mir der Gegenwind auf dem Platz entgegenbläst und mein Talent für jedermann sichtbar wird.

Als ich dann Ibra wurde, habe ich meinen Trainern gesagt: »Okay, studiert ihr ruhig eure Taktikpläne, aber vor dem Tor entscheide ich, was zu tun ist.« Ich bin auf einem Level angekommen, dass ich selbst weiß, was für die Mannschaft am besten ist. Roberto Mancini ließ mir bei Inter freie Hand, Guardiola bei Barcelona nicht.

Bei Barça war ich auf jedem Zentimeter des Platzes und in jeder Sekunde des Spiels durchgeplant. Ich war nicht ich selbst, weil man mir vorschrieb, wo und wie ich laufen sollte. Ich war blockiert, fühlte mich wie ein Gefangener.

Wenn du Ibra sagen musst, was er tun soll, dann brauchst du Ibra nicht. Denn du musst vorher wissen, dass du ihn nie ändern kannst.

Ich habe zu Guardiola gesagt: »Wenn dir nicht passt, wie ich spiele, dann lass mich draußen.« Aber er verlangte weiterhin von mir, ich solle vor dem Tor bleiben, freie Räume suchen, auf den ersten Pfosten gehen. Das kann ich tun, aber so ein Spielertyp bin ich nicht.

Anfangs habe ich versucht, mich anzupassen, ich habe mich mit aller Kraft bemüht, denn schließlich war es ja Guardiola gewesen, der mich gewollt hatte, und außerdem war es eine großartige Herausforderung. Noch bevor ich bei Barcelona anfing, hörte ich alle sagen: »Ibra ist nicht der Mittelstürmer, den Barça braucht, er hat nicht das richtige Spielerprofil, der kann es dort nicht schaffen …« Deshalb strengte ich mich an, um sie Lügen zu strafen und um den Leuten in Barcelona zu beweisen, dass ich einer von ihnen werden könnte. Aber bei jedem Ball, den ich spielte, erwischte ich mich dabei, dass ich zweimal darüber nachdachte. Zunächst fiel mir meine Lösung für die Situation ein, eben die, die mir mein Instinkt eingab, dann die, die denen gefiel. Und das galt genauso für alles, was ich sagte und sonst noch tat. Ich dachte zweimal nach, lebte zwei Leben. Zum ersten Mal in meinem Leben war ich nicht mehr ich selbst. Das habe ich sechs Monate durchgehalten, dann bin ich explodiert.

Die Wahrheit ist, dass Guardiola einen Weg hätte finden müssen, mich gemeinsam mit Messi entsprechend unseren Fähigkeiten einzusetzen. Das war sein Job. Aber das hat er nicht geschafft, während Luis Enrique Jahre später bei Barça einen Weg gefunden hat, Messi, Suárez und Neymar auf einmal aufzustellen und jedem der drei seinen Raum zu geben.

Ein anderes Beispiel: Guardiola hätte bei Manchester City zwischen Messi, Cristiano Ronaldo und Harry Kane wählen können. Die Verantwortlichen hätten sie für ihn geholt. Aber er hat keinen der drei gewollt. Zu große Stars, zu viel Persönlichkeit. »Der Philosoph« bevorzugt Spieler, die blind gehorchen.

Der Matchplan ist nützlich, aber dann kommt die Fantasie ins Spiel, die individuelle Qualität. Wenn du überzeugt bist, dass du durch den Matchplan gewinnst, dann hol dir nie van Basten, stell irgendeinen x-beliebigen Mittelstürmer auf den Platz, der wird den gleichen Job machen. Oder irre ich mich? Aber es ist van Basten, wegen dem du am Ende den Pokal hochhältst, er ist der Champion, der dich mit seinen besonderen Talenten, die andere nicht haben, siegen lässt. Aber um die auszupacken, braucht er Freiheit.

Du wirst nie zu Neymar sagen, er soll nicht mehr dribbeln, denn das ist seine Kunst. Das wäre, als würdest du einem Maler sagen, er soll nicht mehr malen. Und zu einem schnellen Spieler wirst du nie sagen: »Lauf langsamer«, du wirst versuchen, seine Schnelligkeit zum Nutzen der Mannschaft einzusetzen. Die Taktik kann dabei helfen, dem Kollektiv eine gewisse Form zu geben, aber je näher ein Stürmer dem Tor kommt, desto mehr muss er seinem eigenen Instinkt folgen.

Auch ein Trikot kann, ähnlich wie der Matchplan, zu einem Käfig werden, der dir die Freiheit raubt.

Es ist bequem, brav zu Hause zu bleiben und zu essen, was bei Mama auf den Tisch kommt, aber ich wollte schon immer über das Feuer gehen. Ich habe Schweden verlassen, um in Holland bei Ajax zu spielen, und danach habe ich mir eine größere Herausforderung gesucht. Jedes Mal habe ich folgende Überlegung angestellt: Ich komme von meinem Revier in deines, und ich will sehen, ob ich in der Lage bin, dort das Gleiche zu tun. Wenn ich es schaffe, gehe ich nach einiger Zeit weg in ein anderes Revier, stelle die Zeichen auf Anfang, um als Mensch und Fußballer zu wachsen. So bin ich der geworden, der ich heute bin.

Ich sage nicht, dass Maldini oder Totti immer im gleichen Verein geblieben sind, weil sie schwach waren oder Angst hatten. Nein, ich respektiere sie. Und ich weiß, dass viel vom Charakter des Einzelnen abhängt. Mir fiele es schwer, mein ganzes Leben am gleichen Ort zu sein. Ich werde irgendwann unruhig und brauche neue Herausforderungen.

Wie könnte ich Hakan Çalhanoğlu vorwerfen, dass er sich entschieden hat, von Milan zu Inter zu wechseln, ich, der ich tausendmal solche Entscheidungen getroffen habe? Uns bleibt dann nur, ihm für das zu danken, was er der Mannschaft gegeben hat, und ihm alles Gute für die Zukunft zu wünschen.

Es klingt böse, wenn ich das sage, aber Çalha hat eben von einer tragischen Situation profitiert. Mitten im Europameisterschaftsspiel Dänemark gegen Finnland im Juni 2021 hat der dänische Spieler Christian Eriksen, der bei Inter unter Vertrag stand, einen Herzstillstand erlitten. Deshalb brauchte Inter einen neuen Spieler auf seiner Position, und für Hakan hat sich eine Tür geöffnet. Vorher hatte es für ihn weder von Inter noch von anderen Clubs Angebote gegeben.

Hakan ist ein guter Junge. Und dank mir ist er sehr gewachsen. Er hat Mut, Selbstvertrauen erworben, und jetzt heißt seine Herausforderung: Werde ich das Gleiche auch ohne Ibra schaffen?

Während der Europameisterschaft schickte ich ihm und Ante Rebić Nachrichten über WhatsApp: »Schwierig ohne Ibra, was?«

Sie schickten mir Zwinkersmileys zurück.

Bevor ich kam, war Çalha nicht so gut wie später, und Rebić spielte nie. Zu Hakan sagte ich immer im Spaß: »Verdammt, ich bin schuld daran, wenn du jetzt solche Forderungen an Milan stellst, denn ich habe dich großgemacht.« Und Ante habe ich gesagt: »Du verdankst es nur mir, dass dein Vertrag verlängert wurde, vergiss das nicht.«

Aber die Wahrheit dahinter ist, dass der Fußball mir jenseits von Taktik und Trikots vom ersten Tag an meine Freiheit genommen hat.

Natürlich hat mir niemand die Pistole auf die Brust gesetzt und mich gezwungen, Fußballspieler zu werden. Das habe ich selbst entschieden, und es gibt nichts in meinem Leben, das ich nicht genauso wieder tun würde. Ohne den Fußball wäre ich ein Niemand gewesen. Ihm verdanke ich alles. Durch den Fußball bin ich der Mensch geworden, der ich heute bin, führe das Leben, das ich lebe, habe jede Menge Orte und Menschen kennengelernt. Ich werde meinem Beruf immer dankbar sein.

Aber ich habe dem Fußball auch viel gegeben.

Alle denken, es sei schön und einfach, Fußballer zu sein, aber die meisten wissen nicht, wie schwer ein komplett durchorganisiertes Leben auf einem lastet. Wie sieht unser Leben aus? Wir stehen auf, frühstücken, dann ist Training, Mittagessen, Erholungspause, wieder Training, zwei Spiele in der Woche und so weiter als Endlosschleife für fünfzehn oder zwanzig Jahre. In einer Champions-League-Woche kann es vorkommen, dass du an vier von sieben Tagen im Hotel kaserniert bist.

Mit der Geburt von Maximilian und Vincent wurde die Situation noch komplizierter. Ich bin genau aus diesem Grund nicht mehr für die Nationalmannschaft angetreten, damit ich mehr Zeit mit ihnen verbringen konnte. Als ich mich für die Europameisterschaft zur Rückkehr entschlossen habe und die Journalisten mir eine Frage über meine Söhne stellten, kamen mir die Tränen. Ich musste an Vincent denken, wie er weinte, wenn ich das Haus verließ, und das tat mir weh.

Klar, Fußballspieler verdienen gut, sie haben viele Erfolgserlebnisse, aber die Leute bedenken dabei nicht, dass sie, während sie ein Sportlerleben leben, das große Opfer verlangt, einen großen Teil des wirklichen Lebens verpassen. Noch bevor der Spieler fünfunddreißig ist, beendet er meist seine Karriere, dann sind nicht mehr alle Augen auf ihn gerichtet, dann ist sein Leben nicht mehr durchgeplant, endlich erhält er seine ganze Freiheit wieder, ja, stimmt, aber dann ist er eben nicht mehr zwanzig.

Ich beklage mich nicht, weil ich kaum Discos oder Clubs von innen gesehen habe oder keinen Spaß haben konnte mit Freunden. Nein, ich sage: Zwanzig Jahre hatte ich nicht die Freiheit, jeden Tag das zu tun, was ich wollte, und jetzt, mit vierzig, bin ich ein anderer Mensch. Was fange ich jetzt mit meinem Leben an, nach so vielen Opfern? Und was wird passieren?

Viele Spieler versinken am Ende ihrer Karriere in einem schwarzen Loch. Was mache ich jetzt, wo niemand mehr für mich plant? Die Freiheit wird zu groß für sie, ein riesiger furchterregender Ozean. Sie haben nicht mehr den Kurs eines vorbestimmten Lebens, dem sie folgen können.

Momentan habe ich einen Tagesplan, der mir sagt: 10 Uhr Milanello, 10.30 Uhr Trainingsbeginn. Bald werde ich keinen solchen Plan mehr haben. Was mache ich dann? Okay, ich bringe die Jungs zur Schule. Und danach? Warte ich dort, bis sie wieder rauskommen? Nein, ich gehe in mein Gym und trainiere etwas: eine halbe Stunde, eine Stunde High Impact … *Bumm, bumm, bumm* … Und dann? Zwanzig Jahre lang fühlen wir uns lebendig dank des Adrenalins, das uns der Platz und Tausende Fußballfans verschaffen, dann müssen wir es anders, auf andere Weise finden. Das ist nicht einfach.

Viele Ex-Spieler gehen als Kommentator zum Fernsehen. Ich sage dir, warum sie das tun: nicht wegen des Geldes, sondern wegen der Aufmerksamkeit, die sie bekommen. Jahrelang haben dich achtzigtausend Menschen im Stadion verfolgt, und die Journalisten waren dort und haben über dich geschrieben. Du hörst auf – und auf einmal hast du nichts mehr. Viele werden dann eben Kommentator. Mich reizt das nicht. Ich brauche keine Aufmerksamkeit. Ich habe ein solches Level erreicht, da werde ich die immer haben, ganz egal, was ich mache.

In der Zukunft könnte ich Trainer werden, eigentlich unterstütze ich ja schon jetzt die jungen Spieler und die

Mannschaft darin zu wachsen, aber wenn ich mir so die Trainer ansehe, die ich hatte, bringt der Beruf schon sehr viel Stress mit sich. Ich weiß nicht, wir werden sehen. Wenn ich es mache, müsste ich dafür eine Zeit lang noch mal lernen. Wenn du ein großer Spieler warst, ist noch nicht gesagt, dass du auch ein großer Trainer wirst. Um auf dem Platz den Unterschied zu machen, genügt es nun nicht mehr, einfach nur schön zu spielen, jetzt musst du gut darin sein, deine Ideen den anderen, die für dich spielen, zu vermitteln. Das ist das Schwierigste daran. Und daran merkt man den Unterschied zwischen einem sehr guten und einem weniger guten Trainer.

Du musst damit anfangen, die Jugendmannschaft zu trainieren oder einen kleinen Verein. Du musst es dir leisten können, Fehler zu machen, um zu lernen, um Erfahrungen zu sammeln und dann ganz langsam zu den Topvereinen aufzusteigen, wo du dir keine Fehler mehr erlauben kannst. Ich würde nie mit einem großen Club starten, so wie Andrea Pirlo bei Juve, denn ich könnte nur verlieren. Selbst wenn ich sofort siegen würde, würde ich nichts dabei lernen, denn man lernt nur aus Niederlagen und Rückschlägen. Um zu wachsen, musst du am Anfang Fehler machen dürfen.

Ich weiß nicht, was ich in der Zukunft mit meiner Freiheit anfangen werde, aber ich weiß, dass ich mich jetzt noch nicht wie ein freier Mann fühle.

Nehmen wir mal an, ich möchte aus dem Haus gehen. Ich kann nicht einmal hundert Meter laufen, ohne dass mich jemand stört. Wenn sie dich stören, ist das keine Freiheit. Ich weiß nicht, ob ich jemals wieder in meinem Leben diese Form von Freiheit haben werde. Ich glaube nicht. Weil ich meinen Job auf ein so hohes Level gepusht habe, dass ich die Konsequenzen daraus tragen muss. Wo fühle ich mich frei? Draußen in der Natur, wenn ich in einen Wald gehe, wo die Tiere mich nicht kennen. Aber eigentlich erkennen mich die Tiere dort ... weil auch ich ein Tier bin.

Ich fühle mich frei auf einer kleinen Insel mitten im Mälarsee und noch freier in meinem Wald, der an der Grenze zu Norwegen liegt. Ein extremer Bergwald, im hohen Norden, mit einer kleinen Hütte, in der es weder Strom noch fließend Wasser gibt und wo man im Winter nur mit dem Motorschlitten hinkommt. Über tausend Hektar Land. Also, damit man sich das vorstellen kann: Das gesamte Vereinsgelände im Milanello erstreckt sich über sechzehn Hektar. In meinem Wald kann ich kilometerweit gehen, ohne Gefahr zu laufen, einem menschlichen Wesen zu begegnen.

Ja, dort fühle ich mich wirklich frei. Auch auf meinem Boot fühle ich mich frei, aber dem Meer traue ich nie so ganz, man weiß nie, was unter einem ist. Im Wald dagegen habe ich immer die absolute Kontrolle über die Situation. Aber ich kann nicht für immer dort inmitten von Bäumen, fernab von allen Menschen leben: Da würde ich verrückt.

Es heißt so oft: Was haben die Fußballer für ein schönes Leben. Ja, klar, da ist das Adrenalin: Du unterschreibst Verträge, jeder sagt dir, dass du der Beste bist. Aber wenn du aufhörst, bleibt davon nichts mehr. Das Adrenalin ist weg, niemand mehr da, der dein Ego streichelt. Höchstens sagt man dir noch, dass du der Beste *gewesen* bist.

Wenn du spielst und brauchst etwas, rufst du an, und man bringt es dir. Wenn du nicht mehr spielst, kannst du noch so oft anrufen, man sagt dir bloß: »Okay, hol's dir doch selbst.« Der Flipper schaltet sich ab, die Kugel geht direkt ins Loch. *Tilt.*

Ich habe Angst vor dem Aufhören, weil ich nicht weiß, was mich danach erwartet. Mit jedem Tag, der vergeht, komme ich dem Moment näher, und ich merke, dass meine Angst davor wächst. Das hat nichts mit Geld zu tun. Daran wird es mir nicht fehlen. Es geht um etwas anderes: Was mache ich dann? Bald werden meine Jungs achtzehn sein und ihr eigenes Leben haben. Was mache ich also? Das treibt mich um. Ich glaubte ja, ich wäre bereit, aufzuhören und mich mit anderen Dingen zu beschäftigen, aber je mehr Zeit vergeht, desto größer wird meine Sorge.

Ich muss auch nach dem Ende meiner aktiven Zeit das Adrenalin finden, das ich in einem Zweikampf mit Chiellini finde. Aber wo? Ich kann ja nicht raus auf die Straße gehen und mit den Leuten Streit anfangen. Ich bin ja kein Irrer. Soll ich Unternehmer werden? Das kann eine Herausforderung sein: Wenn es gut läuft, heißt das Jackpot, okay, aber das ist nicht die Art Adrenalin, durch die ich mich lebendig fühle.

Ich fühle mich frei, wenn ich mich lässig anziehe.

Ich hasse es, Anzug und Krawatte zu tragen. Das zwingt einen geradezu, überheblich zu sein. Wenn du so in ein Restaurant gehst, ist es, als würdest du allen sagen: »Seht her, wie wichtig ich bin.« Mir ist egal, was die anderen denken. Natürlich ist klar: Wenn ich muss, dann mache ich es, zum Beispiel bei offiziellen Anlässen. Aber ich fühle mich in diesen eleganten Klamotten einfach nicht wohl, die Fliege schnürt mir den Hals ab und so weiter. Ich musste das Zeug tragen, und ich habe es getragen. Aber ich bin nur frei, wenn ich mich sportlich anziehe, wenn alles bequem sitzt. Also in Trainingsklamotten.

Freiheit geben mir auch meine Autos.

Ich mag sie, aber ich habe sie nicht gekauft, um zu zeigen, dass ich sie mir leisten kann. Ich habe sie seit Jahren nicht mehr gewaschen. Ich kaufe sie nicht, um mit ihnen anzugeben, sondern wegen des Adrenalins in meinem Blut, wenn ich Autobahn fahre. Die Autos geben mir die Sicherheit, dass ich verschwinden kann, wenn ich will, weil sie sehr schnell sind und niemand mit ihnen mithalten kann. In diesem Sinn sind sie meine Freiheit.

Als ich zurück nach Mailand gekommen bin, hatte ich kein Auto. Ich habe mir dann ein paar kommen lassen, eben weil mir das Adrenalin der Freiheit fehlte. Manchmal sagt man mir: »Zlatan, es ist viel schöner, auf den Rennstrecken zu fahren und abzugehen wie in der Formel 1.« Nein, das langweilt mich. Da käme ich mir vor wie ein Hamster in seinem Rad. Ich ziehe die Autobahn vor, ich brauche das, vor den Leuten abzuhauen.

Wenn sie mich erkennen, verfolgen sie mich auch im Auto, nicht nur zu Fuß, um ein Selfie zu machen. Dann trete ich das Gaspedal meines LaFerraris durch, der schafft es von null auf 300 km/h in fünfzehn Sekunden. Wohlgemerkt, ich sage nicht, dass ich mit 300 km/h auf der Autobahn fahre … Na ja, ich beschleunige und fliege davon.

Covid hat mir Freiheit genommen und mich als Mensch verändert. Ich war weit weg von meiner Familie, als ich daran erkrankte. Plötzlich war ich in meiner Wohnung eingesperrt wie in einem Gefängnis. Ich fühlte mich, als stünde ich allein gegen die ganze Welt.

Es ging mir körperlich eigentlich nicht so schlecht, aber die Situation an sich war ungewohnt für mich. Ich hatte immer meine Familie um mich, besonders wenn es mir schlecht ging. Außerdem war dies gerade eine sensible Zeit in meinem Leben, da ich wichtige Entscheidungen treffen musste: aufhören oder weiterspielen? Ich wusste nicht, ob ich es schaffen würde, sechs Monate in Mailand allein zu verbringen. Darüber habe ich auch mit dem Verein gesprochen, aber ich wollte nicht, dass das zum Problem für Maldini oder Pioli würde. Das Ganze ging nur mich etwas an.

Covid hat viele Menschen verändert. Ich bin jemand, der gern zu Hause ist, aber auch gern mal ausgeht. Das konnten wir ein Jahr lang nicht. Als die Einschränkungen gelockert wurden und ich das erste Mal wieder in einem Restaurant war, bin ich in Panik geraten.

Zu meinen Freunden habe ich gesagt: »Machen wir schnell mit dem Essen, ich möchte nach Hause.« Ich war das nicht mehr gewohnt. Da waren zu viele Menschen um mich herum, ich fühlte mich unbehaglich, aber nicht, weil ich ein Promi war und sie mich störten. Ich hatte mich verändert: Ein voll besetztes Restaurant, eigentlich etwas ganz Normales, wirkte so unnormal auf mich, und das, was nicht normal war, war zur Normalität geworden. Ich bekam kaum Luft, mir war schlecht. »Macht schnell, ich möchte weg«, sagte ich. Meine Freunde begriffen nicht: »Was sagst du denn da, Zlatan? Die Pandemie ist vorbei. Genießen wir das!«

Ich weiß nicht, ob das wirklich Freiheit ist.

Also, ein anderes spektakuläres Dribbling war eine Fahrt auf dem Motorrad, weil ich unbedingt zur ersten Abendshow des Festivals von Sanremo musste.

Nach dem Training fahren wir vom Milanello in einem Kleinbus los. Früh am Nachmittag. Wir haben viel Luft eingeplant, mein erster Auftritt in Sanremo ist um 20 Uhr, eine Promoveranstaltung der Rundfunkanstalt *Rai* zum Start der Eröffnungsshow des Festivals.

Aber irgendwann fahren wir Kolonne und stehen schließlich. Der Stau wird immer länger, und mein Fahrer sucht Infos darüber im Verkehrsfunk. Ein Lastwagen hat einen Unfall gebaut, er steht quer und blockiert die Fahrbahnen. Es hat wohl einen Toten gegeben. Zwei Stunden später stehen wir immer noch.

Die Zeit vergeht, der Stress wächst. Besorgt rufen wir beim Festival an, ich sage, sie sollen uns einen Polizeiwagen schicken, der uns bis Sanremo begleitet, aber sie antworten, das Festival sei zu bekannt, so eine bevorzugte Behandlung würde sofort in der Presse auftauchen und Polemiken auslösen.

Ich werde immer nervöser, steige aus dem Kleinbus aus und laufe zwischen den stehenden Autos hindurch. Nach sechs Stunden Sitzen hab ich es nicht mehr ausgehalten.

Ich schaue auf die Uhr. Hier geht gleich der ganze Abend den Bach runter.

Ich gehe zum Kleinbus zurück und sage zu meinem Assistenten: »Gib mir deine Jacke und verfolg mich mit dem GPS. Überprüf auf dem Handy, wohin ich fahre. Okay?«

Ich halte ein Motorrad an, das sich zwischen den Autos durchschlängelt. Jetzt braucht es ein bisschen Glück. Und das habe ich.

Der Fahrer erkennt mich sofort. »Ibrahimović ... Ich bin Milan-Fan!«

»Gut. Dann bring mich ganz schnell nach Sanremo.«

»Aber das ist ziemlich weit ...«

»Ich muss da unbedingt hin.«

Er holt einen Helm aus dem Gepäckfach seines Motorrads und gibt ihn mir. Und los geht's. Die ersten zwanzig Minuten verfolge ich den Weg mit meinem Handy, schließlich kenne ich den Typen nicht, er könnte mich auch entführen und weiß Gott wohin bringen. Aber die Richtung stimmt. Gut. Wir sind auf dem Weg nach Sanremo. Dann filme ich mich mit dem Handy, als Beweis, denn wenn ich das später erzähle, glaubt mir das niemand.

Der arme Motorradfahrer fährt langsam, er hat die Hosen voll. Das ist gut zu verstehen, er transportiert Ibras Beine, und eins davon hat Ibra schon selbst etwas lädiert. Er fährt langsam und schlingert, denn mein Gewicht ist auf dem Motorrad nicht gerade leicht zu transportieren.

»Lass mich fahren«, schlage ich ihm vor.

Das will er nicht.

Auch mein Assistent im Kleinbus hat die Hosen voll, weil er mein GPS-Signal verloren hat und fürchtet, dass die Verbindung unterbrochen ist. Aber wir sind nur durch einen langen Tunnel gefahren. Dann ist das Signal wieder da.

Als wir in Sanremo ankommen, bin ich total durchgefroren. Ich habe eine Stunde ohne Handschuhe auf einem Motorrad gesessen, nur in einer dünnen Jacke und mit einem Helm ohne Vollvisier auf dem Kopf und einer FFP2-Maske vor dem Gesicht.

Ich bedanke mich bei dem Motorradfahrer, der zu mir sagt: »Jetzt kann ich es dir ja gestehen, das war mein erstes Mal auf der Autobahn …«

Ja, warum hast du mich dann nicht fahren lassen?

Ich hätte ihn mir am liebsten zur Brust genommen, stattdessen bedanke ich mich noch mal bei ihm: »Du bist super! Warte hier auf meine Assistenten, die kommen gleich. Und verlang von ihnen, was du willst.«

Er antwortet: »Mir reicht ein Foto.«

Als ich ins Teatro Ariston komme, sehe ich furchtbar aus: ein Auge blutunterlaufen, die Lippen blau. Man setzt mich nah an eine Lampe, damit ich mich aufwärmen kann, dann entscheiden sie: »So kannst du nicht auftreten, Zlatan. Wir ändern den Sendeplan. Du kommst erst später. Entspann dich und wärm dich auf.«

Ich bleibe eine Stunde im Bad und blase heiße Luft mit dem Föhn auf mich, dabei esse ich ein paar Scheiben Bresaola. Schließlich komme ich auf die Bühne.

Amadeus, der Moderator, lässt die Bilder einspielen, die ich auf dem Motorrad gefilmt habe, und ich erzähle von der rasanten Fahrt. Und so beginnt das Festival.

Ich bin ein ziemliches Risiko eingegangen, ich hätte mir etwas tun können, und ich war schon verletzt. Mein

Motorradfahrer, der zum ersten Mal Autobahn gefahren ist, hätte auch den falschen Weg nehmen oder mich sonst wohin bringen können. Ich habe gegen jede Vorsicht und Vernunft gehandelt. Aber wenn ich mir einmal etwas in den Kopf gesetzt habe, dann muss ich es auch durchziehen.

Gehen wir noch einen Schritt zurück.

Die vom Festival rufen mich im Sommer an und fragen: »Zlatan, willst du als Gast beim Festival von Sanremo auftreten?«

Ich weiß nicht mal, was dieses Festival von Sanremo ist. Also frage ich: »Hat schon mal jemand so was gemacht?«

Sie zählen mir eine Reihe bedeutender Namen auf.

Aber wenn ich da nur einen kurzen Gastauftritt habe, warum sollte ich das machen? Also versuche ich zu handeln: »Wenn ihr mich haben wollt, muss ich jeden Abend dabei sein.«

Sie schlagen mir vor: »Okay, du kannst der dritte Moderator neben Amadeus und Fiorello sein, und zwar an allen fünf Abenden.«

Ich frage: »Hat das schon mal jemand gemacht?« Nein, noch niemand.

»Gut, wenn ich der Erste bin, komme ich. Aber wartet noch, ich verhandle nämlich gerade meinen neuen Vertrag mit Milan.«

Die Verhandlungen über die Vertragsverlängerung ziehen sich endlos in die Länge. Schließlich sage ich mir: Wenn ich nur auf Milan warte, verpasse ich vielleicht eine Menge Chancen.

Ich rufe die Leute von Sanremo an: »Ich hab mich entschieden. Ich komme zum Festival.« Sollte ich mich bis dahin mit Milan einigen, lasse ich in den Vertrag aufnehmen, dass sie mir eine Woche freigeben müssen, ohne genauer zu sagen, wann und aus welchem Grund. Über meine Teilnahme beim Sanremo-Festival muss ich absolutes Stillschweigen bewahren, ich hätte es also eh niemandem sagen dürfen.

Okay, ich gehe also hin. Aber um was dort zu machen?

Ich habe das Festival noch nie vorher gesehen. Ich frage also herum, und alle sagen mir immer wieder das Gleiche: »Sanremo ist die wichtigste Musikshow von ganz Italien.«

Okay, dann ist das die passende Gelegenheit, um mich bei den Italienern zu bedanken, um ihnen alles zurückzugeben, was ich von ihnen bekommen habe, denn Italien verdanke ich, dass ich heute der bin, der ich bin. Und Italien verdanke ich, dass die ganze Welt mich kennt. Ich war zwar vorher schon bei Ajax, aber meine eigentliche Geschichte begann 2004 in Turin, als Mino Raiola mich zu Juve gebracht hat.

Der Termin des Festivals rückt näher. Ich bewahre Stillschweigen, die Leute bei der *Rai* nicht so. Sie lassen meinen Namen fallen, um Neugier und Erwartungen zu schüren und für das Festival zu werben. Jetzt ist also der Moment, mit Pioli Klartext zu reden: »Mister, weißt du noch, diese eine freie Woche, die ich in den Vertrag habe schreiben lassen? Ich gehe zum Festival von Sanremo.«

»Okay«, sagt er nur.

Anschließend schaut er sofort im Spielplan der Serie A nach. Der zweite Abend des Festivals überschneidet sich mit der Partie Milan gegen Udinese, englische Woche. Nun sagt er nicht mehr: »Okay.«

Ich rede mit Paolo Maldini. Alle respektieren meine Entscheidung, sie wissen, dass sie es unterschrieben haben. Niemand macht mir Vorwürfe, aber in mir brodelt es. Ich habe eine zu große Verantwortung meinen Mannschaftskollegen gegenüber, ich bin ihr Leader: Ich kann sie nicht im Stich lassen, ich kann kein Meisterschaftsspiel für so ein Schlagerfestival ausfallen lassen.

Ich rufe meinen Kontakt in Sanremo an: »Hör mal, am zweiten Abend komme ich nicht. Ich zahle Strafe und alles, was ihr wollt, aber ich lasse meine Teamkollegen nicht im Stich, denn ich bin ihretwegen zu Milan gekommen. Sie stehen an erster Stelle.«

Dort versteht man mich sofort und ist sehr entgegenkommend. »Kein Problem, Zlatan, wir lassen uns was einfallen.«

Der Plan ist, dass ich mit einem Trainer und einem Physiotherapeuten nach Sanremo fahre, dort trainiere und auf meinem Boot schlafe, damit ich die größtmögliche Ruhe habe, und dann zum Spiel komme. Aber dann ist plötzlich alles anders, ich verletze mich im Stadio Olimpico gegen die AS Roma: Adduktorenverletzung.

Nun denkt man beim Festival, dass das Problem aus der Welt ist: Ich kann nicht gegen Udinese spielen, also werde ich in Sanremo sein und nicht im San Siro. Nein. Auch wenn ich nicht aufs Spielfeld gehe, bin ich doch der Leader. Meine Jungs dürfen nicht unter meiner Abwesenheit leiden. Also gehe ich ins Stadion, und abends schalte ich mich von zu Hause aus beim Festival zu.

Die Leute vom Festival waren wirklich toll. Sie haben mich nie unter Druck gesetzt, sie haben mir kein Skript in die Hand gedrückt, das ich auswendig lernen sollte, und haben mir nichts vorgeschrieben. Sie haben mir nie Stress gemacht. Nur gesagt: »Du musst du selbst sein.«

Ich habe mich total gewundert … Wenn das wirklich, wie alle gesagt haben, die wichtigste Show in Italien ist, hätte ich eigentlich erwartet, dass ich etwas Besonderes tun müsste, vielleicht den Clown spielen. Aber nein: »Du musst nur Zlatan Ibrahimović sein.«

»Ist das alles?«, habe ich gefragt. »So einfach ist das?«

»Ja, das genügt.«

Mit Amadeus entsteht sofort eine unglaubliche Chemie. Er sagt zu mir: »Du gehst raus auf die Bühne, und ich folge dir.«

Wie bitte? Das ist doch deine Show, ich muss dir folgen. »Nein«, beharrt Amadeus. »Du bist der erste Pilot und ich der zweite.«

Wir proben den ersten Auftritt auf der Bühne des Teatro Ariston, und sie spielen dazu das Thema der Champions League ein.

»Was soll das denn?«, frage ich sofort.

»Du bist ein Champion, und das ist die Musik der Champions«, erklärt man mir.

»Nein, das ist eine Beleidigung, weil ich nie die Champions League gewonnen habe. Wollt ihr wirklich, dass ich ich selbst bin. Dann gebe ich euch den Song.«

Ich habe ihnen »Jutro je« der serbobosnischen Sängerin Nada Topčagić geschickt, einen fröhlichen Song, der mich an meine Kindheit erinnert. Zu dem habe ich bei mir zu Hause getanzt, mit den Männern meiner Entourage, während der Feier für das fünfhundertste Tor meiner Karriere.

Jedes Mal, wenn ich auf die Bühne komme, spielen sie dieses slawische Lied, später auch während des Aufwärmens bei Milan. Es wird in Sanremo ein Supererfolg. Und so bin ich noch mehr ich selbst. Ich fühle mich absolut wohl dort.

Das ist alles das Verdienst von Amadeus, der mir immer wieder sagt: »Geh raus und mach, was du willst; wenn du dich versprichst, mach einfach weiter. Ich folge dir schon. Improvisier ruhig drauflos, ganz ohne Scheu.«

Und so habe ich es auch gemacht und hatte eine Menge Spaß dabei. Im Prinzip war es wie auf dem Platz: Es gab einen Plan, dem wir alle folgten, und dann brachte ich mich ein, dachte mir etwas aus und improvisierte.

Mit Fiorello stimmte die Chemie nicht so gut, er war unvorhersehbar, ich wusste nie, was passieren würde. Er war Pilot Nummer eins, zwei und drei, dann kam ich, die Nummer vier, und schließlich Amadeus, die Nummer fünf. Wenn er auf die Bühne kam, blieb ich in der Defensive, überließ ihm die Führung, auch weil er zu schnell Italienisch sprach. Einmal beim Mittagessen habe ich zu ihm gesagt: »Fiorello, sprich doch langsamer! Ich versteh überhaupt nichts …« Und dann hat er am nächsten Abend jede Silbe einzeln betont, um sich über mich lustig zu machen.

Vielleicht haben mich einige auch für arrogant gehalten, denn wenn die Sänger im Backstagebereich während der Livesendung zu mir kamen und ein Selfie mit mir machen wollten, habe ich sie auflaufen lassen: »Nicht jetzt!«

Ich habe das nicht getan, um mich aufzuspielen, sondern weil ich mich auf die Show konzentrierte, meinen Einsatz nicht verpassen wollte. Wenn man arbeitet, arbeitet man. Später ist Zeit für Selfies.

Doch nach Sanremo kommt eins zum anderen. In den Zeitungen bricht die Empörung wegen dieser Wettfirma los. Dann werde ich in Parma des Feldes verwiesen – eine Fehlentscheidung. Ich verletze mich, Muskelermüdung, komme zurück und verletze mich wieder. Ich nehme mir einen neuen Physiotherapeuten, und der erkrankt kurz darauf an Covid.

Als ich nach Sanremo kam, war ich ganz oben. Danach läuft alles schief. Ich bin nicht abergläubisch, aber wenn es so läuft, kommt man ins Grübeln. Entweder war es Sanremo, oder Romelu Lukaku hat mir irgendeinen Voodoo-Zauber angehängt. Aber über Lukaku reden wir noch.

In Sanremo dabei zu sein war jedenfalls fantastisch. Alle schienen vollkommen durchgedreht. Die Direktoren der *Rai* verfolgten hinter der Bühne die Quoten. Sie stellten fest, dass bei meinen Auftritten die Einschaltquoten durch die Decke gingen, deshalb riefen sie: »Ibra muss raus! Ibra muss raus!«

Sie krempelten den Programmplan um. Eigentlich sollte ich jeden Abend nur ein paarmal auftreten, stattdessen schickten sie mich die ganze Zeit auf die Bühne und sagten, ich solle improvisieren.

Je mehr ich auf der Bühne stand, desto sicherer fühlte ich mich dort, und desto besser gefiel es mir auch, so gut, dass ich sagte: »Hör mal, Amadeus, bleib du heute mal in der Garderobe, lass mich alles moderieren …« Es wurde immer mehr zu meiner Show und war nicht mehr seine.

Doch das befriedigendste Gefühl von allen war, dass ich das Bild, das die Leute von mir hatten, verändert und ein anderes Level von Popularität und Anerkennung erreicht habe. Durch meine Auftritte in Sanremo habe ich mich zum ersten Mal von allen Leuten geschätzt und akzeptiert gefühlt, ob das nun Juve- oder Inter-Fans waren, Fans von Milan oder Neapel – ich war nicht nur das Aushängeschild von einem einzigen Verein, sondern jemand, der allgemein beliebt ist, von allen Italienern geliebt wird. Oft urteilen die Menschen ja, ohne jemanden zu kennen oder etwas zu verstehen. Ich glaube, dass sie mich jetzt etwas besser kennen.

Jedenfalls sahen alle Leute, die ich danach getroffen habe, in mir auf einmal den Ibra von Sanremo, nicht mehr den Ibra von Milan.

Ich gehe ins Trentino, nach Pinzolo, um dort in den Wäldern Mountainbike zu fahren, und begegne einem älteren Paar, das dort spazieren geht. Sie sagt zu mir: »Ibra, du warst fantastisch in Sanremo.« Auf Sardinien am Strand passiert mir das Gleiche. Noch eine Frau im Großmutteralter: »Ibra, im Fernsehen warst du wunderschön und so sympathisch. Du kannst ja auch lächeln.«

Diese Komplimente haben mir supergut gefallen, weil ich sie mir nicht auf dem Platz durch mein Können verdient habe, sondern indem ich ich selbst war und mich gezeigt habe, wie ich bin.

In meiner Vorstellung ist das Perfektion: man selbst zu sein.

Als ich dieses Lied zusammen mit Siniša Mihajlović auf der Bühne gesungen habe, war es mir völlig egal, ob ich besonders gut dabei aussehe. Ich habe nicht dafür geübt: Ich habe einfach drauflosgesungen, auch mal falsch, aber ich war ich selbst. Deswegen war ich perfekt.

Als der Lockdown im April aufgehoben wurde, bin ich in ein Restaurant gegangen, und alle haben applaudiert. Okay, vielleicht hätten sie das ein Jahr davor auch getan, aber an diesem Abend hatte ich einfach das Gefühl, dass der Applaus nicht dem Gott von San Siro galt, sondern dem Menschen vom Sanremo-Festival. Oder wenn ihr so wollt, nicht dem Champion der Wunder, sondern dem der Worte.

3
GEGNER
(oder: über den Krieg)

Am Anfang meiner Laufbahn war mein Kopf wie eine Bombe. Ein Stoß genügte, und schon explodierte er. Meine Gegner begriffen das sofort und versuchten, es auszunutzen, indem sie mich bewusst provozierten.

Auch bei Juve, nach diesem wichtigen Karrieresprung, passierte es mir noch, dass ich die Kontrolle verlor. Beispielsweise in einer Partie gegen Bayern München. Michael Ballack hatte es von Anfang an auf mich abgesehen: Schimpfwörter, Beleidigungen, Fouls, auch wenn der Ball ganz woanders war. Und ich bin voll drauf reingeflogen. Zwei Gelbe Karten, und das war's dann.

Dann bin ich gewachsen.

Jemand hat mir geraten: »Zlatan, du musst die Zielrichtung deiner Wut verändern. Richte sie nicht gegen den Gegner oder gegen den Schiedsrichter, sondern wirf sie voll ins Spiel. Leg mehr Wut in deinen Fußball, und du wirst sehen, dass du dich dann an denen rächen kannst, die dich provozieren, ohne dass du vom Platz fliegst.«

Wenn mich im Getto von Malmö jemand anmachte, musste ich direkt darauf antworten. Wenn mir einer entgegenkam und mich fragte: »Was guckst du?«, gab ich sofort zurück: »Scheiße, was guckst du, Mann?«

Bei uns auf der Straße lief das so. Es gab genaue Regeln, die man respektieren musste. Und diese Regeln brachte ich mit aufs Spielfeld.

Erst gingen wir mit Worten aufeinander los, dann gingen wir zur Sache, um herauszufinden, wer mental und körperlich der Stärkere war.

Ich war jung, ich reagierte instinktiv, weil ich noch keine Selbstkontrolle hatte, während die erfahrenen Spieler mich absichtlich provozierten. Wie Siniša Mihajlović in jenem Spiel Inter Mailand gegen Juventus Turin.

Er beleidigte mich vom Anpfiff an. Irgendwann verpasste ich ihm einen Kopfstoß, der mir einen Platzverweis einbrachte. Ich war wieder drauf reingefallen.

Mihajlović hatte nichts persönlich gegen mich. Er wollte nur einen Vorteil für seine Mannschaft rausschlagen und das Spiel gewinnen.

Bei Marco Materazzi war das anders. Er kam auf den Platz, um einen zu verletzen. Jenseits aller Spieltaktik verfolgte er eine persönliche Strategie, um den Gegner zu verunsichern. Wenn einer nicht gut genug spielen kann, greift er nach jedem Mittel, um sich durchzusetzen. Und das war eben sein Stil.

Aber wenn man bei mir gewisse Dinge macht, dann vergesse ich die nicht, dann bleibt etwas hier drinnen in meiner Brust zurück, das dort nicht weggeht. Ich habe fünf Jahre gewartet, um es Materazzi heimzuzahlen.

Juventus gegen Inter, 2. Oktober 2005. Materazzi trägt diese damals so beliebten speziellen Kontaktlinsen von Nike, die die Augenfarbe verändern. Ich erinnere mich an zwei rote Pupillen wie von einem wilden Tier, die mich überallhin verfolgten. Er schafft es, mich ordentlich zu erwischen, mit einer Beinschere. Ich muss vom Spielfeld runter, um mich behandeln zu lassen. Ich humple, Capello will mich auswechseln, aber ich sage: »No, Mister. Ich schaff das.«

Ich gehe nur wieder ins Spiel, um nach ihm zu suchen. Von da an spielt der Fußball keine Rolle mehr, für mich ist die Partie abgehakt. Aber ich kann vor Schmerzen kaum schnell laufen, das merkt Capello und nimmt mich raus.

Ab da beginnt die Wartezeit.

In meiner Welt funktioniert es so: Du vergisst nichts und wartest auf den richtigen Moment, um dich zu rächen. Ich habe das wie ein Mantra im Kopf: Wenn ich den erwische, dann tue ich ihm weh, und zwar so richtig, damit er sich an das erinnert, was er mir angetan hat. Und ich werde mich bei meiner Rache nicht verstecken, meine Absichten werden für alle klar und deutlich zu erkennen sein.

Wir sind in anderen Spielen aufeinandergetroffen, aber der richtige Moment kam nie. Mir lag nicht daran, ihm einfach nur einen Tritt zu verpassen, damit die Sache erledigt ist, und dann zu verschwinden. Nein. Es musste sich schon die richtige Gelegenheit bieten für das, was ich mir vorgenommen hatte.

Dann wechsle ich zu Inter Mailand.

Jetzt sind Materazzi und ich auf einmal Teamkollegen, daher muss ich meinen Plan aufschieben. Ich kann ihn ja schlecht im Training zusammentreten. Das ist nicht mein Ding. Jetzt spielen wir und siegen wir zusammen.

Ich habe immer Respekt vor meinen Teamkollegen. Wir unterhalten uns manchmal, ich lerne diese Person kennen – aber in meinem Kopf hält sich weiter die Erinnerung an das Geschehene. Ich habe sie nicht entfernt. Schließlich habe ich ein Gedächtnis wie ein Elefant. Beispiel gefällig? Eines Tages gab mir ein Junge ein Trikot zum Signieren, und ich sagte zu ihm: »Ich habe dir schon letztes Jahr eins in Rom unterschrieben.« Er war vollkommen baff.

Ich spiele drei Jahre bei Inter, dann wechsle ich nach Barcelona zu Guardiola. Die Zeit vergeht. Ich kehre nach Mailand zurück, dieses Mal werde ich im rot-schwarzen Trikot für den AC Milan antreten.

Es kommt die Woche des Derbys, das erste »Derby della Madonnina« der Saison. Die Presse und das Umfeld der Clubs heizen die Atmosphäre auf. Alle schreiben über das Duell Materazzi gegen Ibra, aber ich bleibe ruhig. Ich konzentriere mich auf das Spiel. Mein Milan muss unbedingt gewinnen, um den ersten Tabellenplatz zu verteidigen, den wir gerade erst von Lazio übernommen haben.

Es ist ein Heimspiel für Inter, daher sind es mehr Fans von denen, die pfeifen und uns beleidigen, aber das ist für mich bloß ein Vorteil, denn so gehe ich mit mehr Adrenalin auf den Platz und fühle mich stärker.

Sonntag, der 14. November 2010: Anpfiff.

Ich stehe auf einmal Lúcio, Materazzi und Córdoba gegenüber, drei beinharten Verteidigern, die ich gut kenne. Beim ersten Aufeinandertreffen gehen sie geballt auf mich los und machen mir sofort klar, was für eine Art Spiel mich heute erwartet. Okay, dann liegen die Karten jetzt auf dem Tisch. Augen auf und keinen Moment die Konzentration verlieren.

Ein Ball kommt auf mich zu, ich will hin, aber ich sehe, dass Materazzi und Lúcio hinrennen, einer von rechts, der andere von links, in der Absicht, mich in die Zange zu nehmen. Ich tue so, als würde ich hochspringen, stattdessen bleibe ich stehen, und so prallen die beiden zusammen. Lustig.

Und so ist jeder Ball. Eine Schlacht. Auch weil ich mich in meiner Zeit bei Inter hart mit der Fankurve angelegt habe. Nach einem Tor hatte ich sie provoziert, indem ich mir die Hand vors Gemächt gelegt habe, und jetzt, wo die Fans von Inter mich im Trikot der Rossoneri sehen, halten sie mich für einen Verräter und wollen meine Hinrichtung auf dem Platz miterleben.

Es sind erst wenige Minuten des Spiels vergangen. Ein langer Pass kommt zu mir, ich erlaufe den Ball, gehe in den Strafraum, Materazzi foult mich von hinten: Strafstoß. Ich versenke den Ball im Tor, dann breite ich die Arme aus und starre die Ultras von Inter an, die mir jede Beleidigung der Welt an den Kopf werfen. Adrenalin bis zum Abwinken. So wie ich es mag. Richtig gut.

In der zweiten Halbzeit ist schließlich der Moment da, auf den ich fünf Jahre lang gewartet habe.

Ein Ball kommt genau in die Mitte zwischen Materazzi und mich. Ich weiß, dass er dort hinwill, um mir wehzutun. Aber er weiß nicht, dass ich ihm wesentlich mehr wehtun will, denn meine Wut ist in all dieser Zeit nur gewachsen.

Das ist die ideale Gelegenheit, denn so sieht es nach einem Zweikampf im Spiel aus, um den Ball zu erobern, der genau zwischen uns ist. Er rutscht mit beiden Beinen hinein, ich springe hoch, um einen Zusammenstoß zu vermeiden. Wäre ich mit beiden Füßen hineingegangen, hätten wir pro Nase eine Chance von fünfzig Prozent gehabt: Entweder er hätte mich getroffen oder ich ihn. Aber stattdessen springe ich hoch, ziehe die Knie an, und während er unter mir wegrutscht, verpasse ich ihm einen Ellenbogenschlag an den Kopf. Ich höre das satte Geräusch des Aufpralls und seinen Schmerzensschrei: »Auuu …!«

Ich könnte mich nun auf dem Boden wälzen und so tun, als hätte ich bei dem Duell ebenfalls etwas abbekommen. Stattdessen stehe ich seelenruhig auf und gehe. Er bleibt liegen, dann wird er zur Kontrolle ins Krankenhaus gebracht. Ich weiß, dass ich ihn satt an der Schläfe getroffen habe.

Stanković, der ein Freund von mir ist, fragt mich: »Warum hast du das getan, Zlatan?«

Ich antworte: »Weil ich fünf Jahre darauf gewartet habe. Vergiss es, Dejan. Und jetzt geh.«

In der Kabine sind einige total begeistert, auch Pippo Inzaghi: »Das schönste Derby meines Lebens: 1:0 für uns, ein Tor von Ibra und Materazzi im Krankenhaus!«

Ich hatte auf einen Schlag auch noch alle Fouls an Pippo und Andriy »Sheva« Shevchenko in den vorhergehenden Derbys gerächt.

Am Tag danach muss ich vom Flughafen Linate aus fliegen. Man warnt mich vor: »Materazzi ist auch da.«

Darauf ich: »Gut. Schau'n wir mal, was er macht.«

Ich stehe vom Sitz auf. Vielleicht geht er ja auf mich los. Zeig mir, ob du Eier in der Hose hast, Matrix. Stattdessen geht er wortlos an mir vorbei.

Es ist leicht, sich später hinter Instagram zu verstecken, sich in Interviews großzutun, Fotos vom Pokal der Champions League zu posten und dazu zu schreiben: »Na, Ibra, hast du das hier?« Darüber kann ich nur lachen. Solche Spielchen brauche ich nicht. Ich habe getan, was ich tun musste, als der Moment dafür gekommen war, wie ein Mann. Ich habe keine Rechnungen mehr mit ihm offen.

Eines Tages habe ich Capello gefragt: »Mister, hier bei Juve sind jede Menge Champions. Wie erwirbt man sich den Respekt von allen?«

Er hat geantwortet: »Ich frage nicht danach, ich hole ihn mir.«

Ich habe keinen Respekt von Materazzi eingefordert, ich habe ihn mir einfach genommen.

Auf meine Art.

Apropos Derby. Lukaku hat mich wirklich zum Lachen gebracht, als er sich selbst zum »wahren König von Mailand« ausrief.

Mit ihm hatte ich keine schlimme Szene, aber die Worte, die er auf dem Platz gesagt hat, wird er zurücknehmen müssen. Ein ganzes Jahr lang hat er in Manchester nicht den Mund aufgemacht, er war brav wie ein Lämmchen, dann kam er nach Italien, die Journalisten haben ihn glauben lassen, dass er nun ein Topplayer wäre, und so hat er sich als der King gefühlt.

Romelu ist kein übler Kerl, aber er hat einen großen Fehler gemacht: Er hat sich mit mir angelegt.

In meinem zweiten Jahr in Manchester verletzte ich mich schwer, ich spielte nicht mehr und erhielt nur noch zwanzig Prozent Gehalt. Daher war mir jede Gelegenheit recht, etwas dazuzuverdienen, und so forderte ich ihn heraus. Am Mittag vor einem Spiel aßen wir zusammen, und ich sagte: »Hör mal, Romelu. Für jede Ballannahme, die du vergeigst, gibst du mir 50 Pfund. Okay?«

»Und wenn ich treffe?«, fragte er.

»Ich versprech dir, dass ich dich stärker mache. Komm schon, Rom, schlag ein, damit ich Millionär werde.«

Er lachte. Er dachte wirklich, er sei ein Topspieler, aber jedes Mal, wenn er versuchte, einen Ball zu stoppen, musste er ihm danach hinterherrennen.

Aber urteilen Sie nicht vorschnell. Meine Wette, von der ich überzeugt war, ich würde sie gewinnen, war auch eine Art, ihm zu zeigen, wo er an sich arbeiten könnte, um sich zu verbessern. Ich half ihm also. Und in der Tat hat er sich danach weiterentwickelt. Heute ist er deutlich stärker als damals in Manchester. Aber in England hat er mich nicht provoziert, erst als er nach Italien kam, ist er mich sofort angegangen: »Der neue König von Mailand.«

Man sieht, dass er das Gesetz des Dschungels erst noch lernen musste: Um der neue König der Löwen zu werden, musst du vorher den alten töten.

Dann kommt das Derby in der Serie A: Oktober 2020. Wir gewinnen mit einem Doppelpack von mir, und ich poste in den sozialen Medien: »Mailand hatte nie einen König, sie haben einen GOTT.«

Im Januar dann stehen wir uns im Viertelfinale in der Coppa Italia gegenüber. Lukaku rangelt mit Alessio Romagnoli, unserem Kapitän. Okay, kann passieren. Wir kämpfen hier alle gegeneinander. Es ist ein Derby, auf dem Platz herrscht eine wahnsinnige Spannung. Dann gerät er aber auch noch mit Alexis Saelemaekers aneinander.

Meine Mannschaft ist zu jung, sie ist nicht wie mein alter AC Milan. Wenn du Gattuso so angegangen wärst, hätte der dich glatt umgebracht. Also sage ich mir: Hier musst du eingreifen, Zlatan. Die Jungs haben zwar keine Angst, aber so riskieren sie, in eine schwächere Position zu geraten.

Ich nehme Lukaku beiseite und sage auf Englisch zu ihm: »Halt den Mund und bleib da, wo du hingehörst.«

Und er: »Sonst machst du was mit mir?«

Ich sehe ihn überrascht an: Wie redet der denn mit mir?

Er sagt noch einmal: »Sonst machst du was mit mir?«

Das erkläre ich ihm auf Englisch: *»I'm gonna break every bone in your body, if you open your mouth.«* Ich brech dir jeden Knochen im Leib, wenn du deinen Mund aufreißt.

Er kommt näher.

Nach dem Gesetz der Straße kannst du nur bis zu einem gewissen Punkt näher kommen, ab dann wehre ich mich. Ich lehne meinen Kopf gegen seinen und stoße ihn nach hinten.

Nun beleidigt er auch noch meine Frau, und da ziele ich auf seine Schwachstelle, denn ich weiß sehr genau, welche das ist: der Voodoo seiner Mutter. Als er von Everton zu Manchester United gekommen ist, hatte er öffentlich erklärt, dass ein Voodoo-Ritual seiner Mutter ihm geraten hatte, den Verein zu wechseln.

In meiner Welt zeigt einer, dass er was in der Hose hat, und sagt einfach, dass er zu Manchester will, ohne sich groß was auszudenken.

Ich sage ihm: »Geh doch zu deiner Mama und lass dir wieder einen Voodoo-Zauber verpassen.«

Nun rastet er aus: »Was hast du über meine Mutter gesagt? Was hast du gesagt?«

Nichts. Ich habe sie nicht beleidigt.

Dann ist Ende der ersten Halbzeit.

Wegen der Covid-Hygienebestimmungen können wir nicht alle gemeinsam vom Platz, jedes Team nimmt seinen Tunnel in die Kabinen. Ich gehe allerdings als Einziger mit den Spielern von Inter in die Pause. Das Fernsehen hat Bilder von uns gezeigt, auf denen man Lukaku neben mir sieht und wie ich lächle. Ich sage da zu ihm: »Komm da runter mit mir, und lass uns ein wenig Spaß haben.«

Im Tunnel wird uns keiner sehen, denke ich.

Ich gehe also runter, warte auf ihn, aber ich sehe, dass er oben bleibt, Nicolò Barella hat ihm den Weg versperrt. Der kleine Barella? Einem Riesen wie dir? Das bedeutet, du reißt dich nicht gerade darum, zu mir da runterzukommen.

Lukaku droht mir noch aus der Ferne: »Ich schieß dir dreimal in den Kopf!«

Was machst du?

Ich erwidere: »Wenn der Film in deinem Kopf zu Ende ist, dann komm zu mir runter.«

Die von Inter schicken mich weg, sie sagen zu mir: »Wir wissen, was du vorhast, Zlatan. Du willst, dass er völlig ausrastet.«

Ein Freund von mir bei Inter hat mir gesteckt: »Lukaku ist total neidisch auf dich. Als du deinen Teamkollegen etwas geschenkt hast, hat er ein paar Tage später genau das Gleiche bei seinem Team getan. Alles, was du machst, macht er nach.«

Ich laufe in unsere Kabine, auch Paolo Maldini steht vor der Tür. Anschließend gehe ich als Erster wieder raus und warte auf Lukaku. Als er vorbeigeht, klatsche ich sehr langsam in die Hände, wie um zu sagen: »Ich bin hier, ich warte auf dich. Also, was ist jetzt?«

Er macht auch eine Art Applaus und geht direkt weiter auf den Platz.

Leider bekomme ich in der zweiten Halbzeit die zweite Gelbe Karte und muss raus. Aber ich bin nicht ausgerastet. Ich hatte die totale Kontrolle über die Situation. Ich war nicht mehr der dumme Junge, der bei der ersten Provokation gleich explodiert.

Nach diesem Derby lief es bei mir allerdings immer schlechter: der Platzverweis, die Niederlage, die bösen Berichte in der Presse wegen der Wettfirma, die Verletzungen, dann Covid bei meinem Physiotherapeuten … Anfangs dachte ich, dass mir das Festival von Sanremo Pech gebracht habe. Aber vielleicht war es Lukaku, der mir mit einem Voodoo-Zauber das Unglück an den Hals gehext hatte?

Eigentlich habe ich beschlossen, dass ich die Sache mit Lukaku auf dem Platz klären muss, genauso wie ich es bei Materazzi gemacht habe. Leider hat er die Serie A verlassen, und in der Champions League wurde uns Chelsea bisher nicht zugelost. Aber es werden andere Gelegenheiten kommen …

Es gibt verschiedene Typen von Gegnern. Den, der hart, aber fair ist. Den, der spielt, um dir wehzutun. Den, der auf dem Platz den harten Kerl nur spielt, weil er genau weiß, dass es, sollte die Sache eskalieren, niemals zu einer Auseinandersetzung kommen wird, da der Schiedsrichter und die Kollegen eingreifen werden. Den, der keine Angst hat, die Dinge in der Kabine zu regeln.

Aber diejenigen, die man am meisten fürchten muss, sind die braven und ruhigen Spieler, die dann, wenn sie die Kontrolle verlieren, zu tollwütigen Bestien werden. Sie sind am gefährlichsten, weil du nicht weißt, was dich erwartet, weil du nicht weißt, wie sie sich verhalten werden.

Ein Beispiel: Francesco Toldo.

Francesco ist der beste Mensch auf der Welt, sanft und immer fröhlich. Ich dachte immer, er wäre nicht einmal in der Lage, einer Fliege etwas zuleide zu tun.

Dann kommt es 2007 in Valencia am Ende eines hitzigen Spiels der Champions League zu jener Auseinandersetzung. Toldo versucht, den wütenden Nicolás Burdisso von den Spaniern zu trennen, aber während er ihn festhält, kommt da dieser feine Herr Navarro und verpasst Burdisso eins auf die Nase, dass sie gebrochen und komplett krumm und schief ist. Allein bei dem Gedanken daran bekomme ich wieder Gänsehaut.

Francesco, der sich schuldig fühlt, geht runter zu den Umkleiden und will in die Kabine der Spanier. Fünfzehn Leute stehen vor ihm. Ich denke: Der erste Spanier, auf den er trifft, schickt ihn zurück. Stattdessen kommt er an allen vorbei, keiner kann ihn stoppen, nicht einmal die Leute von der Security. Toldo stürzt also in die Kabine von Valencia auf der Suche nach diesem Feigling, der sich in seiner Panik auf der Toilette einschließt. Bei einem wie Francesco muss man wirklich aufpassen.

Ein anderer, bei dem man einen derartigen Ausraster nie vermutet hätte, ist Patrick Vieira.

Es ist die Partie Bayern München gegen Juventus Turin. Van Bommel spielt unfair, geht hart zur Sache, pöbelt rum, provoziert. Er legt sich mit Patrick an, der auf dem Platz kein Wort sagt, doch dann nach der Partie unbemerkt aus unserer Kabine allein in die der Bayern geht, um van Bommel beizubringen, dass bestimmte Dinge nicht okay sind.

Auch einen wie Patrick solltest du nie provozieren. Lass ihn lieber in Ruhe.

Nesta, Cannavaro, Thuram, Thiago Silva. Ich habe niemals Angst vor Verteidigern gehabt, die mich hart angingen, dafür vor denen, die mich nicht zum Ball kommen ließen.

Wenn ein Pass kam und ich erkannte, wohin ich rennen musste, dann warteten sie schon mit dem Ball zwischen den Füßen auf mich, wenn ich dort ankam. Dass ich kräftiger als sie und technisch versierter war, genügte nicht, um schneller als ihre Gedanken zu sein.

Thiago Silva war vielleicht der beste von allen, aber auch Alessandro Nesta fehlte es an nichts: Talent, Biss, Persönlichkeit. Beim Training im Milanello forderte er mich heraus und motivierte mich. Wenn ich ihm im Trainingsspiel ein Tor einschenkte, spielte er meine Leistung herunter: »Du hast Glück gehabt«, oder: »Mein Fehler.«

Er wollte mir keine Befriedigung geben, erkannte meine Leistungen nicht an. So strengte ich mich an, gab das Maximum, und wir beide trainierten gut.

Aber wenn ich zwei Defensivspieler in meine Idealmannschaft wählen müsste, würde ich Lilian Thuram und Fabio Cannavaro nehmen, weil die beiden während ihrer Zeit bei Juventus als Team unüberwindbar waren: Sie agierten immer zusammen, waren aufeinander eingespielt, sie ergänzten sich, unterstützten sich, sie waren ein einziger Marmorblock.

Ein Trainer kann nicht in dich reingrätschen, aber er hat seine eigenen Mittel, um zu versuchen, dich aufzuhalten.

Eine Begegnung mit Mourinho, zum Beispiel, ist immer eine Show. Als ich mit PSG auf ihn traf, war er gerade bei Chelsea. Er hat das ganze Spiel über mit mir geredet. Mou bringt dich mehr in Schwierigkeiten als seine Spieler.

Es nervt mich, dass ich nicht weiß, was er damals zu Guardiola gesagt hat, als er im Halbfinale der Champions League im April 2010, Barcelona gegen Inter, hinter ihn getreten ist und ihm etwas ins Ohr geflüstert hat.

Ich stand am Spielfeldrand und war bereit zum Einwechseln. Guardiola war neben mir, gab mir letzte taktische Anweisungen. José stand von der Mailänder Bank auf, stellte sich hinter uns und flüsterte Pep etwas zu, um ihn nervös zu machen.

Ich frage mich noch heute, was er ihm gesagt hat. Ich war zu sehr aufs Spiel konzentriert und habe es daher nicht gehört.

Mou ist ein schrecklicher Typ.

Wie schön, ihn nun in Italien wieder zu treffen, als Trainer der AS Roma.

Auch Gattuso spornte mich als Trainer an. Als ich mit Milan in Neapel auf ihn traf, hatten wir ordentlich Spaß. Jeder von uns stichelte gegen den anderen.

Ich sagte zu ihm: »Ach, Rino, setz dich hin, bleib schön auf der Bank.«

Und er: »Halt's Maul, fieser Slawe.«

Und ich: »Halt lieber selbst den Mund, ehe ich dir eine reinhaue.«

Gegen Rino zu spielen ist immer ganz großes Kino. Wie damals, als wir Teamkollegen bei Milan waren, er nahm mich hoch, und daraufhin steckte ich ihn kopfüber in die Mülltonne, aber diese Geschichte kennt inzwischen jeder.

Massimiliano Allegri hat sich sehr verändert, seit ich ihn vor zehn Jahren kennengelernt habe. Er hat Vertrauen gewonnen und spricht immer mit großer Selbstsicherheit.

Ich erinnere mich an das Match in London 2012 gegen Arsenal.

Das Hinspiel haben wir 4:0 gewonnen, beim Rückspiel setzt Max zwei Torhüter auf die Bank, nur weil der Vorstandsvorsitzende Adriano Galliani kurz davor ein Spiel miterlebt hat, bei dem sich der erste und der zweite Torwart verletzten und es keinen dritten gab.

Eine Art Aberglaube bei ihm.

Wir verlieren 3:0, liefern ein grottiges Spiel ab, unser Weiterkommen ist in Gefahr, aber in der Kabine macht Allegri einen auf gute Laune.

Ich brülle vor der kompletten Mannschaft: »Ach, du bist glücklich, super. Wie kannst du bei einer 3:0-Niederlage glücklich sein?«

Er antwortet: »Kümmer du dich nur darum, auf dem Platz die Verantwortung zu übernehmen, denn du hast scheiße gespielt.«

Und ich: »Die Scheiße hast du gebaut, weil du zwei Torhüter auf die Bank gesetzt hast!«

Sich solche Sachen ins Gesicht zu sagen ist immer der beste Weg. Die Beziehung zwischen uns blieb stets gut und von großem gegenseitigem Respekt geprägt. Jetzt habe ich ein gutes Gefühl, wenn ich ihn so selbstsicher erlebe, arrogant, ja, aber in einem guten Sinn. Auf der Pressekonferenz redet er immer mit stolzgeschwellter Brust.

Aber er sollte nie vergessen, wer ihn so groß gemacht hat: mein Milan. Dank des Scudetto, den er mit diesem Team gewonnen hat, konnte er sich anderen großen Vereinen anbieten. Er hatte gezeigt, dass er siegen kann, und nun wussten das alle. Auch wenn er taktisch kein Genie war, war Max vor allem stark in der Kabine, er war intelligent, ein guter Politiker.

Eins fand ich von ihm nicht gut: sein Nein zu Real Madrid. Ich weiß, dass es ein konkretes Angebot gab. Warum hat er sich für mehr Sicherheit in Italien entschieden, anstatt dorthin zu gehen und die Herausforderung anzunehmen? Diese Absage sagt auch etwas darüber aus, was für ein Mensch er ist.

Pack all deinen Mut zusammen, geh da hin, lerne, finde heraus, was es heißt, im Ausland zu arbeiten, wo es immer schwieriger ist, lauf übers Feuer, mach es wie Ancelotti, der überall gewonnen hat und immer weiter gewachsen ist dank neuer Erfahrungen.

Ich hätte auch länger bei Ajax bleiben können oder bei Juve, aber ich wollte lieber alle Herausforderungen annehmen, um zu lernen und der Beste zu werden. In Schweden habe ich nur in meiner Jugend in Vereinen gespielt und danach immer auswärts, in den Revieren der anderen, wo für einen Fremden alles viel schwieriger ist.

Allegri dagegen hat für sich die einfachere, die nicht so risikoreiche Wahl getroffen und ist in Italien geblieben.

Es wäre schön gewesen, wenn auch Antonio Conte im Sommer 2021 in Italien bei Inter geblieben wäre und die Herausforderung angenommen hätte, auch mit einer schwächeren Mannschaft als in der Vorsaison zu gewinnen. Die Größe einer Schlacht wird nicht vom Ergebnis bestimmt, sondern von dem Mut, mit dem du sie schlägst. Einer wie er kann nicht einfach Fernsehkommentator werden, es macht Freude, ihm nun wieder auf einer Trainerbank in der Premier League, bei Tottenham, zu begegnen.

Schade, mit Conte und Gattuso wäre die Serie A noch spektakulärer geworden: Mourinho, Sarri, Allegri, Spalletti, Pioli. Was hätten das für Kämpfe werden können.

Es gibt ein Videospiel, in dem ich es mit neunundneunzig Gegnern gleichzeitig aufnehme. Wir sind alle auf einer Insel, wir schießen aufeinander, und am Ende überlebt nur einer. Ich habe es entdeckt, als wir in Manchester waren. Meine Söhne spielten es, und zuerst dachte ich, das ist nur so ein Ballerspiel für Kinder. Ich habe es verweigert, bis Maxi und Vincent mich herausgefordert haben: »Du bist so schlecht, dass man dich auf der Insel in fünf Minuten erledigen würde.«

»Okay, dann lerne ich jetzt, ich trainiere, und dann sehen wir mal.«

Und so habe ich mich mit Haut und Haaren auf ein Videospiel gestürzt, das aus Strategie, Kampf, Reflexen und Adrenalin besteht. Als auf dem Bildschirm der Schriftzug »Victory Royale« auftauchte, habe ich wie irre gejubelt. Ich hatte sie alle besiegt, ich war der letzte Überlebende der Insel, der einzige Triumphator!

Wenn ich beim letzten Duell verlor, konnte es passieren, dass ich den Joystick gegen die Wand schmetterte oder die Kopfhörer zerstörte.

Irgendwann haben meine Söhne mich dann auch rausgeschmissen: »Papa, du bist zu aggressiv, wir spielen nicht mehr mit dir.«

Wohl auch, weil wir oft zusammen ein Team bildeten, und wenn wir dann getötet wurden, gab ich ihnen die Schuld. Ich machte auch auf der Insel Druck.

Ich spielte oft nachts, ich forderte Teamkollegen heraus, ich ging in den Chat mit meinem anonymen *skin*, aber ab und zu rutschte mir eine Bemerkung heraus, und ich wurde erkannt: »Du bist ja Ibra …«, dann verschwand ich sofort und ging woanders killen.

Später ließ diese Leidenschaft nach. Aber von diesem Spiel ist mir die Einstellung geblieben, dieselbe, mit der ich auch immer Fußball gespielt habe: Sobald alle Könige von der Insel gefegt sind, gibt es nur noch einen einzigen Sieger.

4
BÄLLE
(oder: über die Liebe)

Der schönste Fußball in meinem Leben war der Select, mit dem wir als Kinder im Park von Malmö gespielt haben. Er war aus Gummi und mit Sternen drauf. Je öfter er auf dem Boden und auf dem Kies aufprallte, desto abgeschabter und rauer wurde er, und das machte ihn perfekt. Denn als er neu und glänzend und sauber war, rollte er nicht richtig. Genau wie diese furchtbaren Riesenplastikbälle, die überall herumflogen. Da er immer getreten wurde und über Steine schabte, wechselte der Select seine Haut wie eine Schlange, Teile lösten sich, er verlor seine Schuppen und wurde ein weißer Fleck, eine Wolke im Staub. Genau so war er perfekt.

Ich habe nie wieder einen Ball so geliebt wie diesen abgenutzten Select aus Rosengård. Er war der Lichtblick unseres Viertels. Für uns gab es von morgens bis abends nichts anderes als ihn. Ich spürte, dass ich mit diesem Ball alles tun konnte. Ich dachte mir Finten aus, Dribblings, Tricks, Angriffe, Zweikämpfe …

Und mit diesem Ball am Fuß habe ich begonnen zu träumen.

Ich kann die Typen nicht ausstehen, die erzählen, sie hätten mit einem Ball aus Lumpen oder Socken angefangen, Fußball zu spielen, und dass sie mit Steinen, Kokosnüssen oder Blechdosen gekickt hätten. Als wären sie alle Pelé. So ein Schwachsinn! Die meisten erzählen das, um ihre eigene Geschichte in ein Märchen zu verwandeln. Was soll das?

Mein Lumpenball war dieser abgeschabte Select.

Ich habe ein bisschen gebraucht, um zu verstehen, wie wichtig es ist, Gegenstände aus meiner Karriere aufzuheben. Anfangs habe ich nichts behalten. Ich habe nicht mal mehr ein Trikot von Ajax oder Juventus.

Ich dachte nur an die Zukunft, nur daran, schnell vorwärtszukommen. Doch dann habe ich begriffen, wie schön es eines Tages wäre, wenn ich meinen Söhnen dann etwas über den Weg, den ich zurückgelegt habe, berichten könnte und wie mir diese Gegenstände dabei helfen würden, diesen nachzuzeichnen. Wenn man die Dinge anfassen kann, erinnert man sich besser. Seitdem bewahre ich alles auf: Trikots, Schuhe, Bälle.

Für den Moment verwahre ich sie in Plastikbeuteln, weil Helena sie nicht ausgestellt im Haus herumstehen haben möchte. Ich auch nicht, ehrlich gesagt, aber eines Tages werde ich mein eigenes Museum eröffnen. Und dort wird der Adidas-Ball mit den feinen Streifen vom Fallrückzieher gegen England einen ganz besonders prominenten Platz bekommen.

Ich habe alle Bälle von meinen Hattricks aufgehoben, die ich traditionsgemäß mit nach Hause nehmen durfte und auf denen vorher alle Spieler unterschrieben hatten. In den Plastikbeuteln ist irgendwo auch der Ball von meinem Tor gegen Italien während der Europameisterschaft 2004, ein Roteiro. Da habe ich zwar keinen Hattrick geschossen, also hätte ich ihn eigentlich nicht behalten dürfen. Aber ich habe einen mir befreundeten Funktionär der Nationalmannschaft damit beauftragt: »Du musst unbedingt dafür sorgen, dass ich ihn bekomme.«

Und er hat es geschafft.

Und jetzt habe ich ihn bei mir zu Hause.

Der Ball ist für mich kein Arbeitsgerät, er ist kein Computer, den ich im Büro zurücklasse. Er ist ein Objekt der Liebe, ein Teil von mir, etwas Lebendiges, wie ein Hund, der im Haus herumläuft und den ich hin und wieder streichle, auf den Arm nehme und danach wieder absetze. Bei uns gibt es kein Zimmer ohne Bälle. Wenn ich auf einen stoße, dann bewege ich ihn etwas, ich halte ihn zwischen den Füßen, dribble ein paarmal, versuche eine Finte, und dann lass ich ihn wieder liegen.

Wenn ich dabei drinnen im Haus Maxi oder Vincent begegne, dann versuche ich manchmal, sie zu umdribbeln, und es entspinnt sich eine kleine improvisierte Partie. Helena wird dann sauer. Sie mag es nicht, wenn wir sie in ihrem Reich stören.

Meine Söhne haben von mir gelernt. Sie telefonieren mit mir aus Stockholm per Videocall, und ich in Mailand merke, dass sie die ganze Zeit dribbeln, während sie mich auf dem Display anschauen und mit mir reden. Wenn du so lebst, wird der Fußball ein Teil von dir, du empfindest ihn nicht mehr als etwas Außenstehendes. Er ist nicht mehr wie ein Schuh, er wird zu einem Teil deines Fußes.

Ich habe mal gehört, dass ein brasilianischer Journalist, als er Pelé beobachtete, dem der Ball praktisch am Knöchel klebte, seufzend gesagt haben soll: »Ich möchte mit meiner Frau so intim sein wie Pelé mit dem Ball.«

Ich habe diese intime Beziehung zum Ball immer gehabt.

Mit den anderen intimen Beziehungen hatte ich dagegen eher Probleme.

Als Junge war ich zu selbstverliebt und hatte ein sehr starkes Ego, was mir nicht gestattete, mich für andere Menschen zu interessieren. Ich fragte mich damals, ob ich je fähig sein würde zu lieben.

Außerdem war ich sehr schüchtern. Ich zitterte richtig, wenn ich mit Mädchen redete, war immer nervös. Deshalb war ich mit allem viel später dran als meine Freunde. Bei meinem ersten Date hatte ich mir alles aufgeschrieben, was ich sagen wollte. Und wenn sie mit einer Antwort auf ein anderes Thema kam, machte ich einfach weiter mit der nächsten Frage, die auf meinem Zettel stand. Das Gespräch kam nicht recht in Gang.

Ich lebte in zwei weit auseinanderliegenden Welten. Wenn ich Fußball spielte, fühlte ich mich als der Stärkste von allen und hatte vor nichts Angst. Außerhalb des Platzes war ich voller Unsicherheiten.

Vor allem hatte ich Fußball im Kopf, nicht Mädchen, wie viele meiner Freunde, die über nichts anderes mehr redeten und mit ihren Eroberungen und Abenteuern prahlten. Ich ging auch gern in die Disco und lernte Mädchen kennen, aber ich wollte nicht über sie reden, und vor allem wollte ich keine feste Freundin.

In meinem ganzen Leben habe ich nur zwei Beziehungen gehabt, eine vor Helena und dann die mit Helena.

Aber die einzige Beziehung, die mich als Junge interessierte, war die mit dem Ball.

Italiener denken ja immer, alle schwedischen Mädchen sind schön, blond, emanzipiert und freizügig. Und das gilt nicht nur für die Italiener. Das ist so in der kollektiven Vorstellungswelt verhaftet, ich weiß. Aber ich habe diese Vorstellungswelt erst mit siebzehn entdeckt, als ich mich das erste Mal ins Zentrum von Malmö wagte. In meinem Viertel waren wir alle Ausländer, die Mädchen hatten dunkle Augen und dunkle Haare, und viele waren verschleiert. Als ich nach Stockholm kam, war das noch beeindruckender. Ich dachte: »All diese blonden Mädchen am gleichen Ort … Das ist nicht normal …«

Als ich älter wurde, haben sich diese beiden Welten immer weiter angenähert.

Die Stärke, die mir der Fußball vermittelte, und meine ersten Erfolge gaben mir auch außerhalb des Platzes immer mehr Selbstsicherheit. Ich spielte nicht mehr jemanden, der ich nicht war. Nun sagte ich mir: »Du bist in Ordnung, Zlatan, und es ist gut, wie du bist. Wenn du ihr nicht gefällst, ist das allein ihr Problem.«

Als ich nach Amsterdam kam, um für Ajax zu spielen, habe ich auch mal das »Rotlichtviertel« besucht: die Grachten, die Mädchen in den Fenstern und das ganze Drumherum dort. Ich war neugierig, weil ich so viel darüber gehört hatte. Meine Freunde aus Malmö besuchten mich und fragten immer, ob wir nicht auch mal dorthin gehen könnten, bis zu dem Tag, als plötzlich jemand laut rief: »Ibrahimović ist hier!«

Ich wurde erkannt. Seitdem habe ich dorthin nie wieder einen Fuß gesetzt. Wenn die von Ajax herausgefunden hätten, dass ich im »Rotlichtviertel« gewesen bin, hätten die mich umgebracht.

Es gibt einen berühmten Satz, der Vujadin Boškov zugeschrieben wird: »Wenn ein Mann eine Frau dem Champions-League-Finale und einem eiskalten Bier vorzieht, ist das vielleicht echte Liebe, aber das ist kein echter Mann.«

Nein, für mich ist *das* ein echter Mann.

In jeder Liebesbeziehung ist der Sex am Anfang Adrenalin pur, dann wird er etwas noch viel Bedeutenderes, denn er schweißt das Paar zusammen, lässt seine Vertrautheit wachsen, macht die Beziehung einzigartig.

Der Fußball ist irgendwie gut für meine Beziehung mit Helena, weil er uns trennt, uns raus in die Welt schickt, uns in einem Hotel kaserniert und auf diese Weise die Sehnsucht nacheinander wachhält.

Helena ist nicht eifersüchtig. Sie ist reifer als ich, erfahrener. Sie hat mich kennengelernt, als ich ein junger Kerl war, sie weiß, dass ich schüchtern war und nicht den Mädchen hinterhergestiegen bin. Sie weiß, wie ich ticke. Sie weiß, dass ich mich mit ihr wohlfühle. Und wenn du dich mit einem Menschen wohlfühlst, dann brauchst du auch nicht nach jemand anderem zu suchen. Sie vertraut mir. Und ich ihr. Ich bin nicht der Mensch, der das Handy seiner Partnerin kontrolliert. Als ich jünger war, vielleicht, aber unser Verhältnis ist stabil, fußt auf großem Vertrauen und Respekt. Ohne diese beiden Dinge kann eine Beziehung nicht über zwanzig Jahre funktionieren.

Vor einiger Zeit war ich auf Sardinien, ich habe bei Berlusconi in seiner Villa vorbeigeschaut, und wir haben ein paar Witze gerissen über alles und jedes, auch über die Liebe. Ich habe den Präsidenten immer sehr gern getroffen, obwohl er jedes Mal gesagt hat, ich soll mir die Haare schneiden lassen.

Wenn er ins Milanello kam, brauchte man ihn nicht einmal zu sehen, man merkte es an der Atmosphäre, und wenn er einen Raum betrat, machte jeder, der sich dort aufhielt, den Rücken gerade, nahm eine andere Haltung an, es schien, als würden alle den Atem anhalten. Ich bewundere Menschen, die diese Aura von Macht verbreiten, die dir Respekt einflößen und auch ein bisschen Angst.

Ich erinnere mich an den Abend, an dem ich im San Siro vorgestellt wurde, es war 2010 während des Spiels Milan gegen Lecce. Ich komme auf den Platz, grüße das Publikum in meinem neuen Trikot, dann gehe ich auf die Tribüne, um mir das Spiel anzuschauen. Berlusconi weist mir den Platz neben sich und Adriano Galliani zu.

Wir sehen uns die erste Halbzeit an, dann zu Beginn der zweiten sagt der Präsident zu mir: »Ibra, würdest du dich bitte einen Platz weiter setzen, denn gleich kommt eine wichtige Person?«

»Aber klar. Natürlich …«

Ich setze mich um, ebenso Galliani. Ich erwarte, dass gleich ein Politiker oder der Manager eines großen Clubs kommt.

Zehn Minuten vergehen, aber niemand kommt. Der Platz bleibt leer.

Nach einer Viertelstunde stehen alle auf, und eine wunderschöne Frau stöckelt auf schwindelerregend hohen Absätzen heran. Sie setzt sich.

Berlusconi beugt sich zu mir herüber und zwinkert mir zu: »Eine sehr wichtige Person …«

Meine Söhne liebe ich mehr als alles andere auf der Welt. Bei mir werden sie immer in der Poleposition sein.

Sie zu lieben heißt auch, sie zu beschützen, verantwortungsvoll ihre Freiheiten zu lenken. Ich habe ihnen nicht erlaubt, Social-Media-Plattformen zu besuchen, weil ich nicht möchte, dass sie von den Gemeinheiten verletzt werden, die sie dort über mich lesen könnten.

Auf meinem Instagram-Account gibt es kein einziges Foto von meinen Söhnen und meiner Familie.

Ich sehe dagegen eine Menge Kinder, die einfach so ins Netz gestellt werden, einige bekommen sogar ein eigenes Profil, und mit sechs, acht Jahren haben sie schon Tausende Follower. Wenn diese Kinder mal erwachsen sind, werden sie sich dann darüber freuen, dass man sie so exponiert hat? Was wissen ihre Eltern denn?

Meine Söhne sollen irgendwann selbst entscheiden, sobald sie verstehen, dass es in der Welt dieser Plattformen so viel Fake und falsche Gefühle gibt. Das können sie jetzt noch nicht wissen, deshalb sind Social Media für sie tabu.

Es geht nicht darum, sie wie unter einer Glasglocke zu halten. Ich habe die Verantwortung, ihren Weg vorzuzeichnen, sie werden die Freiheit haben, ihm zu folgen, wie sie es wollen, sobald sie allein laufen können. Und wenn sie mit fünfundzwanzig immer noch zu Hause wohnen sollten, hieße das vielleicht, dass ich etwas falsch gemacht habe.

Maxi und Vincent müssen lernen, auch ihre Freundschaften zu bewerten. Das können sie gut. »Warum will dieser Typ mit mir befreundet sein?« Sie haben sich von gewissen Freunden abgewandt, die sie nur trafen, weil ich ihr Vater bin. Ihre Entscheidung, nicht meine.

Ich werde nie vergessen, wie einmal – da war ich in ihrem Alter – die Eltern meiner Mannschaftskollegen einen Antrag einreichten, man solle mich aus dem Team werfen, weil sie mich für einen Schläger hielten. Ich werfe niemanden raus, ich sorge nur dafür, dass meine Popularität keine negativen Auswirkungen auf meine Söhne hat.

Ich habe ja schon erzählt: Maxi und Vincent hassten anfangs den Fußball, sie waren eifersüchtig auf ihn, aber jetzt, da sie in meiner Welt angekommen sind, bin ich für sie nicht mehr nur ihr Vater, sondern auch ihr Trainer, und sie hören mir ganz anders zu.

Das Problem ist, dass ich sehr direkt bin: Wenn jemand sich nicht so anstrengt, wie er sollte, dann geig ich ihm auf die gleiche Art die Meinung, ganz egal, ob das nun Brahim Díaz ist oder einer meiner Söhne.

Wenn ich etwas sagen muss, tue ich das: »Heute hast du nicht gut gearbeitet, du warst scheiße.«

Ich kann nicht weichgespülter kommunizieren, denn gemäß meiner Philosophie tue ich den anderen nichts Gutes, wenn ich ihnen nicht sage, was wirklich Sache ist.

Genau wie auf dem Platz. Wenn ich einen Kollegen ermahne, indem ich ihn auf einen Fehler hinweise: »Hör mal, du hast da was falsch gemacht«, denkt er, der ja davon überzeugt ist, er hätte die richtige Entscheidung getroffen, noch mal darüber nach, und das nächste Mal wird er diesen Fehler nicht mehr machen.

Wenn ich zum Training meiner Söhne gehe, mache ich nie Fotos und Selfies mit den Leuten, denn dort auf der Tribüne bin ich nur ihr Vater, ich bin nicht Ibra. Das ist ihr Raum, sie müssen dort wichtig sein, nicht ich. Sie sind Maximilian und Vincent, nicht die Söhne von Zlatan. Deshalb haben wir sie in der Schule auch unter dem Nachnamen meiner Frau angemeldet. Sie sollen ihr Leben nicht damit verbringen, die Söhne von Ibrahimović zu sein.

Ich habe mit ihnen darüber geredet.

»Jungs, ihr müsst mental viel, viel stärker sein, als ich es in eurem Alter war. In der Schule, auf dem Platz. Überall müsst ihr den Vergleich mit mir aushalten. Da gibt es kein Entkommen. Wenn ihr im Kopf nicht stärker seid, wird es zu schwer für euch. Das ist weder eure noch meine Schuld. Es ist eben so.«

Maximilian, der Ältere, hat eine gefestigte Persönlichkeit. Irgendwann habe ich beschlossen, dass es an der Zeit ist, ihn zu fragen: »Wie willst du heißen? Seger oder Ibrahimović? Du kannst wählen.«

Der Nachname meiner Frau sicherte ihm mehr Schutz, mehr Freiheit zu, meiner zwang ihn, sich immer frontal dem Vergleich zu stellen.

Maximilian hat mir geantwortet: »Ich bin ein Ibrahimović.«

Er fühlt sich stark, während Vincent sich erst noch entscheiden wird. Für ihn ist es noch zu früh. Er ist zwar nur ein Jahr jünger, aber in diesem Alter macht das einen ziemlichen Unterschied.

Ich kann die Trainings und Spiele der beiden Jungs von Mailand aus verfolgen, da auf dem Platz von Hammarby in Stockholm eine Kamera installiert wurde, so kann ich mich davon überzeugen, wie alles läuft. Danach rede ich direkt mit ihnen, wir diskutieren, setzen uns auseinander.

Eines Tages sehe ich, wie Vincent von seinem Trainer getröstet wird. Es musste etwas passiert sein. Nach dem Training rufe ich meinen jüngeren Sohn an und sage ihm: »Ruf mich an, sobald du allein in deinem Zimmer bist.«

Als Vincent mich anruft, frage ich ihn: »Wie geht es dir?«

Wir telefonieren per Videocall. Ich merke sofort, dass er möglichst nicht zum Bildschirm schaut und nach Luft ringt.

Ich sage zu ihm: »Entspann dich, Vincent, atme, und wenn du dich bereit fühlst, sag mir, wie es dir geht.«

Er beruhigt sich, und nach einiger Zeit sagt er zu mir: »Es geht mir nicht gut.«

Ich begreife, dass er sich überwinden muss und wie schwer es ihm fällt, das zuzugeben, denn mir gegenüber wollen meine Jungs immer stark wirken. Sie müssen mir nichts beweisen, aber in ihrem Kopf ist das so, besonders seit sie sich mit großer Leidenschaft dem Fußball widmen.

Sie fragen Helena ständig: »Was denkt Papa über mich?«

In meinen Augen wollen sie perfekt sein. Sie können nicht verstehen, dass sie für mich schon perfekt sind, so wie sie sind, einfach nur, weil es sie gibt, und noch mehr gilt das, wenn sie glücklich sind.

Natürlich, es stimmt schon, ich bin immer so direkt in allem, was ich sage, und mache ziemlichen Druck. Ich sage immer und immer wieder: »Warum willst du normal sein, wenn du der Beste sein kannst? Aber das ist deine Entscheidung, du kannst dein Leben selbst bestimmen.«

Ich möchte nie normal sein, weil die Normalen viele sind und die Besten nur wenige. Deshalb gebe ich immer zweihundert Prozent bei allem, was ich tue.

»Es geht mir nicht gut«, sagt Vincent zu mir.

»Was ist passiert?«, frage ich ihn.

»Du fehlst mir.«

Ich fühle mich, als hätte er mir ein Messer ins Herz gestoßen und herumgedreht. Ich zerreiße jetzt den Vertrag mit Milan und komme nach Hause – denke ich –, denn meine Söhne stehen an erster Stelle, es gibt nichts Wichtigeres für mich auf der Welt.

Vincent war immer sehr in meiner Nähe, dort hat er sich immer sicher gefühlt. Wir sind zum ersten Mal getrennt, aber ich dachte, ich würde nur sechs Monate in Mailand bleiben. Wenn ich gewusst hätte, dass ich den Vertrag verlängern würde, hätte ich die Familie mitgenommen.

Zum Teil, das muss ich zugeben, war das aber auch gut so, weil ich dadurch etwas Druck von ihnen genommen habe.

Ich werde meinen Söhnen nie sagen: »Ihr müsst Fußballprofis werden.« Nein. Niemals. Aber ich sage ihnen: »Wenn du die Chance hast, es zu werden, und es wirklich willst, dann tu alles dafür, was in deiner Macht steht, in jedem Spiel, in jedem Training, damit du es schaffst.«

In unserer Zeit in Los Angeles fuhr ich drei Stunden, um sie zum Platz ihrer Mannschaft zu bringen und sie von dort wieder abzuholen.

Ich habe Klartext mit ihnen geredet: »Jungs, ich hab keine Zeit zu verschwenden. Ich bringe euch nur da hin, wenn ihr bereit seid, euer Bestes zu geben.«

Das Gleiche galt für Taekwondo: »Ich bringe euch nur zum Training, wenn ihr bereit seid, zweihundert Prozent zu geben, sonst verlieren wir nur sinnlos Zeit. Dann bleibt zu Hause und lest Bücher.«

Sie haben beide den Schwarzen Gürtel.

Das gilt für alles, nicht nur für den Sport. Schaffst du das? Schaffst du das nicht? Das interessiert mich nicht. Aber bei allem, was du für eine oder zwei Stunden tust, musst du alles geben, was in dir steckt. Das ist meine Philosophie.

Dieselbe, die ich bei Milan anwende.

Wenn du im Training nicht genügend arbeitest und mich beim Trainingsspiel nicht ernsthaft attackierst, dann machst du mir auch mein Training kaputt, weil du mir nicht hilfst, mich zu verbessern. Du musst alles geben, weil dadurch auch ich gezwungen bin, alles zu geben. Du verbesserst mich und ich dich. Wenn du scheiße trainierst, gehst du besser nach Hause, du schadest nur dir und den anderen. Damit habe ich die Einstellung bei Milan verändert.

Aber manchmal habe ich ein Problem, weil ich merke, dass ich Maxi und Vincent nicht wie meine Söhne behandle, sondern wie andere Spieler. Helena warnt mich dann: »Pass auf, du musst ihnen auch Liebe schenken.«

Sie hat recht, es braucht *balance*, Gleichgewicht. Sie weiß das, denn Maxi und Vincent vertrauen ihr an, wenn es ihnen nicht gut geht, während sie sich mir gegenüber immer stark zeigen wollen, eben so, wie ich es bin.

»Papa, du fehlst mir.«

Die ersten Male, als Vincent das zu mir sagte, wollte ich sofort alles stehen und liegen lassen und nach Hause, denn auf dem Platz muss ich nichts mehr beweisen. Ich bin hier, um etwas zu geben, nicht um etwas zu bekommen. Um zu helfen. Ich habe so viel während meiner Laufbahn gemacht, dass mich jetzt nur noch interessiert, andere Menschen zu inspirieren und sie stärker zu machen.

Aber Fußball ist meine Leidenschaft, mein Leben. Ohne Fußball fühle ich mich leer.

Ich habe ja schon beschrieben, wie sehr mich die Vorstellung ängstigt, ein vorgeplantes Leben zu verlassen und in ein normales, freies Leben zu gehen, ohne zu wissen, was ich tun soll, ohne die Kontrolle über meine Zukunft zu haben. Deshalb habe ich den Vertrag bei Milan um ein weiteres Jahr verlängert, ohne mich vorher mit Helena zu beraten.

Sie ist nicht wütend geworden, aber sie hat zu mir gesagt: »Du hättest vorher mit mir darüber reden müssen. Du wirst in Italien leben und wir in Schweden, also müssen wir organisieren, wie wir uns sehen können, und die praktischen Probleme lösen.«

Ich weiß, das war egoistisch von mir, ich habe nur an meine Angst vor dem Aufhören gedacht. Ich habe den Moment des Abschieds hinausgeschoben, weil meine Angst davor ständig wächst. Ich hätte das mit Helena besprechen und gemeinsam mit ihr die verschiedenen Optionen durchgehen müssen: aufhören, zurück nach Schweden gehen, weiter bei Milan spielen, zu einem anderen Verein wechseln. Stattdessen habe ich nur an den Fußball gedacht, der mir Blut und Adrenalin durch die Adern pumpt, der meine Lungen mit Sauerstoff füllt, der macht, dass ich mich lebendig fühle. Ich habe an die zigtausend Fans gedacht, die wieder ins San Siro, in mein Stadion, kommen würden und mir wieder das Gefühl geben würden, ein Löwe in der Arena zu sein.

Aber wenn dein Sohn dir sagt: »Papa, du fehlst mir«, fällt das ganze Kartenhaus zusammen, und selbst einer wie ich wird zu einem ganz normalen Vater.

Vincent hat mich mit diesen »Du fehlst mir« erschlagen.

Deshalb habe ich zu Helena gesagt: »Kommt sofort hierher.«

Am nächsten Morgen sind sie in Linate gelandet.

Vincent hat sofort gesagt: »Fahren wir zu Papa.«

Helena hat ihm zu Recht erklärt: »Er ist beim Training im Milanello, das ist weit weg. Wir warten zu Hause auf ihn. Er kommt am frühen Nachmittag zurück.«

Aber Vincent wollte nicht warten. Er hat Helena gedrängt, ein Taxi zu nehmen, und sie sind ins Milanello gekommen.

Wir haben einige Tage gemeinsam verbracht, dann ist Maximilian mit der Milan Academy ins Trentino gefahren, er ist zwar glücklich, wenn er bei mir ist, aber vielleicht ist er noch glücklicher, wenn er Fußball spielt. Inzwischen lebt er ganz in meiner Welt.

Ich habe ihm vorgeschlagen: »Verbring zehn Tage im Trainingscamp, dann lernst du das Leben kennen, das ich führe: die Trainings, das Hotel und so weiter, und du lernst neue Teamgefährten kennen. Außerdem ist es wunderschön in den Bergen.«

Vincent ist bei mir in Mailand geblieben, wir haben die Batterien aufgeladen, dann ist er mit seiner Mutter nach Schweden zurück. Als er um fünf Uhr nachmittags in Schweden gelandet war, wollte er sofort zum Training.

Helena erhob Einspruch: »Das Training beginnt um halb sechs. Das schaffen wir nicht.«

»Versuchen wir es«, ließ Vincent nicht locker.

»Wenn wir jetzt nach Hause fahren und du dann zum Platz, sind die schon fertig.«

»Das ist unwichtig, mir reicht es, wenn ich auch nur fünf Minuten trainiere.«

Helena gab auf und brachte ihn zum Platz.

Vincent lebt jetzt auch in meiner Welt.

Als Helena dann nach Mailand zurückkehrte, um Maxi zu holen, kam Vincent nicht mit, weil er an dem Wochenende ein Spiel hatte. Ich fehle ihm, aber der Fußball ist eine starke Leidenschaft, die ihn entschädigt. Und ich bin glücklich darüber, weil meine Söhne nicht so frei aufgewachsen sind wie ich in Malmö: Ich konnte aus dem Haus gehen, wann ich wollte, und mit dem Ball im Park spielen. Sie dagegen standen von klein auf immer unter Kontrolle, wurden beschützt – aber je älter sie werden, desto mehr Freiheit erlangen sie, und der Fußball hilft ihnen dabei, Gefährten und Freunde zu finden, die Werte und Beziehungen zu leben, die in der Kabine von Bedeutung sind.

Beide spielen bei Hammarby. Sie sind nicht in die Mannschaft gekommen, weil sie die Söhne von Ibrahimović sind. Wie alle anderen haben sie ein Probetraining absolvieren müssen und haben sich dort unter dem Namen meiner Frau vorgestellt. Ich habe mich dort nicht blicken lassen. Man hat sie dort aufgenommen wegen dem, was sie selbst in den zwei Probewochen gezeigt haben, nicht meinetwegen. Dort haben sie Teamkollegen aus allen Vierteln, mit denen sie sich angefreundet haben. Die Kabine ist jetzt ihr Zuhause.

Vincent ist ein sehr intelligenter Spieler auf dem Platz. Das sage ich nicht, weil er mein Sohn ist. Seine Trainer waren schon beeindruckt, kaum dass sie ein wenig von ihm gesehen hatten: »Er spielt wie ein Mann. Er ist viel reifer als für sein Alter üblich. Zu reif …« Das stimmt.

Wenn ich ihn frage: »Wie lief das Training?«, antwortet er mir: »Gut, Papa, heute habe ich nicht einen einzigen Ball verloren.« Er erzählt mir nicht, wie ich es getan habe: »Gut, heute habe ich ein Tor geschossen, ein sensationelles Dribbling gemacht, einen Fallrückzieher …« Nein. »Ich habe keinen einzigen Ball verloren.« Als ich so alt war wie er, wollte ich wie alle Jungs nur die Freunde beeindrucken und zeigen, dass ich der Beste von allen bin. Mit dem abgeschabten Select ließ ich mir Finten, magische Tricks, akrobatische Nummern einfallen.

Vincent ist wie eine Spinne in der Mitte des Netzes, er hält das Spiel der ganzen Mannschaft zusammen. Er ist eine perfekte Sechs, verteilt die Bälle. Er sucht nicht den spektakulärsten Spielzug, sondern den einfachsten, der fast immer auch besser zum Ziel führt. Er ist glücklich, wenn er ein Tor schießt, aber noch mehr freut er sich, wenn einer seiner Mitspieler es macht. Sein Trainer hat recht: Er spielt wie ein Mann.

Maximilian spielt auch im Mittelfeld, aber er interpretiert seine Rolle ganz anders. Mit seiner Konstitution und seiner Kraft lässt er alle beim Laufen hinter sich. An einem Tag sieht er sich als Ronaldinho und spielt weiter vorn, an einem anderen als Paul Pogba und positioniert sich weiter hinten. Er muss erst noch herausfinden, was seine wirkliche Position ist.

Um die Schule kümmert sich hauptsächlich Helena. Ich helfe den Jungs höchstens mal in Mathematik, weil Zahlen mich immer fasziniert haben. Und seit man mich bei Malmö um Geld betrogen hat, sind Zahlen für mich noch wichtiger geworden.

Ich habe schon immer gern Rechenaufgaben und -schritte im Kopf gelöst, mit den Fingern, ohne etwas aufzuschreiben. In der Schule hatte ich immer die richtige Lösung, aber ich konnte nicht zeigen, wie ich darauf gekommen war. Meinen Söhnen habe ich beigebracht, alles im Kopf zu lösen und an den Fingern abzuzählen.

Den Rest macht Helena, die mir dann darüber berichtet, weil sie weiß, dass ich alles über Maxi und Vincent wissen will. Wenn etwas Ernstes vorfällt, dann übernehme ich. Aber ich habe nie einen Aufstand wegen einer schlechten Note gemacht. Na ja, weder ich noch Einstein waren Überflieger in der Schule.

Ich habe noch nie die Hand gegen meine Kinder erhoben. Von meiner Mutter habe ich reichlich Schläge bekommen, aber das waren andere Zeiten und eine ganz andere Situation: eine Frau mit fünf Kindern, die zu Hause einen Haufen Probleme hatte und sich ständig sorgen musste, weil nicht genug Geld da war. Jedenfalls bin ich trotz all der Schläge mit dem Kochlöffel auf den Kopf glücklich aufgewachsen und erfolgreich geworden. Damals war es einfach normal, dass die Eltern einen schlugen.

Mir ist Disziplin ungeheuer wichtig. Es ist richtig, dass meine Söhne Respekt vor mir haben – aber keine Angst.

Sie sollen jedoch genau wissen, was passiert, wenn sie einen Fehler machen. Ich will nicht fünfzigmal dasselbe sagen müssen: »Das ist nicht gut, das ist nicht gut …« Es muss reichen, wenn ich das einmal sage.

Genau wie im Training, wo sie alles geben müssen.

Ein Beispiel. Ich unternehme mit meiner Familie eine Tour in die Berge, eine Strecke von dreißig Kilometern. Meine Söhne und ich auf Mountainbikes, Helena auf dem E-Bike. Der Anstieg ist steil und schwierig, auch für mich und Maxi. Nach vier Kilometern hat Vincent Schmerzen im Rücken und Seitenstechen, trotzdem will er nicht aufgeben. In meiner Philosophie muss er weiterfahren, denn genau in seinem Alter lernst du, die Zähne zusammenzubeißen und nicht aufzugeben.

»Mach mal langsamer, halt an. Schieb ein Stück …« Nein, das ist nicht meins. Ich sage: Mach weiter und lerne zu leiden. In meiner Welt läuft das so.

Als ich nach meiner Knieoperation das Training wiederaufgenommen habe, hatte ich den ganzen Tag Schmerzen, aber das hat mir nichts ausgemacht, weil ich daran gewöhnt bin. Mein ganzes Leben über habe ich auf die eine oder andere Weise gelitten. Das macht mir nicht nur nichts aus, ich genieße es sogar ein bisschen. Wenn ich mir zwanzig Stunden ein Tattoo stechen lasse, leide ich still und genieße es.

Vincent hatte aber zu viel Mühe, deshalb hat Helena entschieden, er solle ihr E-Bike nehmen, und ist selbst auf das Mountainbike gestiegen, und dann sind wir alle die ganze Strecke durchgefahren, ohne einmal anzuhalten.

Am nächsten Tag sind wir bergauf gewandert, und irgendwann sind die Jungs vorausgerannt, weil sie sagten, ich sei zu langsam. Vielleicht wollten sie mir damit beweisen, wie stark sie sind, oder sie suchten einfach nur eine Herausforderung. Das brauchen sie inzwischen genauso wie ich.

In unserem Gym in Stockholm trainieren sie jetzt selbstständig. Sie rufen mich an und fragen nach Trainingsplänen für das Laufband.

An einem Tag – das war während meiner Rehabilitationsphase – ist Vincent mit mir ins Milanello gekommen. Während ich meine Übungen machte, hat er zu mir gesagt. »Papa, ich will raus auf den Platz und ein bisschen laufen.«

»Okay, mach dreißig Sprints von Tor zu Tor.«

Die Athletiktrainer von Milan sind stehen geblieben und haben ihn beobachtet. »Was macht er da? Das ist nicht normal.«

»Er trainiert«, habe ich erklärt.

»Ja, aber nicht mal die Spieler der ersten Mannschaft arbeiten so hart.«

Später ist auch Pioli gekommen: »Das ist Selbstdisziplin«, hat er gemeint. »Ich glaube, ich weiß auch, wer ihm das beigebracht hat.«

»Mister, mir ist egal, wen ich vor mir habe. Ob das Vincent, Maxi oder Theo Hernández ist, wenn man arbeiten muss, dann arbeitet man.«

Wir sind auf Ibiza. Ich ziehe mein Training durch und kehre dann zum Boot zurück. Es ist Mittag.

Ich frage Helena: »Wo sind die Jungs?«

Sie schlafen noch. Um zwölf Uhr mittags.

Darauf informiere ich den Kapitän: »Halten Sie alles an, wir fahren nicht hinaus aufs Meer.«

Ich wecke Maxi und Vincent: »Zieht eure Laufschuhe an, wir trainieren. Ihr habt zwei Minuten, um euch anzuziehen.«

Sie kommen mit ganz kleinen Augen an Deck. Haben sich nicht mal die Zähne geputzt. Ich finde eine Straße, auf der wir Sprints hin und zurück trainieren können. Ich schreite die Meter ab und zeichne den Start- und den Endpunkt an.

»Jedes Mal, wenn ich euch das Zeichen gebe, lauft ihr los.«

Sie beginnen mit den Sprints. Maxi, der Ältere und auch Stärkere, rennt ohne Probleme immer hin und zurück. Der Jüngere, der natürlich nicht mit seinem Rhythmus mithalten kann, lehnt irgendwann erschöpft seine Stirn gegen meine Brust und sagt zu mir: »Papa, ich kann nicht mehr.«

Aber ich zähle: »Drei, zwei, eins …«

Er läuft wieder los. Kommt auf der anderen Seite an. Er krümmt sich zusammen, stützt die Hände auf die Knie. Dann startet er für den letzten Sprint.

Ich sage zu ihm: »Du hast gut gearbeitet, Vincent. Gehen wir.«

Kein Kuss, keine Umarmung oder so was in der Art. Nur ein »Du hast gut gearbeitet«.

Vincent weiß jetzt, dass er, auch wenn er glaubt, er sei vollkommen erschöpft, seinen Job zu Ende bringen kann. Er weiß jetzt: Wenn du nicht über das Feuer läufst, wirst du es nie herausfinden.

5
BERATER
(oder: über den Reichtum)

Sommer 2021. Ich habe mich PSG angeboten, das stimmt, aber nicht als Spieler – sondern als Sportdirektor. Ich habe den Präsidenten Nasser Al-Khelaifi angerufen und ihm vorgeschlagen: »Wenn ich meinen Vertrag bei Milan nicht verlängere, komme ich zu PSG und bringe dir die Mannschaft auf Trab.«

Nasser hat gelacht, aber er hat nicht Nein gesagt.

Mino war auch dafür. Er meinte: »Das ist der perfekte Job für dich. Du musst da hin. Punktum.«

Mino wusste genau, dass sich zwischen mir und dem AC eine ganz besondere Chemie entwickelt hatte, dass inzwischen eine unzerstörbare Verbindung bestand. Selbst wenn er mir angeboten hätte, zu Real Madrid oder zu Barcelona zu gehen, hätte ich ihm geantwortet: »Nein, Mino. Ich fühle mich zu wohl bei Milan. Und wenn ich mich irgendwo wohlfühle, brauche ich nicht zu wechseln.«

Ich habe es ja schon gesagt: Ich muss nichts mehr beweisen, ich muss nur das zurückgeben, was ich selbst bekommen habe. Ich muss etwas von mir an die Jungs weitergeben, sie wachsen lassen, damit sie in Zukunft Milan noch weiter bringen können.

Mino wusste also genau, dass er mich nicht von Milan loseisen konnte, aber er war absolut meiner Meinung: Wenn ich den Vertrag nicht verlängern würde, wäre eine Position im Fußballmanagement bei Paris Saint-Germain die passende Zukunft für mich.

So dachten auch die Spieler von PSG, mit denen ich redete. Einer sagte zu mir: »Zlatan, nur du kannst diese Mannschaft auf Vordermann bringen und sie Disziplin lehren.« Ein anderer meinte: »Zlatan, wenn du da gewesen wärst, wäre diese Sache in der Kabine nie passiert.«

Der Plan gefiel mir, aber er genügte nicht, um dieses Gefühl von Angst und Panik zu verjagen, das mich bei dem Gedanken packte, ganz mit dem Spielen aufzuhören. Es ist eine Sache, das zu sagen, aber eine ganz andere, es auch zu tun. Wenn ich nach Paris gegangen wäre, hätte ich der Mannschaft beim Training zugeschaut und mich dabei tausendmal gefragt: »Warum hast du aufgehört?«

Und so habe ich schließlich doch bei Milan verlängert. Aber wenn sich in Zukunft eine konkrete Gelegenheit ergäbe, fiele es mir vielleicht weniger schwer aufzuhören, selbst wenn keine andere Aufgabe mir das Adrenalin verschaffen kann, das mir der Platz vermittelt. Mino hat es schon öffentlich verkündet: »Zlatans Zukunft ist im Fußballmanagement.«

Zumindest ist das die Wahrheit: Ich habe mich Paris Saint-Germain nicht als Spieler angeboten, sondern als Sportdirektor.

Doch danach hat sich Nasser wegen einer Sache tierisch über mich geärgert. Er hat mich angerufen und zu mir gesagt: »Zlatan, ich fasse es einfach nicht, dass du Mbappé geraten hast, zu Real Madrid zu wechseln.«

Ich hätte das abstreiten können, ihm bei allem, was mir heilig ist, schwören können, dass man ihm eine Lüge erzählt habe, stattdessen bin ich ehrlich gewesen: »Stimmt, Nasser. Das habe ich getan.«

»Warum?«, hat er mich gefragt.

»Weil es bei PSG nicht genug Disziplin gibt, und die braucht Mbappé, um sich noch zu steigern, um zu wachsen und den nächsten Schritt zu machen. Das geht im Moment bei Paris nicht, weil da nicht die richtigen Leute für so was sind.«

Wenn dort härter durchgegriffen würde, würden alle auf dem Platz rennen, niemand würde zu spät zum Training kommen, niemand würde sich erlauben, einfach zu tun, was ihm gefällt. Wenn ich dort wäre, würde ich nicht darum bitten, dass etwas getan wird, ich würde es befehlen.

Ich habe nichts persönlich gegen Leonardo. Nein, ich mag ihn. Er hat mich zu PSG geholt, ich kann ihm überhaupt nichts vorwerfen. Aber ich kenne den Unterschied zwischen mir und ihm. Ich bitte nicht, ich befehle.

PSG hat sich schon einmal innerhalb von achtundvierzig Stunden neu erfunden: Vom Durchschnittsclub hat sich der Verein auf das Level von heute katapultiert. Wenn du dann keinen starken Sportdirektor hast, wird die Mannschaft, bei all den Stars, die du dort zusammengekauft hast, untrainierbar.

Ich fasse mal zusammen, was PSG ist.

Zahlen sie die Gehälter? Ja.

Gewinnen sie die Meisterschaft? Ja.

Lebt es sich in Paris gut? Ja.

Da sind vierzig Spieler, aber keiner will weg, auch wenn er nicht spielt, da es ihnen dort zu gut geht. Wenn ich dort wäre, stünden alle immer auf dem Prüfstand. Denn wenn ich dich bezahle und du mir dafür nicht das Maximum gibst, kannst du nicht bleiben. Das bedeutet Disziplin.

Deshalb mein Rat an Mbappé: »Versuch zu wechseln.«

Und mein Rat an Nasser: »Versucht alles, damit er nicht wechselt.«

Jeder von diesen beiden Ratschlägen war aufrichtig. Ich habe gesagt, was ich denke, wie immer.

Ich habe Kylian Mbappé bei der Hochzeit von Marco Verratti kennengelernt, und er fragte mich: »Was meinst du, Zlatan, was soll ich machen?«

»Also ich denke, du musst zu Real gehen, um einen Club mit einer anderen Philosophie und anderen Regeln kennenzulernen.«

Werte lernst du von deinem Umfeld, von den Champions um dich herum, von denen, die in deiner Nähe sind. Bei PSG gibt es viele Stars, aber wenig Opferbereitschaft, weil man die dort gar nicht nötig hat. Die Spieler nutzen nur die Hälfte ihres Potenzials, sie gewinnen ja auch so. Wenn die Spitze der Pyramide schwach ist, ist es auch die Basis.

Wenn dort ein Spieler eine Anweisung bekommt, sagt er: »Okay, in Ordnung.« Und dann beklagt er sich bei Nasser darüber, der gibt ihm recht, und der Sportdirektor wird übergangen.

Aber wenn ich der Sportdirektor bin und der Spieler das bei mir versucht, ist es das Letzte, was er tut. Garantiert.

Ich erzähle euch mal, wie ich zu PSG gekommen bin. Als Spieler.

Sommer 2012. In der Vereinszentrale treffe ich Galliani, wir reden ein bisschen, und ich versichere ihm: »Ich fühle mich wohl bei Milan. Ich geh hier nicht weg.«

Später weise ich Mino an: »Ruf mich während meines Urlaubs nicht an. Lass mich in Ruhe. Vergiss meine Telefonnummer.«

Denn wenn dich ein Berater oder ein Sportdirektor anruft, dann nie, weil er dich fragen will, ob du einen schönen Urlaub hast, sondern nur, um dir einen Wechsel vorzuschlagen. Und ich hatte mich ja schon entschieden, nicht aus Mailand wegzugehen, weil es mir dort gut ging, wo ich war.

Drei Wochen später komme ich von einer Angeltour an einen schwedischen See zurück nach Hause und schalte mein Handy ein. Sechs verpasste Anrufe. Mino.

Helena sagt zu mir: »Mino will dich sprechen.«

Er hat sogar sie angerufen. Dann ist da was im Busch …

Ich rufe ihn aber nicht zurück. Ich will nicht weg. Ich fühle mich wohl bei Milan.

Ich war noch ein gebranntes Kind durch die Erfahrung bei Barcelona, wohin ich gegangen war, um einem Traum zu folgen, und wo dieser Traum mich zu zerstören drohte. Es stimmt schon, dass ich es immer gebraucht habe, in ein anderes Revier zu wechseln, aber diesmal schien mir das Gras in dem von Milan das grünste von allen zu sein.

Wenn Mino an etwas dran ist, kann er stur wie ein Büffel sein, er ruft den ganzen Tag an, und irgendwann musst du rangehen: »Ich habe dir gesagt, du sollst mich nicht anrufen.«

»Ich wollte wissen, wie es dir so geht«, meint er.

»Lass das mit dem ›wie es dir geht‹. Ruf mich nicht mehr an, denn ich weiß, was du willst.«

Ich hatte keine Ahnung, welches Team er für mich im Sinn hatte. Es war mir egal.

»Ich komme nach Schweden.« Okay, Mino im Angriffsmodus.

»Warum?«

»Weil ich mit dir reden muss.«

»Aber ich bin nicht in Schweden.«

»Doch, das bist du. Ich lande am Nachmittag, und dann treffen wir uns.«

»Na gut.«

Ich erwarte ihn.

Mino kommt mit seinen Anwälten und legt los: »Milan ist nicht mehr die Zukunft. Ruf Galliani an und überzeuge dich: Die haben nicht einmal mehr das Geld für die Gehälter. Die Zukunft heißt Paris Saint-Germain.

»PSG?«

»PSG.«

Die hatten dort schon einige Spieler gekauft. Thiago Motta, Maxwell, Pastore …

Blitzartig läuft bei mir im Kopf der Film dieses Wechsels ab: ich mit dem PSG-Trikot während der französischen Meisterschaft in irgendeinem kleinen Provinzstadion. Ich stelle mir vor, wie ich dort bin, sehe mich und horche in mich hinein, ob mir das etwas Adrenalin in die Adern treibt. Nicht mal einen Tropfen.

»Nein, ich gehe nicht nach Paris.«

Im selben Moment ruft Leonardo an: »Zlatan, Paris wartet nur auf dich.«

»Hör zu, Leonardo, ich möchte ganz offen und klar mit dir sein: Ich sehe mich einfach nicht bei einem Auswärtsspiel, in irgendeinem Provinzstadion, in das nur zweitausend Menschen passen. Das ist nichts für mich. Ich bin daran gewöhnt, vor achtzigtausend Fans zu spielen, die mich lieben oder hassen, und beides feuert mich an. Entschuldige, aber dein Angebot lässt mich kalt.«

An dieser Stelle reagierte Leonardo gut, denn er hat nicht versucht, das Offensichtliche zu leugnen, sondern war ganz ehrlich zu mir: »Du hast recht. Das stimmt, da kann ich dir nicht helfen, an kleine Stadien wirst du dich gewöhnen müssen. Aber ich versichere dir, dass PSG die Zukunft ist und dass wir mit den Investitionen, die wir noch vorhaben, eine ganz andere Welt dort aufbauen und die renommiertesten Clubs in ganz Europa herausfordern werden.«

Ich lege auf.

Das überzeugt mich nicht. Doch sie lassen nicht locker, ich sträube mich. Aber wenn Mino sich etwas in den Kopf setzt, hält ihn niemand auf, dann rollt er vorwärts wie ein Panzer. Außerdem ist er zu klug, er weiß immer, was er sagen muss. Wer ihn nicht gut kennt, kann das nicht wissen.

Er hat mir nicht gesagt: »PSG hat richtig viel Geld.« Nein, er hat angefangen, mir etwas von Zukunft, von Plänen, Investitionen und Visionen zu erzählen, von Spielern, die sie dort kaufen wollen.

Schließlich fragt er mich: »Wie viel willst du?«

Üblicherweise schreibt man in einen Vertrag ein Grundgehalt und ein paar Extras hinein: ein Haus, eine gewisse Anzahl Reisen, so was in der Art. Ich überlege kurz und antworte ihm dann: »Ich möchte soundso viel Geld und dann das, das und noch das …«

Ich verlange alles, was mir in den Sinn kommt. Ich verfolge damit eine klare Strategie: Ich pokere so hoch wie möglich, damit sie mir absagen und ich es nicht tun muss.

Mino notiert alles auf einem Blatt Papier, und schließlich hat er das ganze Blatt mit Extras voll. »Willst du nicht auch noch ein Fahrrad, um damit mal in die Stadt zu fahren?«, fragt er mich schließlich, um mich nach dieser endlosen Reihe von Forderungen aufzuziehen.

»Sehr gut! Schreiben wir auch noch das Fahrrad mit rein …«

Mino verzieht keine Miene: »Ich teile das Leonardo mit und melde mich dann bei dir.«

Ich bin vollkommen gelassen. Aber nach nur zwanzig Minuten verkündet Mino mir: »Leonardo hat all deine Bedingungen akzeptiert. Auch das Fahrrad.«

Nun muss ich nach Paris gehen. Ich habe mein Wort gegeben, und mein Wort gilt mehr als ein schriftlicher Vertrag. Ich sehe Mino an, um mich ein letztes Mal zu versichern: »Also ist es entschieden? Wir gehen nach Paris? Bist du wirklich sicher? Das wird jetzt gemacht?«

Mino antwortet: »Zlatan, das wird auf jeden Fall gemacht. Milan hat dich schon verkauft.«

»Wie, verkauft?«

»Berlusconi und Galliani haben aus dir und Thiago Silva ein nettes Paket geschnürt. Sie haben noch eine Schleife drum gemacht, den Preis festgesetzt und alles Übrige.«

Endlich gehen mir die Augen auf: »Bereite den Vertrag vor, wir wechseln nach Paris.«

Während ich noch dafür gekämpft habe, bei Milan zu bleiben, hatte Milan mich schon nach Frankreich entsorgt, ohne mir ein Wort davon zu sagen. Mein Gespräch mit Galliani war eine Farce gewesen, genau wie sein Versprechen, mich zu behalten. »Alles in Ordnung«, hatte er gesagt.

Ich habe monatelang nicht mehr mit ihm gesprochen.

Anfangs war nur davon die Rede gewesen, dass entweder ich oder Thiago Silva wechseln könnte, der andere hätte dann erst in der nächsten Saison nach Paris gehen sollen, aber dann haben sie sich entschlossen, ein Gesamtpaket zu schnüren. Berlusconi hat das Ganze so gerechtfertigt: »Ich fresse lieber einmal Scheiße als zweimal.«

Als ich bei PSG ankam, fand ich dort die Hölle auf Erden vor. Ihr dürft euch nicht den reichen und top organisierten Club von heute vorstellen. Als Erstes übergab mir so ein Typ eine Sporttasche und erklärte mir: »Da drin ist die Spielkleidung für die gesamte Saison. Die musst du jedes Mal zum Platz mitbringen.«

»Mein Freund, so läuft das nicht«, erwiderte ich. »Ich bringe überhaupt nichts mit. Ihr müsst mir vor jedem Spiel und jedem Training das Trikot schön gewaschen, gebügelt und fein duftend hinhängen.«

Es gab nur drei Zeugwarte und drei Physiotherapeuten für fünfundzwanzig Spieler. Die Trainingsplätze waren unterirdisch. Manchmal war das Gras so mitgenommen, dass wir auf dem Platz mit Kunstrasen trainieren mussten.

Der Koch fragte mich: »Was willst du morgen haben, Fisch oder Fleisch?«

»Keine Ahnung, ich sag es dir morgen.«

»Du musst mir das jetzt sagen, damit wir heute Abend mit der Vorbereitung anfangen können.«

Ich sah ihn erstaunt an: »Ich muss Frischgekochtes haben. Wenn ich mich nicht maximal vorbereite, kann ich auch nicht maximal spielen. Kapiert?«

Für jemanden, der von einem top organisierten Club wie Milan kam, war das eine Art Albtraum. Wer heute bei PSG spielt, kann sich nicht vorstellen, wie das am Anfang war.

Ich hatte auch Probleme, eine passende Wohnung zu finden. Entweder war sie zu klein, oder irgendwas gefiel mir nicht. Anfangs haben wir in einem *hôtel particulier*, einem Stadtpalais mit Apartments, gewohnt. Sehr luxuriös, sehr teuer, aber das war das Problem von PSG und nicht meins. Dass ich mir aussuchen darf, wo ich wohne, war eine der Bedingungen, die ich in den Vertrag habe setzen lassen.

In diesem *hôtel* hatten auch Kim Kardashian und Kanye West ein Apartment. Jedes Mal, wenn ich das Haus verließ, stieß ich vor der Tür auf vierzig Paparazzi, und das gefiel mir ganz und gar nicht.

Dann sind wir in eine Wohnung in der Nähe der Champs-Élysées umgezogen, aber in der Ecke war es zu belebt und zu laut. Nach acht Uhr abends war dort die Hölle los.

Schließlich habe ich ein frisch renoviertes Haus im Viertel um den Arc de Triomphe in der Nähe der Avenue Victor Hugo gefunden, dort war es ruhig, und wir haben uns pudelwohl gefühlt. Man hat mir drei Apartments zur Verfügung gestellt: eins für mich, eins für die Gäste und eins für Dario, meinen Physiotherapeuten. Ich hatte ihn in Mailand kennengelernt, und inzwischen gehörte er einfach zur Familie, sogar die Weihnachtstage verbrachte er mit uns in Schweden.

In der Mannschaft hatte ich italienische Kollegen wie Verratti und Salvatore Sirigu und andere, die in der Serie A gespielt hatten wie Javier Pastore, Ezequiel Lavezzi und Thiago Silva, deshalb sprachen wir oft untereinander Italienisch, obwohl die Franzosen das nicht mochten.

Ich muss anerkennen, dass Leonardo wirklich Großes geleistet hat. Innerhalb eines Jahres hat er eine Mannschaft geschaffen, die ausgezeichnet spielte, ein Team, das rundum gefürchtet war. Mein letzter Gedanke, bevor ich Paris nach vier Jahren wieder verließ, war: »Die werden eines Tages die Champions League gewinnen. Die geben nicht auf, bevor sie diese Trophäe nach Hause geholt haben.«

Dass ich ging, lag letzten Endes am Viertelfinale der Champions League gegen Manchester City in meiner letzten Saison dort. Das war kein Spiel wie jedes andere.

Damit uns allen das auch klar wird, kommt Clubpräsident Nasser vor dem Spiel in Paris persönlich in die Kabine und erklärt es uns. Es ist ein »Familienderby«, eine Abrechnung zwischen Emiren und Scheichs, die Vereinigten Arabischen Emirate als Besitzer von Manchester City gegen Katar, die Besitzer von PSG, eine Auseinandersetzung zwischen Superreichen.

Ich betrete den Platz, und beinahe als Erstes vergeige ich einen Elfmeter, dann, es steht immer noch 0:0, versemmele ich nach einem Zuspiel von Thiago Motta auch noch ein Tor, das ich hätte machen müssen. Ich schieße das 1:1, und beim Stand von 2:1 treffe ich nur die Latte: Der Ball hätte das Spiel entscheiden können.

Die Partie endet 2:2. Beim Rückspiel scheiden wir durch ein Tor von Kevin De Bruyne aus.

Mino, der immer den besseren Überblick hat, sagt schon nach dem Spiel in Paris zu mir: »Hier geht es für uns nicht weiter. Wir müssen wechseln. Die werden den Vertrag nicht verlängern.«

Und ich: »Was sagst du da? Ich komme mit allen hier bestens klar. Ich rede mal mit dem Präsidenten, da gibt's keine Probleme, du wirst schon sehen. Keine Sorge.«

Ich treffe mich also mit Nasser, der seltsam um den heißen Brei herumredet und einen Haufen Ausreden auspackt: Du warst vier Jahre hier, vier Jahre sind viel, bla, bla, bla.

Ich unterbreche ihn: »Pres, reden wir Klartext: Ja oder nein?«

Darauf erklärt er mir: »Wir suchen eine neue Generation Spieler. Wir müssen die Mannschaft verjüngen.«

Wie immer hatte Mino alles schon früher begriffen.

Vielleicht gab es ja einen größeren Plan, den man sowieso unabhängig von den Ergebnissen verfolgte, aber ich bin immer noch überzeugt, dass der Elfer gegen Manchester City alles verändert hat.

Plötzlich bin ich ohne Vertrag. Ich weiß nicht, wohin ich gehen soll. Aber dann geht alles sehr schnell. Mourinho wechselt zu Manchester United und ruft mich an: »Komm zu mir.«

Aber die Situation dort ist sehr chaotisch. José unterschreibt, dann überwirft er sich mit dem Club. Mein Vertrag geht immer wieder nach England und zurück und kommt nicht voran. Man sagt mir, ich solle ein paar Tage abwarten, also fahre ich mit Mino nach Monte Carlo. Der Plan ist, direkt von dort nach Manchester zu fliegen. Aber nach einer Woche hat sich immer noch niemand gemeldet.

»Mino, das reicht. Ich hab genug von der ganzen Geschichte.«

Und er meint: »Geduld, Zlatan. Du musst Geduld haben.«

Ja sicher, Geduld. Aber wo nehme ich die her?

Irgendwann gehe ich einfach auf Instagram und poste: »Mein nächster Club heißt Manchester United.«

Ich war gedanklich so mit den Verhandlungen beschäftigt, dass ich vollkommen vergessen habe, dass Manchester ja an der Börse gehandelt wird. Da kannst du so eine Ankündigung nicht bringen, wenn es noch keine offizielle Vereinbarung gibt. Danach ist in der halben Welt die Hölle losgebrochen.

Mino hätte mich am liebsten umgebracht. »Zlatan, da hast du große Scheiße gebaut.«

Ich hatte diesen Stillstand nicht mehr ausgehalten, deshalb hatte ich beschlossen, etwas zu unternehmen, um von der anderen Seite eine Reaktion zu erzwingen: entweder in oder out.

Ed Woodward, der stellvertretende Vorstandsvorsitzende von Manchester United, war stinksauer. Ich versuchte, es zu erklären, entschuldigte mich: »Es ist nur meine Schuld. Mein Agent Mino Raiola hat nichts damit zu tun. Ich habe die Geduld verloren, das ist alles. Ich fühlte mich wie im Treibsand, ich war kurz davor zu versinken, und deshalb habe ich versucht, etwas zu unternehmen, um da irgendwie rauszukommen, ohne daran zu denken, welche Folgen meine Ankündigung haben würde. Wenn unsere Vereinbarung deshalb platzt, okay, dann war's das eben. Ich habe einen Fehler gemacht. Und entschuldige mich nochmals dafür.«

Und er sagte, weil er mir natürlich kein schlechtes Gewissen machen wollte: »Du hast uns gerade eine Fünf-Millionen-Pfund-Marketingstrategie ruiniert.«

Sie hatten sich eine Überraschungskampagne ausgedacht, wollten mich ganz spektakulär auf der ganzen Welt vorstellen, ein Hollywood-Coup.

Und ich habe ihren Plan mit einem Post zerstört.

Aber ich bin trotzdem zu United gewechselt.

So ist mein Verhältnis zu Mino eben. Wir können streiten, uns beschimpfen, aber wir trennen uns nie.

Mino ist mehr als ein Berater für mich, mehr als ein Freund, er gehört zur Familie. Er ist mein Ein und Alles. Wir können auch ein Jahr nicht miteinander reden, aber wenn ich dann mit ihm spreche, ist es, als hätten wir uns gerade erst gestern gesehen. Zwischen uns gibt es nicht das kleinste Geheimnis, wir teilen alles.

Zum Beispiel sind wir beide autoverrückt.

Ich habe mir einen Porsche gekauft, eine streng limitierte Auflage, kaum auf dem Markt zu finden, mit der

Nummer 1 auf der Fahrertür, wie bei den Rennwagen von früher. Ein Traum. Ich hatte wirklich Glück, einen aufzutreiben. Mino träumte ebenfalls davon, deshalb habe ich durch meine Kontakte versucht, auch einen für ihn zu finden, und ich habe es geschafft.

»Da, der gehört dir. Ich schenke ihn dir. Aber vergiss das auf der Fahrertür. Die wahre Nummer 1 bin ich!«

Ich und Maxwell waren die ersten Spieler, die Mino nach Pavel Nedvěd beraten hat.

Mino erzählt immer: »Wisst ihr, was der Unterschied zwischen Maxwell und Ibra ist? Wenn ich Geld brauche, rufe ich Maxwell an, und er fragt mich: ›Wie viel brauchst du?‹ Wenn ich Zlatan anrufe, antwortet er: ›Ich hab keins, Ciao‹, und legt auf. Der eine ist ein guter Junge, der andere ein Mistkerl.«

Wenn wir in Verhandlungen gehen, dann spielt Mino den Mistkerl und ich den guten Jungen. *Bad guy and good guy*, das ist unsere Taktik.

Der Mistkerl und der gute Junge gehen also zu Manchester United. Das erste Jahr ist fantastisch, denn bei meiner Ankunft hassen mich bereits alle: Ibra, der arrogante Kerl, der Angeber, der Schläger, der Typ, der gegen englische Mannschaften nie Tore schießt, der alte Mann, fast fünfunddreißig.

Gut. So möchte ich euch haben. Hasst mich nur. Das gefällt mir.

Während wir noch verhandeln, frage ich die Menschen, die mir am nächsten stehen: »Was haltet ihr davon, wenn ich in der Premier League spiele?«

Nummer eins antwortet mir: »Da kannst du bloß verlieren.«

Nummer zwei: »Der Takt dort ist zu schnell für dich.«

Nummer drei sagt: »Wenn du schlecht bist, machst du alles kaputt, was du in deiner Karriere erreicht hast.«

Nummer vier: »Das ist nicht die richtige Liga für dich.«

Von sieben Menschen, die ich gefragt habe, raten mir sieben ab, nach England zu gehen.

Ich ziehe Bilanz: Sie haben recht – und deshalb werde ich da hingehen. Das ist die größte Herausforderung. Adrenalin eimerweise.

Nach drei Monaten sind alle, die mich gehasst haben, auf meiner Seite. Die Zeitungen bringen positive Artikel, alle wollen mit mir reden, fragen mich nach meiner Meinung und bitten um Interviews.

In Manchester habe ich mich wohlgefühlt. Ich hatte ein schönes Haus mit Pool in einer guten Wohngegend, in der alle Spieler wohnten, zehn Minuten vom Trainingsplatz entfernt. Im Grunde war der Garten der eigentliche Pool, weil es immer geregnet hat und ich die ganze Zeit im Haus blieb, wie ich es mochte. Na ja, wohin willst du in Manchester auch hin zum Ausgehen? Da bleibt man besser zu Hause und zockt Videogames.

Doch eins hat mich überrascht. Alle halten United für einen Spitzenclub, eines der mächtigsten und reichsten Unternehmen auf der Welt, und von außen sah das für mich genauso aus. Aber als ich schließlich dort war, habe ich eine kleinliche, enge Mentalität vorgefunden. Ich habe nie so ganz begriffen, ob das besonders typisch für Manchester war oder ob das für alle Engländer gilt.

Ein Beispiel: Wayne Rooney, eine Clublegende. Als er aufhört zu spielen, wird am nächsten Tag das Schild an seinem Spind in der Kabine entfernt und alles ausgeräumt, als wäre er nie dort gewesen.

Mann, sind die schnell. Aber warum diese Eile?

Ich denke: Wenn die das mit einem machen, der über fünfhundert Partien gespielt und über zweihundertfünfzig Tore gemacht hat, dann werden die meinen Spind wahrscheinlich verbrennen, wenn ich gehe. Mindestens.

Eines Tages bin ich mit der Mannschaft vor dem Spiel im Hotel einquartiert. Ich habe Durst, gehe an die Minibar und trinke einen Fruchtsaft. Wir fahren zum Spiel und danach wieder nach Hause. Zeit vergeht. Meine Gehaltsabrechnung kommt. Normalerweise überprüfe ich die nicht. Ich ziehe nur am Ende eines Jahres Bilanz der Ein- und Ausgaben. Doch dieses Mal, ich weiß selbst nicht, warum, habe ich Lust, da mal reinzuschauen, und ich stelle fest, dass man mir ein englisches Pfund abgezogen hat.

Ich rufe die Teammanagerin an: »Entschuldige mal, warum hat man mir das abgezogen?«

Sie überprüft das und antwortet: »Das war für einen Fruchtsaft aus der Minibar.«

»Du machst Witze, oder?«

»Nein, alles, was man konsumiert, bezahlt man selbst.«

»Gut, aber ich war ja nicht privat im Hotel, ich war nicht im Urlaub, sondern an meinem Arbeitsplatz. Ich war für Manchester United dort, und wenn ich spielen muss und Durst habe, muss ich etwas trinken, ich kann ja nicht dehydriert auf den Platz gehen. Und dann, also wirklich? Ein Pfund???«

In Italien würde so etwas nie passieren. Wenn ich bei Milan Extraspesen verursachte, sagte Galliani immer zu mir: »Keine Sorge, das zahlt Milan.« Und da ging es eher selten um einen Fruchtsaft aus der Minibar.

Wenn ich plötzlich wegen eines Termins nach Rom musste, stellte mir Galliani den Firmenjet zur Verfügung, ohne dass ich dafür zahlen musste.

Ich sag ja nicht, dass alles gratis sein muss, aber ein Fruchtsaft? Und ihr haltet euch für einen der größten Clubs der Welt? Ihr müsst von einem Club wie Milan lernen, was Stil ist und was die Identität eines Clubs ausmacht. Es sind diese Details, die den Unterschied machen, und der Respekt den Spielern gegenüber.

Jeden Tag, wenn ich auf das Trainingsgelände fahren wollte, verlangte man von mir, meinen Ausweis zu zeigen. Ich ließ das Autofenster runter und sagte zu dem Typ am Tor: »Hör mal, mein Freund, seit einem Monat komme ich jeden Tag hierher. Ich bin der beste Spieler der Welt. Wenn du mich immer noch nicht erkennst, hast du deinen Beruf verfehlt.«

In meiner zweiten Saison bei United verletze ich mir das Knie schwer: Kreuzbandriss und Riss des Außenbands sowie Abriss des Biceps femoris, auch Beinbeuger genannt.

April 2017. Viertelfinal-Rückspiel in der Europa League gegen Anderlecht: Ich springe hoch, um den Ball mit dem Kopf zu treffen, komme danach schlecht auf, das Bein verdreht sich unnatürlich, ich spüre einen schrecklichen Schmerz, die Welt geht für mich unter. Dunkelheit. Aus.

Ich lasse mich in Pittsburgh in den Vereinigten Staaten operieren, danach erkläre ich meiner Familie: »Wir bleiben jetzt eine Woche zusammen, dann fliegt ihr nach Manchester zurück, und ich bleibe hier in Schweden.«

»Warum?«, fragt Helena.

»Weil ich vier Monate lang schwitzen muss wie ein Tier und ohne die geringste Ablenkung. Ihr würdet mir Zeit, Energie und Aufmerksamkeit rauben.«

So bin ich nun mal. Auch wenn ich im Gym vom Milanello trainiere, darf mich dort niemand stören. Wer reinkommt, lebt gefährlich. Ich tauche vollkommen in meine Welt ein, und niemand darf mich aus meiner Konzentration reißen: Ich arbeite, leide, arbeite, leide.

Bei mir zu Hause in Stockholm habe ich auch ein privates Fitnessstudio. Ich rufe Dario an, meinen persönlichen Physiotherapeuten: »Was brauchst du?«

»Fünf große Geräte«, antwortet er.

Ich rufe die Firma an, die die Dinger baut: »Pünktlich morgen früh müsst ihr diese fünf Geräte zu mir nach Hause bringen, sonst kaufe ich bei der Konkurrenz.«

Am nächsten Morgen werden die Geräte zur festgesetzten Zeit geliefert. Riesenmaschinen, die über zweihundert Kilo wiegen.

»Was ist sonst noch nötig?«, frage ich Dario.

»Sieben Stunden Arbeit pro Tag.«

Ich schließe mich im Studio ein, sage kein Wort, lasse niemanden ins Haus und stürze mich täglich sieben Stunden ins Training, wobei ich immer mein geschwollenes Knie im Blick habe. Vier Monate, ohne einmal aufzuschauen, dann ist es Zeit, nach Manchester zurückzukehren.

Ich muss den Platz wiedersehen, Pogba und die Kollegen bei der Arbeit beobachten. Vier Monate lang habe ich allein trainiert, jetzt muss ich den Mannschaftsgeist wiederfinden, Kabinenluft schnuppern und das Ziel meiner Anstrengungen und Schmerzen vor Augen haben: den Platz.

Mein Physio ist ein wenig besorgt, er fürchtet, dass wir zu früh nach England zurückgekehrt sind. Wir wissen beide, dass diese Grauzone zwischen Studio und Platz sehr gefährlich und sensibel ist. Wenn dem Mann, der mich dabei begleitet, auf diesem Weg ein Fehler unterläuft, kann es gefährlich werden. In dieser Phase ist das Wichtigste Geduld, damit man den letzten Schritt nicht zu früh macht.

Ich fühle mich ausgezeichnet. Mourinho übergibt mich an jemanden aus seinem Team, der meine gute Form bemerkt und das Programm, das ich in vier Wochen hätte absolvieren sollen, auf eine konzentriert. Dario gefällt das gar nicht. Ihm geht alles zu schnell.

Zugegeben, auch wenn das Knie gut funktioniert, habe ich Schmerzen im Knorpelgewebe, doch in mir ist so viel Adrenalin, dass es alles überdeckt.

Nach sieben Monaten kehre ich ins Team zurück. Sieben endlose Monate ohne Ball. Ich freue mich wie ein Kind. Ich will spielen, will zeigen, was ich wert bin.

Mourinho stellt mich auf, ich spiele, die englischen Fans überschlagen sich wegen mir, ich habe mein neues Trikot mit der Nummer 10, der Nummer von Rooney. Zu schön.

Doch dann sinkt mein Adrenalinspiegel, und ich spüre, dass etwas nicht in Ordnung ist. Ich spreche mit dem Physio darüber: Ich habe starke Schmerzen, bin nicht entspannt, das ist nicht normal. Ich habe ein neues Knie, total neu aufgebaut, und schaffe es noch nicht, es richtig einzusetzen. Ich beschließe, mit Mou darüber zu reden.

»Trainer, stell mich nicht mehr auf.«

Er fragt schockiert: »Warum?«

Es passt nicht zu Ibra, sich nicht aufstellen zu lassen. Er kennt mich gut.

Ich erkläre ihm: »Weil ich noch nicht der alte Ibra bin. Ich will nicht die Achtung meiner Mitspieler verlieren. Aus Respekt vor ihnen komme ich erst zurück, wenn ich meine Probleme gelöst habe. Ich muss noch etwas allein arbeiten. Wenn du mich jetzt wieder aufstellst, werde ich dich enttäuschen.«

Mou antwortet: »Das, was du machst, ist eine große Geste und zeugt von großer Verantwortung, denn ich kenne dein Ego besser als alle anderen und weiß, was dich diese Entscheidung kostet.«

Es wird Januar, dann Februar. Manchester kommt in die entscheidende Phase der Saison. In diesen heiklen Spielen zurück in die Mannschaft zu kommen, wenn es darum geht, um jeden Preis zu gewinnen, hätte zu viel Stress erzeugt. In diesem Moment brauche ich eine andere Wettkampfsituation, um mein Knie auszutesten. Ich brauche einen nicht so aggressiven Fußball, wo ich mich selbst in Ruhe wiederfinden kann, ohne zu viel Druck, um herauszufinden, ob ich noch da bin und ob ich wieder auf meinem Level spielen kann. Deshalb denke ich an die amerikanische Liga, in die viele Spieler am Ende ihrer Karriere gehen.

Bei einem Urlaub in Los Angeles hatte ich Jovan Kirovski kennengelernt, einen ehemaligen Spieler, der Technischer Direktor bei Los Angeles Galaxy geworden ist.

Ich hatte ihn kontaktiert, damit Maximilian und Vincent während unseres Urlaubs trainieren konnten. Ich rufe ihn also an und frage: »Kann ich zu euch kommen?«

Wir sprechen darüber. Die MLS hat ihre Regeln, ihre Budgetbeschränkungen. Galaxy kann mir nur ein kleines Gehalt zahlen, aber das ist kein Problem, ich gehe nicht dahin, um Geld zu machen. Das Problem ist nur, dass sie nicht viel für meinen Ankauf ausgeben können.

Ich gehe zu Mourinho und schildere ihm die ganze Situation: »José, du musst mir helfen, dass ich ohne Ablöse von Manchester freikomme.«

Mou antwortet wie ein echter Gentleman: »Wegen allem, was du für mich getan hast, helfe ich dir jetzt.«

Mino unterstützt meine Entscheidung, und so gehen wir nach Amerika.

Die Manager von Galaxy wollen mich sofort gegen den Los Angeles FC spielen lassen, eine Mannschaft, die gerade erst gegründet wurde. Es wird das erste, historische Fußballderby in der Stadt sein. Sie beschleunigen alle bürokratischen Vorgänge, damit ich auf dem Platz stehen kann.

Ich lande mit meiner Familie und dem Hund abends in Kalifornien. Am nächsten Tag, dem vor dem Derby, mache ich ein leichtes Abschlusstraining. Durch den Jetlag schlafe ich noch halb.

Der Athletiktrainer, ein Franzose, macht eine Art Test mit mir, wertet die Daten am Computer aus und sagt schließlich: »Du bist müde.«

»Aha, ich bin müde. Ach, wirklich?«

Der Trainer ist seiner Meinung: »Ja, Zlatan, du ruhst dich besser aus. Trainiere in Ruhe für die nächsten Spiele.«

»Okay, wie ihr wollt. Der Trainer entscheidet.«

Der Präsident des Vereins kommt auf den Platz, und ich erkläre ihm: »Jetzt habt ihr es so eilig gehabt, und dann stellt der Trainer mich nicht auf.«

Er ist überrascht: »Er stellt dich nicht auf? Ich rede gleich mit ihm.«

Ich komme sofort zurück ins Aufgebot und sitze am nächsten Tag zunächst auf der Bank. Wir kassieren ein Tor.

Ich beruhige einen meiner Mitspieler: »Keine Sorge, wir werden trotzdem gewinnen.«

Unsere Gegner treffen noch mal: 2 : 0.

Ich beruhige: »Das wird jetzt etwas schwieriger, aber wir werden trotzdem gewinnen.«

Sie schenken uns auch noch das 3 : 0 ein.

Mein Mitspieler auf der Bank sieht mich nicht sehr freundlich an. Ich sage zu ihm: »Wir sollten heute lieber nicht eingewechselt werden. Lass uns ans nächste Spiel denken. Das hier ist gegessen.«

Aber beim 3 : 1 schickt mich der Trainer zum Aufwärmen. Das ganze Stadion schreit meinen Namen.

Noch zwanzig Minuten bis zum Spielende. Wir machen sofort das 3 : 2. Oh ja, jetzt kann's losgehen mit dem Spaß für mich. Mir kommt ein Ball vierzig Meter vor dem Tor auf den Fuß. Mein körperlicher Zustand ist unterirdisch. Ich weiß nicht, wie mein Knie reagieren wird. Ich schaffe es sicher nicht, das Tor in einem Sprint zu erreichen. Deshalb lasse ich den Ball aufprallen und schieße aus dem Mittelfeld direkt aufs Tor. Der Ball fliegt über den Tormann hinweg, der aus dem Tor gekommen ist: 3 : 3!

Ich reiße mir das Trikot vom Leib und laufe mit ausgebreiteten Armen über den Platz, während irgend so ein Typ mit einer Kamera auf der Schulter mich verfolgt und das kilometerlange Kabel wie eine Schlange hinter sich herzieht.

Das ganze Stadion flippt aus und tobt noch mehr, als ich das spielentscheidende Tor schieße: 4:3.

Von 0:3 zu 4:3 in zwanzig Minuten, im ersten Spiel, ohne richtiges Training und mit neun Stunden Zeitunterschied, dass mir fast die Augen zufallen. Ich bin so müde, dass ich in der Pressekonferenz nur noch sage: »Ihr habt Zlatan gewollt, ich habe euch Zlatan gebracht. Und tschüss!«

Jetzt werde ich euch mal zeigen, was Fußball ist, denn ihr glaubt, ihr würdet Fußball spielen, aber der wahre Fußball ist noch mal eine ganz andere Nummer.

Das Schöne an der ganzen Sache ist, dass ich, bevor ich den Vertrag mit Galaxy geschlossen habe, mit dem LAFC, dem anderen Team aus Los Angeles, verhandelt hatte, aber die wollten dann lieber den Mexikaner Carlos Vela verpflichten.

Ein Grund mehr, sie zu schlagen und sofort und endgültig zu klären, wer ich bin und wer dieser Mexikaner ist.

In den ersten vier Spielen schieße ich drei Tore.

Ich entscheide mich, noch ein Jahr in Amerika zu bleiben, und verhandle deswegen die Vertragsverlängerung. Ganz allein und ohne Mino etwas davon zu sagen, weswegen er sich tierisch aufregt. Es ist der schlimmste Streit, den wir je hatten.

Warum ich das getan habe?

Ich hatte die Besitzer von Galaxy, denen auch Anteile am Basketballteam der Lakers, am Eishockeyteam der LA Kings und dazu noch eine Menge andere Unternehmen gehören, näher kennengelernt. Ich hatte einen sehr guten Draht zu ihnen, und den wollte ich aufrechterhalten. Mir genügte es, der bestbezahlte Spieler der MLS zu sein und meine Villa in Beverley Hills zu haben. Hier genoss ich nach so vielen Jahren, mich endlich frei bewegen zu können, ohne überall von Fans umlagert zu werden. Champion in einer nicht so populären Sportart zu sein, hatte schon Vorteile. Ich lebte in einem Haus ohne Sicherheitsumzäunung, spielte mit Kindern Fußball am Strand, die mich nicht erkannten: »Du kannst aber toll Fußball spielen.«

Um mich herum Palmen und Sandstrände, ich kam mir vor wie im Paradies.

Wäre Mino nach meinem ersten Jahr in Amerika in die Verhandlungen eingetreten, hätte er alles Mögliche verlangt, auch Aktien von den Lakers und ein Fahrrad. Mino war zu stark für die Leute dort. Er hätte sie weggefegt, alles kaputt gemacht, und ich hätte nicht mehr in der MLS gespielt. Deshalb habe ich ihn da rausgehalten.

Das hat er mir sehr übel genommen: »Du hättest das nicht tun dürfen, Zlatan. Das ist mein Job. Ich hätte mich darum kümmern müssen.«

Er hatte recht, natürlich hatte er recht. Aber ich hatte Angst, dass alles scheitern würde. Das habe ich ihm erklärt. Er hat mir das nie verziehen. Bis heute nicht. Ich habe ihn enttäuscht.

Trotzdem hat uns diese Sache nie im Geringsten voneinander entfernt. Wie alle negativen Dinge, die in all diesen Jahren passiert sind, hat uns diese Krise von Los Angeles nur noch mehr zusammengeschweißt.

Am Ende meines zweiten Jahres in Amerika beschließe ich, mit dem Fußball aufzuhören.

Mino ist natürlich dagegen: »Du kannst jetzt nicht Schluss machen, Zlatan. Dank dir muss ich noch ein wenig Geld abgreifen. Du musst nach Europa zurück und beweisen, dass du immer noch Ibra bist. Selbst wenn es nur für ein einziges Spiel ist. Aber du musst es allen zeigen. Dann kannst du aufhören.«

Na ja, ihr wisst ja jetzt, wie das dann weiterging.

Selbst wenn ich mir heute alles leisten kann, habe ich großen Respekt vor Geld. Wenn ich etwas für zehn Euro kaufe und glaube, dass es nur sieben wert ist, dann sage ich das: »Das ist zu viel.«

Jeden Monat kontrolliere ich persönlich die Strom- und Gasrechnungen und bezahle sie. Ab und zu leiste ich mir die Bemerkung bei Helena: »Deine Kreditkarte glüht ja. Ich habe den Kontoauszug gesehen. Mach nächsten Monat mal etwas langsamer.«

Ich benutze immer einen Privatjet. Ich reise gern ruhig, ohne gestört zu werden.

Geld verschafft einem kein Glück, aber Annehmlichkeiten schon.

Helena dagegen fliegt, wenn es keine dringende Notlage ist, lieber Linie und wählt sogar die billigsten Flüge aus. Als Vincent, unser jüngerer Sohn, das erste Mal mit ihr geflogen ist und die Passagiere an Bord gesehen hat, war er total verblüfft: »Mama, was machen all diese Leute in unserem Flugzeug?« Helena hat ihm so beigebracht, was ein Privileg ist. Auf diese Dinge, muss ich sagen, achtet meine Frau sehr genau.

Maxi und Vincent bekommen Taschengeld, damit sie sich Snacks in der Schulmensa kaufen können, und für andere kleinere Ausgaben. Aber die beiden sind schlau: Wenn sie etwas brauchen, lassen sie sich das von mir oder Helena kaufen und geben nie ihr eigenes Geld aus.

Als ich selbst noch jung war, hatte ich auch eine Debitcard. Jeden Monat standen mir vom Staat 75 Euro zu, weil ich die Schule besuchte. Aber das wusste ich nicht, denn mein Vater gab sie mir nie weiter. Meine Mitschüler haben mir dann davon erzählt: »Das ist dein Geld. Das musst du dir von ihm geben lassen.«

Da bin ich zu meinem Vater gegangen: »Entschuldige mal, warum bekommen all meine Freunde dieses Geld und ich nicht?«

Anfangs hat er so getan, als würde er nicht wissen, worum es ging, aber dann sind wir gemeinsam zur Bank gegangen, und er hat eine Debitcard für mich ausstellen lassen. Und am 20. jedes Monats wurden die 75 Euro da draufgeladen. Ich stand dann schon um 23.59 Uhr vor dem Geldautomaten, selbst bei Schnee und zehn Grad unter null. Punkt Mitternacht steckte ich meine Karte in den Automaten, um das Geld abzuheben.

Später kamen die ersten Gehälter von Malmö, 500 bis 1000 Euro. Das Erste habe ich komplett für einen Intensivkurs in der Fahrschule ausgegeben, mit dem ich innerhalb von drei Wochen meinen Führerschein machen konnte. Dann habe ich mir ein Handy gekauft.

Der erste richtige Adrenalinschub beim »Shoppen«, das war der Porsche, den ich in Amsterdam gekauft habe.

Für einen Jungen, der in Rosengård aufgewachsen ist, gibt es nichts Wichtigeres und Heiligeres als sein eigenes Auto. Ich bin beim Autohändler mit meinem Vertrag von Ajax in der Hand aufgeschlagen, um ihm zu beweisen, dass ich mir eine Finanzierung leisten konnte und damit er mir Konditionen und Details erklärte.

In meinem ersten Jahr in Turin bin ich mit Helena zu einem Händler gegangen, um den Kauf eines Enzo Ferraris abzuschließen. Dieses Auto war etwas vollkommen anderes als alles, was ich vorher gesehen hatte. Eine Legende.

Wir haben uns vor den Verkäufer gesetzt, um die Papiere zu unterschreiben. Ich musste zehn Prozent anzahlen. Ich kann mich noch gut erinnern, dass ich Durst hatte und hastig unterschrieben habe, damit ich endlich einen Schluck Wasser aus dem Glas auf seinem Schreibtisch trinken konnte.

Vor dem Autohaus habe ich Helena gefragt: »Hast du gesehen, wie hoch die zehn Prozent Anzahlung waren?«

»Ja, 65 000 Euro.«

Erst in diesem Moment wurde mir bewusst, dass ich gerade ein Auto für 650 000 Euro gekauft hatte.

»Na, zum Glück ist er schön«, meinte ich.

Früher gab ich das Geld so aus, leichtfertig. Ich konnte nun das Haus aus meinen Kinderträumen kaufen, das Haus, das ich bestaunt hatte, wenn ich auf geklauten Fahrrädern aus meinem Getto rausfuhr, das schönste Haus in Malmö, die rosa Villa. Das war für mich die befriedigendste Genugtuung.

Um den Menschen, der dort wohnte, davon zu überzeugen, aus diesem Haus auszuziehen, musste ich ein

Vermögen hinblättern, und als ich die Villa wieder verkaufte, habe ich ziemlich viel Geld verloren.

Wenn du etwas mit dem Herzen kaufst, verlierst du immer. Wenn du mit dem Verstand kaufst, machst du gute Geschäfte.

Heute, wo ich vierzig und nicht mehr zwanzig bin, schalte ich vor dem Investieren meinen Verstand ein, ich gebe nur Geld aus, wenn ich überzeugt bin, dass es ein gutes Geschäft werden kann.

Das Haus, das früher mal eine alte Kirche war, ist so ein Beispiel, da habe ich gut eingekauft. Helena, die eine Expertin auf den Gebieten Mode und Design ist, hat das Haus äußerst stilvoll eingerichtet. Sie ist gut, sie hat Geschmack, kennt sich aus. Ich verstehe nicht viel davon, aber wenn sie mich um meine Meinung zu einem bestimmten Einrichtungsstück bittet, tue ich so, als würde ich darüber nachdenken, vielleicht murmle ich ein »Ach, ich weiß nicht …«.

Nur um ihr nicht zu viel Befriedigung zu gönnen.

Dieses Gebäude im Herzen von Stockholm hatte es uns wirklich angetan. Eine Kirche aus dem ausgehenden 19. Jahrhundert. Wir haben sie gekauft und über mehrere Jahre umbauen lassen im Hinblick darauf, sie in den Ort zu verwandeln, an dem wir nach dem Ende meiner Karriere wohnen wollen.

Der Komplex hat fünf Stockwerke. Drinnen gibt es alles. Wenn ein Krieg ausbricht, können wir dort problemlos überleben. Nur was zu essen müsste man uns bringen.

Da habe ich gerade etwas übertrieben, typisch Ibra.

Ich habe mir das ganze Gebäude gesichert, um daraus eine einzige Wohnung zu machen.

Außerdem, wo wohnt denn ein Gott? In einer Kirche.

Das ist eine weitere Genugtuung. Jemand aus dem Armenviertel hat sein Zelt mitten unter den Reichen aufgeschlagen.

Autos, das werdet ihr inzwischen begriffen haben, sind für mich viel mehr als ein Hobby. Sie sind mein Adrenalin, meine Fluchtmöglichkeit in die Freiheit, mein Gefühl von Macht.

Ich mag es, Dinge zu besitzen, die andere Leute nicht haben. Erzählst du mir zum Beispiel, dass es da etwas gibt, was man nirgendwo kaufen kann, fängt mein Gehirn von ganz allein an zu rattern, und ich muss alles tun, um es zu haben. Das ist eine Herausforderung.

Wenn du im Getto allen beweisen wolltest, dass bei dir alles gut lief, hast du als Erstes ein neues Auto an den Start gebracht. Denn so konnten die Leute sehen: Der hat Erfolg.

Es gibt nichts mit mehr Symbolkraft als ein Superschlitten.

Deswegen kaufe ich auch heute noch viele Autos. Das letzte habe ich mir zu meinem vierzigsten Geburtstag geschenkt.

Für die Jachten nehmen alle immer so bombastische Namen wie im Kino: *Black Legend*, *Gold Star, Lady Mary* … Ich habe gedacht, ich nenne mein Boot *Unknown*, die Unbekannte. Dann wird jeder, der sie sieht, sagen: »Wer ist denn der Idiot, der eine Jacht *Unbekannte* genannt hat? Was ist das denn für ein Name?«

Dann trete ich auf die Brücke, und er ruft: »Verdammt, das ist ja Ibrahimović!«

Die Jacht ist unbekannt, okay, aber ihren Besitzer kennt jeder. Ich wollte gern diesen Gegensatz schaffen. Die Jacht *Unknown* und ich *known*.

Ich finde den Namen perfekt.

Ich habe die Jacht gekauft, um das Meer ganz in Freiheit zu genießen, um mit meiner Familie von Hafen zu Hafen zu fahren. Und während der Pandemie hat man damit eine zusätzliche Sicherheit. Ich wusste nicht, ob meine Söhne das mögen würden. Aber von unserer ersten Ausfahrt an haben sie das mega genossen: vier oder fünf Stunden am Stück auf dem Wasser …

Doch schließlich haben wir festgestellt, dass die Jacht etwas zu klein für unsere Bedürfnisse ist, und wir haben eine größere erworben, die besser für uns passt. Sie ist dazu da, das Meer erleben zu können, nicht um damit in den Häfen zu posen.

Auch die neue Jacht heißt *Unknown*.

Natürlich ist eine Jacht keine Investition, sondern ein Kostenfaktor. Aber Geld ist nicht nur dazu da, mehr Geld zu machen, sondern auch, um das Leben zu genießen.

Ich hatte in New York ein Apartment im Trump SoHo in Manhattan, einem Luxushotel mit Apartments, Spa und Premiumservice. Absolut top. Wenn ich nicht dort war, habe ich es vermietet. Das lief wunderbar und war ein Supergeschäft. Dann wurde Donald Trump Präsident der Vereinigten Staaten, und das Trump SoHo leerte sich. Niemand wollte mehr dort wohnen. Ständig gab es vor dem Gebäude Streiks und Demos. Ich musste mein Apartment verkaufen, weil niemand es mehr mieten wollte. Dabei habe ich die Hälfte des investierten Geldes verloren. Früher oder später muss Trump mich dafür entschädigen.

Ich habe Berater, die auf der ganzen Welt mögliche Geldanlagen prüfen. Wenn sie mir eine vorstellen wollen, treffen wir uns, sehen sie uns ganz genau an und entscheiden gemeinsam. Auch daraus beziehe ich Adrenalin. Ich gebe nicht nur Geld. Ich möchte in das Projekt mit eingebunden sein, möchte sehen, wie es aus dem Nichts entsteht. So wie bei Renzo Pianos Eighty Seven Park in Miami. Wir haben gut eingekauft und gut wiederverkauft.

Mit Maxwell, Verratti und Sirigu haben wir eine Gesellschaft gegründet, in der ich Hauptaktionär bin und die in einen Private-Equity-Fonds investiert hat. Auch dort bin ich in die Geschäfte gern direkt involviert, spreche mit meinen Finanzberatern, mit den Brokern. Ich bemühe mich, Neues zu erfahren, zu lernen, zu fragen. Ich möchte die Situation immer vollkommen unter Kontrolle haben. Ich gebe niemandem einen Sack voller Geld und sage: »Mach damit, was du willst.« Nein, ich beteilige mich an den Entscheidungen und wäge die Risiken ab.

Die Padel Zenter Academy in Stockholm zum Beispiel läuft hervorragend, und bald werde ich noch so eine mit neunzehn Plätzen in Mailand eröffnen.

Außerdem habe ich einige Waldgebiete für die Jagd und wegen des Naturerlebnisses erworben. Davor hatte ich mich an Jagden gegen Bezahlung beteiligt, aber dort forderte man überzogene Beträge, die meine Freunde sich nicht leisten konnten. Deshalb habe ich die Wälder gekauft, wo sie gratis jagen können. Auf der Insel gibt es vorwiegend Hirsche, Mufflons und Wildschweine. In dem Wald im Norden an der Grenze zu Norwegen sind Hasen, Vögel, Elche und Bären.

Die Jagd ist Adrenalin pur, Abenteueradrenalin. Sie ist das Gefühl, sich vollkommen frei in der Natur zu fühlen, sie ist die primitive Herausforderung zwischen dir und dem Tier, du mit deinem Verstand und es mit seinem Instinkt: es aufzustöbern, seine Bewegungen zu beobachten und zu verfolgen, seine Spuren, den Stand des Windes, die Gerüche zu erkunden.

Das ist nicht so einfach, wie es aussieht, besonders in meinen Wäldern, wo es keine Zäune gibt – und die riesengroß sind. Das Tier hat die Chance, zu fliehen und zu entkommen.

Im Grunde fühle ich mich genau wie diese Tiere. Ich lebe aus dem Instinkt heraus, ich brauche meine Freiheit.

Und ich fliehe.

6
JOURNALISTEN
(oder: über die Kommunikation)

Es gab da eine Episode, die meine Einstellung zur Presse nachhaltig verändert hat, einen bestimmten Artikel. Eigentlich war es nicht einmal ein Artikel. Es war eine kleine Box, ein grün unterlegter Kasten auf den Sportseiten des *Aftonbladet*, einer beliebten schwedischen Zeitung. Ich war damals einundzwanzig und spielte bei Ajax.

Bis zu dem Moment hatte ich mich Journalisten gegenüber immer ungefiltert und relativ unbekümmert verhalten. Ich war immer ich selbst, wie ich es grundsätzlich mag. Anfangs las ich unglaublich gern, was sie über mich schrieben. Es war ein neues Spiel für mich. Und selbstverständlich war ich stolz.

Ich erinnere mich, wie aufgeregt ich die ersten Male war, wenn ich meinen Namen und Fotos von mir in der Zeitung entdeckte. Ich schnitt die Seiten aus, um sie aufzuheben, später habe ich damit aufgehört, und mein Vater übernahm das für mich. Er rahmte jeden Ausschnitt und hängte ihn an die Wände des Wohnzimmers, bis ich ihm eines Tages sagen musste: »Papa, häng das Ganze doch bitte in ein anderes Zimmer, nicht hier ins Wohnzimmer. Das sieht sonst so aus, als lebtest du in einem Museum.«

Heute freue ich mich, wenn ich sehe, wie meine Söhne an den Fotos und den Zeitungsausschnitten hängen bleiben. Sie betrachten die Bilder, lesen die Artikel, unterhalten sich darüber. Als wären sie wirklich in einem Museum. Dem Museum ihres Vaters.

Aber kehren wir wieder an den Anfang meiner Karriere zurück, als alles erst dabei war, richtig loszugehen. Ich war aufgebrochen, die Welt zu erobern, und auch die Zeitungen, die über mich schrieben, waren Teil dieser Party, dieses neuen Abenteuers und trugen zu meiner großen Begeisterung bei. Jeden Abend wartete ich auf den Sportteil in den Nachrichten, um zu kontrollieren, ob mein Name erwähnt wurde. Wenn das der Fall war, ging ich zufrieden ins Bett. Und dann kam diese gefakte Anzeige im *Aftonbladet*.

Ich war im Trainingslager mit der Nationalmannschaft. Dort redete ich über Gott und die Welt mit einem Journalisten, auch darüber, dass ich mich in Amsterdam ab und an etwas einsam fühlte. Stimmt, ich war weit weg von zu Hause. Das wäre wohl anders, wenn ich eine Freundin hätte, sagte ich irgendwann so dahin. Keiner wusste damals von Helena, wir hielten unsere Beziehung lange Zeit geheim.

Am nächsten Tag veröffentlichte die Zeitung neben dem Interview eine Art Kontaktanzeige mit der Überschrift: »Willst du mit mir die Champions League gewinnen?«

Darunter stand ungefähr Folgendes: »Sportlicher junger Mann, 21, 195 cm, 84 kg, sucht eine Frau im richtigen

Alter für eine ernsthafte Beziehung. Ich rauche nicht, ich trinke nicht, ich liebe schöne Autos. Ich mag Kinder. Ich bin in Amsterdam: Und wo bist du? Schreib an den Schwedischen Fußballverband.«

Sie schrieben sogar die richtige Anschrift des Fußballverbands dazu. Viele begriffen nicht, dass es sich nur um einen Scherz handelte, und antworteten ernsthaft darauf.

Okay, es war nur ein Scherz, aber ich habe diesen Blödsinn total schlecht aufgenommen. Als der Typ vom Interview versuchte, sich zu entschuldigen, habe ich ihn angeschrien, dass er ein Clown sei, dass er mich respektlos behandelt habe und viele andere Dinge. Jahrelang habe ich mit diesem Blatt nicht mehr gesprochen. Nur auf den Pressekonferenzen der Nationalmannschaft antwortete ich noch auf Fragen, aber ich gab keine Exklusivinterviews mehr. Ich sagte nur das Nötigste, ich war reserviert, ich lachte nicht und machte keine Witze mehr wie sonst, ich antwortete nicht mehr das Erstbeste, das mir in den Kopf ging. Ich versteckte mich. Ich legte mir einen Schutzpanzer zu.

Daraufhin begann man in Schweden zu schreiben, ich würde mich wie eine Diva aufführen, ich hätte keinen Teamgeist, ich wäre überspannt, ich würde zu viel reden, ich hätte noch nichts Gutes zustande gebracht. Ich erinnere mich genau an die Journalisten, die das geschrieben haben, an jeden einzelnen von ihnen. Sie mussten alles wieder zurücknehmen, weil ich überall erfolgreich war und überall der Anführer im Team. Sie haben über meine Rolle in der Nationalmannschaft geschrieben und schreiben heute noch darüber: dass ich egoistisch und eigenwillig sei und dass ich das Spielsystem nicht respektiere.

Aber ich habe mehr Titel mit meinen Teams gewonnen als alle anderen Spieler Schwedens zusammen. Das heißt: Wenn einer weiß, wie man im Team gewinnt, dann bin ich das.

Ich habe bald gelernt, dass das Spielchen der Presse darin besteht, mich erst auf ein Podest zu stellen, um mich dann wieder von dort oben herunterzuholen. Anfangs habe ich meine erfahreneren Teamkollegen in der Nationalmannschaft um Rat gefragt, jemanden wie Henrik Larsson. Wie soll ich mich den Medien gegenüber verhalten? Alle sagten mir das Gleiche: »Zlatan, wir haben nie so viel Aufmerksamkeit von den Zeitungen erfahren und waren nie in einer Situation, wie du sie gerade durchlebst. Keiner von uns kann dir einen Rat geben.«

Von da an habe ich beschlossen, mein Ding zu machen, auch im Umgang mit der Presse; und aus meinen Erfahrungen und meinen Fehlern zu lernen.

Ich erinnere mich noch an ein Liveinterview nach einem Spiel der Nationalmannschaft, das war noch zu meiner Zeit bei Ajax. Der Journalist stellt mir Fragen zu einem bestimmten taktischen Problem während des Spiels, und ich antworte darauf. Doch er gibt sich nicht zufrieden. Er wählt andere Worte, aber er löchert mich weiter zu diesem Thema, hakt vier- oder fünfmal nach. Das geht mir auf den Sack, also schlage ich ihm live in der Sendung vor: »Hör mal, dann geh doch selbst auf den Platz und lös das. Okay?«

In Holland wussten sie am Anfang nicht so genau, wer ich war und wie gut ich war. Ich erinnere mich an die Frage eines Journalisten: »Bei einem Auswärtsspiel pfeifen sie dich aus?«

»Alle«, erwiderte ich.

»Dann bist du stark«, meinte er.

Beim Amsterdam Tournament in der Saisonvorbereitung spielte ich gut gegen Milan, und sofort gingen die Vergleiche mit van Basten los. Der Druck stieg. Wenn ich eine Partie vergeigte, pfiff man mich aus, und die Zeitungen kritisierten mich heftig. Sie erwarteten, dass ich immer wie van Basten spielte. Mit zwanzig.

In Schweden hat sich mein Image verändert, seit man mir Anfang 2008 den Jerringpriset verliehen hat. Das ist eine wichtige Auszeichnung, die jedes Jahr an den besten Sportler Schwedens geht. Er wird von den ganz normalen Leuten vergeben, die unter zehn Kandidaten wählen können. Ein Fußballspieler hatte diesen Preis noch nie gewonnen. 1994 ging er an die gesamte Nationalmannschaft für den dritten Platz bei der Weltmeisterschaft in den USA, aber an einen einzelnen Fußballer noch nie. Als mir der Preis überreicht wurde, kamen mir vor Rührung die Tränen.

Von diesem Tag an sahen mich die Schweden mit anderen Augen. Also die Leute auf der Straße. Die Journalisten nicht. Für sie bin ich der Bad Boy geblieben, eine Primadonna, ein schwarzes Schaf. Aber wie ich immer sage, den Kampf mit der Presse kannst du niemals gewinnen.

2014 hat die Zeitung *Dagens Nyheter* eine Rangliste der größten Sportler Schwedens aller Zeiten erstellt. Ich landete auf dem zweiten Platz, hinter Björn Borg. Dazu sollte ich einen Kommentar abgeben.

Ich erwiderte: »Für mich heißt Zweiter werden Letzter werden. Bei allem Respekt für die anderen Sportler, ich hätte auf den ersten Platz Ibrahimović gewählt, auf den zweiten Ibrahimović, auf den dritten Ibrahimović, auf den vierten Ibrahimović und auf den fünften Ibrahimović.«

Als man meinen Kommentar Borg vorlegte, hat er darüber gelacht: »Ibra ist lustig, eine tolle Persönlichkeit. In der Welt ist er auf jeden Fall berühmter als Ikea, und mehr Leute kennen ihn als mich zu meiner Zeit.«

Natürlich habe ich das nicht ernst gemeint. Borg ist der einzige schwedische Sportler, bei dem ich mich richtig freute, wenn ich ihm begegnete: »Oh Mann, das ist ja Borg.« Also der Kerl, der fünfmal Wimbledon gewonnen hat und sechsmal Roland Garros.

Ich hatte bloß eine witzige Bemerkung gemacht. Aber ein bisschen ernst war sie schon auch gemeint. Tatsächlich tun sich die schwedischen Journalisten schwer damit, den offenkundig nicht schwedischen Nachnamen Ibrahimović ganz nach oben über alle anderen zu setzen.

Das mussten sie, als ich 2014 den 49-Tore-Rekord von Sven Rydell einstellte und bester Torschütze in der Geschichte der schwedischen Nationalmannschaft wurde. Dieser Rekord hatte fast achtzig Jahre gehalten. Nun stand da ganz oben Ibrahimović und kein schwedischer Nachname. Heute wäre es wahrscheinlich anders, die nachwachsenden Generationen sind mehr an eine multiethnische Gesellschaft gewöhnt. Aber damals haben sich viele Menschen daran gestört.

In Amsterdam habe ich mich mit einem Journalisten, Thijs Slegers, angefreundet. Er hat mich für *Voetbal International* interviewt und kam mir okay vor. Damals in Holland kannte ich noch fast niemanden. Thijs hat mir geholfen, vor allem hat er den Kontakt zu Mino Raiola hergestellt. Er hat uns miteinander bekannt gemacht.

Eine Ausnahme. Denn ich habe nicht gern persönlich Kontakt zur Presse. Wenn jemand ein Interview will, dann muss er zu den Vereinen und meinen Sponsoren gehen. Ich gebe niemals einem Journalisten meine Telefonnummer. Wenn irgendeiner sie trotzdem rausfindet und mir Nachrichten schickt, dann antworte ich nicht. Keiner wagt es, mich nach irgendwelchen Informationen oder Vorschlägen für die Mannschaftsaufstellung zu fragen. Wenn einer meiner Teamkollegen der Presse etwas aus der Kabine steckt, weil er hofft, dann bei denen besser wegzukommen, dann sollte ich das besser nicht erfahren. Also, es wäre besser für ihn, meine ich damit.

Die Kabine ist mein Zuhause. Und bei mir zu Hause muss ich mich frei fühlen, das zu sagen und zu tun, was ich will, ohne dass irgendwer davon erfährt.

Und dasselbe gilt für alles, was auf dem Platz passiert.

Ich lese keine Sportzeitungen mehr, überfliege höchstens die Überschriften. Hin und wieder weist mich jemand auf einen Artikel hin, in dem ich mal gut, mal schlecht wegkomme. Wenn ich dann beschließe, dass ich etwas unternehmen muss, sage ich Mino Bescheid, und er kümmert sich darum. Irgendwelche Bewertungen, die man mir für meinen Einsatz in einem Spiel gibt, interessieren mich nicht. Ich habe schon total miese Noten für Spiele bekommen, in denen ich gut gespielt habe, und super Noten, wenn ich schlecht gespielt habe. Ich kann mich ganz gut selbst bewerten, ich brauche keine Meinungen von anderen. Nur unsichere Spieler schielen ängstlich auf die Bewertungen vom Montag.

Wie bereits gesagt, meiner Meinung nach werden ehemalige Fußballer Sportjournalisten oder Fernsehkommentatoren, weil sie die Aufmerksamkeit brauchen und Angst haben, in Vergessenheit zu geraten. Nicht wegen des Adrenalinkicks. Wenn du einmal auf dem Platz gestanden hast, dann findest du den keinesfalls auf einem Stuhl mit Kopfhörern auf den Ohren.

Ich habe mich einmal als Fernsehkommentator versucht, bei *beIN Sports* während der Weltmeisterschaft in Russland. Ich habe mich überhaupt nicht wohl dabei gefühlt. Ich kam mir vor wie ein ehemaliger Fußballer, der die anderen, die noch aktiv sind, kritisieren muss. Ich hatte einen Vertrag mit dem Fernsehsender aus Katar, aber nach der ersten Partie habe ich gesagt: »Entschuldigung, aber das ist nicht mein Ding. Ich kann das nicht. Behaltet ruhig das Geld, das ihr mir noch schuldet, ich will nichts.«

Ich habe ja einen Beraterstab, der sich um meine Angelegenheiten kümmert, und einen Pool von Spezialisten, die jeden Aspekt meiner fußballerischen Tätigkeit begleiten, aber ich habe keinen Fachmann, der sich speziell um Kommunikation und Öffentlichkeitsarbeit kümmert. Ich brauche niemanden, der magische Filter benutzt, um mein Aussehen zu optimieren, damit es so wirkt, als wäre mein Leben nur eitel Sonnenschein. So wie es viele meiner Kollegen machen.

Bei mir gilt immer meine Regel: »Ich muss nur ich selbst sein, denn so bin ich perfekt.«

Alles, was ich auf digitalen Plattformen poste, schneidere ich mir ganz allein zurecht. Ich habe mich informiert, ich habe andere gefragt, ich habe gelernt. Alle Fotos und alle Sätze, die ich auf Instagram veröffentliche, stammen wirklich von mir. Ab und zu verlangt jemand Geld für die Urheberrechte an den Bildern, die ich benutze. Das kommt mir so seltsam vor: Auf allen Plattformen der Welt werden Bilder von mir genutzt, ohne dass man mir dafür irgendeinen Cent bezahlt, und dann soll ich für die Fotos von mir bezahlen, die ich selbst benutze?

Mit den englischen Medien hatte ich richtig Spaß, das habe ich ja schon erzählt. Sie haben mich von Anfang an unter Beschuss genommen: der Bad Boy, der arrogante Schnösel, der Typ, der nie ein Tor gegen eine englische Mannschaft schafft. Nach drei Monaten bei Manchester United haben sie dann Blumen in ihre Kanonenrohre gesteckt. Sie riefen ständig an, um Interviews zu bekommen oder auch nur meine Meinung zu jedem nur vorstellbaren Thema zu hören. Ich habe gerne mit allen geredet, aber irgendwann musste ich einen Schlussstrich ziehen: Sorry, Leute, aber ich hab hier auch noch meinen Job zu erledigen.

Das Verhältnis zu französischen Journalisten war komplizierter, wegen meines Ausrasters in Bordeaux und weil das reiche PSG unbeliebt war und Neid auf sich zog. Ich habe mich immer bemüht, gewisse Dinge zu erklären, aber sie haben immer alles ins Persönliche gedreht. Sie haben nichts kapiert, oder sie wollten es nicht kapieren. Irgendwann habe ich dann aufgegeben. Es ist sinnlos, zu viel Energie an die Kommunikation zu verschwenden.

Pressekonferenzen dagegen genieße ich richtig. Ich fühle mich wie in einer Arena. Allein gegen alle. Die Journalisten dürfen mich alles fragen, was sie wollen, aber sie müssen dann auch mit meinen Antworten klarkommen.

Und sie müssen wissen, dass das Niveau der Antwort von dem der Frage abhängt: Wenn eine Frage dumm ist, bekommt man darauf auch eine dumme Antwort von mir.

Einmal ist während einer Pressekonferenz ein schwedischer Journalist aufgestanden und gegangen, weil er mit meinen Antworten nicht zufrieden war. Wer so etwas macht, ist schwach. Und begeht einen Fehler.

Schwedische Journalisten sind in den Pressekonferenzen sehr schüchtern, sie fürchten meine Antworten und wie ich über ihre Fragen denke. Daher stellen sie nur wenige.

Ich musste sie sogar schon ermutigen: »Ihr seid so viele und stellt mir bloß zwei Fragen? Ganz sicher? Nur Mut. Ihr wollt mich wirklich nichts mehr fragen? Okay, dann auf Wiedersehen.« Ich bin aufgestanden und gegangen.

Italienische Journalisten dagegen sind offensiver. Sie stellen dir Fragen zu allem und jedem, ganz ohne Angst. Kurz nach meiner Rückkehr zu Milan fragte mich eine Journalistin: »Alle, die zu Milan zurückkamen, haben das zweite Mal schlecht gespielt. Warum solltest ausgerechnet du nicht scheitern?«

»Weil ich nicht wie alle anderen bin.«

Bei einer anderen Fernsehjournalistin etwa zehn Jahre davor lief es deutlich schlechter. März 2012, San Siro. Nach dem Spiel gegen Lecce, das wir 2:0 gewonnen haben, bleibe ich für Interviews mit den Sendern noch draußen am Spielfeldrand stehen. Die Journalistin fragt mich etwas, was mich ärgert, sie kommt auf ein Gerücht wegen meiner angeblichen Auseinandersetzung mit Allegri zu sprechen. Ich antworte barsch, beende das Interview schnell und gehe zu einem anderen Sender.

Sie bleibt stehen. Wahrscheinlich hat sie sich geärgert und erwartet, dass ich dieses Interview beende, damit sie von mir noch eine Erklärung bekommt. Sie starrt mich die ganze Zeit an, ihre Augen kleben förmlich an mir. Das bekomme ich mit, während ich auf die Fragen des anderen Reporters antworte. Und ich bin genervt. Irgendwann drehe ich mich, während ich noch live auf Sendung bin, zu ihr um und frage: »Scheiße, was glotzt du so?«

Der Satz geht natürlich über die Bildschirme.

Am Ende des Interviews macht sie eine Handbewegung, wie um mir zu sagen: »Halt bloß den Mund.« Oder etwas in der Art.

Ich ziehe an ihrem Haargummi, weil sie mich so genervt hat.

Milan hat ihr in meinem Namen Rosen geschickt, um sich zu entschuldigen, und ich habe mich noch mehr geärgert, weil ich entscheide, ob ich mich entschuldigen will oder nicht. Wie damals, als ich mich mit Lukaku gezofft habe und jemand von Milan vorschlug: »Sie sollten sich treffen und einen Kaffee zusammen trinken.«

Was? Einen Kaffee?? Mit Lukaku??? Haltet mir den Kerl bloß vom Hals. Doch das ist eine andere Geschichte.

Der Zlatan von heute hätte die Journalistin um Entschuldigung gebeten beziehungsweise wäre gar nicht erst ausfallend geworden. Damals war ich jung und unreif. Wenn ich an diese Szene zurückdenke und an die Worte, die ich benutzt habe, komme ich mir wie ein Idiot vor. Es tut mir leid.

Ich kenne keine Vorbehalte gegenüber Journalisten, die über Fußball berichten. Es ist doch richtig und schön, dass sie das tun.

Auch in amerikanischen Talkshows hatte ich einen Riesenspaß, weil das witzige Interviews waren und ich dort alles tun und lassen durfte. Sie schoben Panik, mich in Verlegenheit zu bringen, und unternahmen alles, damit ich mich wohlfühlte.

»Wir schicken Ihnen die Fragen, die wir Ihnen dann in der Sendung stellen, ein paar Tage vorab«, sagte man mir.

Und ich antwortete, das sei nicht nötig: »Das bringt nichts, danke. Ich will die Fragen gar nicht vorher wissen. So macht es doch mehr Spaß.«

»Aber alle Gäste wollen sie immer vorher wissen. Schauspieler, Sänger, Politiker. Sie wollen nicht schlecht rüberkommen.«

Dann erklärte ich: »Keine Sorge. Ich werde spontan antworten, das, was mir in dem Moment durch den Kopf schießt. Ich werde ich selbst sein, daher werde ich gut rüberkommen.«

Einmal, das war in einem Studio in Los Angeles, hat mir der verantwortliche Produzent noch direkt vor dem Auftritt tausend Ratschläge gegeben: Mach dies, mach jenes. Er sagte: »Weißt du, viele Sportler werden, wenn sie dann auf dem Sofa vor einer Kamera sitzen, auf einmal stumm wie ein Fisch.«

Ich habe ihm geantwortet: »Hör zu. Mach einfach die Tür auf, und du wirst sehen, wenn ich die Bühne betrete, dann wird das meine Show. Die anderen sieht man nicht mehr. Genieß einfach die Show …«

Und so war es dann auch, bei *Jimmy Kimmel Live!* und auch noch all den anderen beliebten Talkshows, bei denen ich eingeladen war. Bei Jimmy Kimmel habe ich von meiner Besichtigung einer Villa in Beverly Hills erzählt, als wir gerade erst in Amerika angekommen waren. Helena hatte das Haus gefallen, sie wollte sofort den Vertrag unterschreiben und einziehen. »Sie hat nur einen Fehler. Sie ist nicht möbliert.«

»Ach, die Möbel kaufen wir bei Ikea«, habe ich gemeint.

Dann mischte sich der Makler ein, der uns begleitet hatte, und sagte mit leicht indignierter Miene: »Hier gehen die reichen Leute nicht zu Ikea …«

»Die intelligenten schon«, gab ich zurück.

Bei *The Late Late Show* mit James Corden hat man mit mir den Test »Can Zlatan« gemacht, um herauszufinden, ob ich wirklich alles schaffe. Ich musste die Vornamen von drei Kardashians nennen, den Deckel von einem Gurkenglas abschrauben, den Namen »Zlatan Ibrahimović« mit einem Mund voller Marshmallows sagen und den Floss Dance tanzen. Mit James habe ich mich sehr wohlgefühlt, und alle Sketche, die wir gemacht haben, waren sehr lustig.

Vom Fernsehen wurde ich oft angefragt, weil ich »funktioniere«, ich bringe immer beste Quoten. Ich weiß, wenn ich ich selbst sein kann, dann liefere ich eine gute Show. Auf dem Platz und in den Talkshows.

Ich habe mit neunzehn Jahren auf einem kleinen Sportplatz in Südspanien angefangen, »Showtime! Showtime!« zu schreien, und habe seitdem nicht mehr damit aufgehört …

7
TORE
(oder: über das Glück)

Wenn ich ein Tor schieße, breite ich die Arme aus und fühle mich lebendig, ich fühle mich, als wäre ich der Herrscher über die Welt. Ich kann nicht jeden Zuschauer einzeln umarmen, daher breite ich die Arme aus, und es ist, als ob ich sie alle drücken würde. Dann umringen mich meine Mitspieler, um mich zu feiern. Sie sind alle kleiner als ich. Ich senke die Arme und umschließe sie mit meinen Flügeln, wie ein Engel.

Aber mein Torjubel sieht nicht immer so aus. Manchmal renne ich über den Platz, manchmal springe ich hoch und recke eine Faust in die Luft, manchmal reiße ich mir im Laufen das Trikot vom Leib. Es hängt davon ab, wie viel Adrenalin in meine Adern schießt, davon, was mir mein Instinkt eingibt.

Man fragt mich immer, was man nach einem Tor fühlt. Darauf habe ich keine Antwort, denn kein Tor ist wie das andere. Jedes Tor schenkt mir eine einzigartige, ganz besondere Emotion. Bei jedem Tor gebe ich ein Stück weit die Kontrolle ab. Innerhalb einer halben Sekunde schießen mir hundert Dinge durch den Kopf, die ich tun sollte, dann bleibt die Kugel auf einem Roulettefeld liegen, und ich mache eben diese eine Sache, ohne mich bewusst dafür entschieden zu haben.

Genauso wählt mein Instinkt einen Zuschauer aus.

Ich habe keine gesichtslose Menschenmauer vor mir. Wenn ich jubele, konzentriere ich mich auf ein einzelnes Gesicht, das kann ein Mann sein, eine junge Frau, ein Kind, ein Greis. Ich genieße seine Freude, ich stelle eine Verbindung her zwischen dieser und meiner Freude, wir kommunizieren miteinander. Es ist, als ob ich nur für diesen einen Menschen gespielt und getroffen hätte. Für einen kurzen Augenblick bleiben wir verbunden, und sobald der Adrenalinspiegel wieder sinkt, verschwindet dieses Gesicht, es löst sich zwischen den anderen auf, ich vergesse es, und das Publikum wird wieder zu einer bunten Mauer.

Wenn Maxi und Vincent ein Tor erzielen, bin ich stolz wie jeder Vater, der sich über den Erfolg seiner Kinder freut, und noch mehr über ihre Freude. Aber der Kleine hat mich überrascht.

Ich habe ja schon erzählt, wenn Vincent ein Tor schießt, ist er glücklich. Wenn er aber einem Teamgefährten zu einem Tor verhilft, ist er noch glücklicher. In seinem Alter müsste man eigentlich vor allem den Stolz und den Wunsch haben, die eigenen Fähigkeiten zu beweisen, man möchte zeigen, wie gut man ist. Die Freude über das Teilen von Freude mit einem anderen ist die Denkweise eines Erwachsenen. Kinder sind tendenziell Egoisten. Einmal habe ich mit ihm darüber geredet und ihn im Scherz gefragt: »Vincent, bist du sicher, dass du mein Sohn bist?«

Maxi dagegen ist mehr wie ich, wenn ein Freund ein Tor schießt, sagt er: »Okay, das war leicht, den hätte jedes Kind reingemacht …« Wenn er aber selbst trifft, breitet er die Arme aus, genau wie ich.

Wenn ich sie spielen sehe, bin ich glücklich, weil ich mir vorstelle, dass sie die gleiche Freude empfinden wie ich in ihrem Alter, auch wenn ihre Welt sich so sehr von meiner unterscheidet. Mein Vater litt unter dem Krieg im ehemaligen Jugoslawien, meine Mutter arbeitete hart von morgens bis abends, ich hatte nicht immer genug zu essen und immer die gleichen Trainingssachen an, von der Schule ganz zu schweigen … Wenn ich in jeder freien Minute Fußball spielte, dann, um die Augen vor all dem zu verschließen. Fußball war meine einzige Form von Glück, der einzige Bereich meines Lebens, in dem ich mich von allen Problemen frei fühlte.

Die ersten Treffer im Park von Rosengård erzielte ich in ein Tor, das aus drei Rohren aus Industriestahl bestand, ohne Netz. Alles dort musste unzerstörbar sein, um so lange wie möglich den Vandalen des Gettos standzuhalten. Der Platz war von einem grobmaschigen Metallgitterzaun umgeben. Wenn du dort reingingst, kamst du dir vor wie im Gefängnis oder in einem Käfig für Tiere, die daraus nicht entkommen können.

In jener Zeit bin ich wie alle Schweden vor Freude über das Tor von Kennet Andersson im Viertelfinale der Weltmeisterschaft ’94 in den USA ausgeflippt. Kennet, der später auch in Italien spielte, sprang höher in die Luft, als die Hände des rumänischen Torwarts reichten, und erzielte mit dem Kopf das 2:2 in der Verlängerung. Da war ich noch keine dreizehn.

Das Gefühl, ein Tor im Trikot der Nationalmannschaft zu erzielen, ist etwas Besonderes, es ist, als würde man eine Flagge in die Weltkarte stecken, als würde man laut herausschreien: »Wir sind Schweden!« Wenn ich im gelben Trikot treffe, weiß ich, dass ich sie alle glücklich mache, von den Fischern in Gotland bis zu den Kindern von Kiruna, nicht nur die Zuschauer in einem Stadion oder die Fans eines Clubs. Es ist ein Gefühl, das unglaublich viel Adrenalin freisetzt. Stellt euch also vor, wie es war, als ich mit diesem Trikot am Leib England vier Treffer eingeschenkt habe.

Durch das Tor von Kennet Andersson gibt es Elfmeterschießen, wir kicken Rumänien raus und spielen im Halbfinale der Weltmeisterschaft gegen das große Brasilien, wo der junge Ronaldo in diesem Jahr sein Debüt in der Nationalmannschaft gegeben hat.

Als Junge gab es für mich keinen Spieler, der mich so begeisterte wie *Il Fenomeno*. Ich sah mir seine Tore und Finten immer wieder im Internet an. Dann rannte ich runter in den Park, um sie dort im Sand nachzumachen, und zielte zwischen die Pfosten aus Eisen im Tierkäfig.

Wenn ich die schönsten Tore meiner Karriere zu einer Kette zusammenstellen müsste, dann würde ich als Erstes das von La Manga auffädeln. Es bleibt eines der schönsten, das ich ganz zu Beginn meiner Karriere erzielte, als alles noch vor mir lag.

März 2001, ein Freundschaftsspiel zur Vorbereitung auf die schwedische Meisterschaft auf dieser schmalen Landzunge mitten im Meer im Süden Spaniens, in der Nähe von Murcia. Die Sonne lacht am Himmel, das ist schon etwas ganz anderes als die schwedische Kälte. Schön. Wir spielen gegen die Norweger von Moss FK. Ich bin neunzehn.

Es ist ein besonderes Freundschaftsspiel, weil ich weiß, dass Leute von Ajax gekommen sind, die mich ins Auge gefasst haben, und zwar nicht irgendwer: Co Adriaanse, der Trainer des Profiteams, und der berühmte Leo Beenhakker, der schon mal Real Madrid trainiert hatte und im Vorjahr als Technischer Direktor zu Ajax zurückgekehrt ist.

Wir greifen an. Ich spiele jetzt auf der linken Seite. Ich fordere den Ball, er kommt zu mir mit einem Kurzpass. Ich stoppe ihn nicht. Ich positioniere den Fuß so, dass der Ball direkt hochspringt und über die Köpfe der Gegner hinwegschießt. Ich sprinte los, überlaufe sie, komme zum Ball, treffe ihn mit der Hacke und lupfe ihn über den Kopf des nächsten Norwegers. Noch ehe er den Boden berührt, treffe ich ihn im Flug mit links und schicke ihn ins Netz.

Adriaanse, der genau hinter dem Tor sitzt, sieht mich merkwürdig an. Er wirkt erschrocken über das, was er gerade gesehen hat. Beenhakker sitzt auf der Tribüne und schaut so grimmig wie immer.

Ich renne über den Platz, weil vor allem ich selbst von diesem Wunder überrascht bin, das mir gerade gelungen ist: zwei Sombreros … Das hat mir mein Instinkt eingegeben. So ein Tor hätte ich mir davor nicht einmal vorstellen können.

Ein Journalist, der dort in La Manga dabei war, schreibt am nächsten Tag, dass ich beim Jubeln meinen Namen geschrien hätte: »Zlatan! Zlatan!« Falsch. Er hat nichts verstanden. Während ich über den Platz lief, schrie ich: »Showtime! Showtime!«

Denn dieses Tor war wirklich eine Show für sich!

Kurz darauf hat Ajax mir einen Vertrag angeboten.

Schön war auch das erste Tor in der Champions League, das ich im weiß-roten Trikot von Ajax erzielt habe. Wir spielen in Amsterdam gegen Lyon, September 2002. Es ist mein erster Abend in diesem Wettbewerb. Ein Traum ist wahr geworden.

Irgendwann gehe ich gegen den Brasilianer Edmílson, einen Verteidiger, der erst vor wenigen Monaten Weltmeister geworden ist, in den Zweikampf. Wir sind im Strafraum, links vor dem Tor. Ich täusche an, dass ich zur Torlinie gehen will, um dann zu flanken, doch dann schnelle ich zur Spielfeldmitte und schieße aufs lange Eck: Pfosten, Tor!

Ich hatte so eine Aktion bei Zidane gesehen. Das habe ich eingeübt, so wie ich damals im Park die Supertricks von *Il Fenomeno* geübt habe. Ich hab's auch geschafft. Ich bin dann achtzig Meter über den Platz gerannt, weil ich Freunden von mir aus Malmö Plätze nah am Spielfeldrand besorgt hatte, allerdings auf der anderen Seite, und ich mit ihnen feiern wollte.

Ein Tor in der Champions League ist etwas Besonderes, weil es nur wenige Spiele gibt. Was du tun musst, das musst du eben genau dort tun, an diesem einen Abend. Du kannst nicht wie in der Meisterschaft sagen: »Na ja, okay, dann schieße ich eben nächste Woche ein Tor.«

Auch die Gegner sind etwas Besonderes, auf solche triffst du nicht jeden Tag. Du spielst gegen die besten

Mannschaften. Und du spielst auch mit einem anderen Ball, mit Sternen drauf. Eine Partie in der Champions League ist wie ein Sonntag mitten in der Woche, und dort ein Tor zu schießen hat einen ganz besonderen, irgendwie süßen Geschmack.

Aber auch ein Freundschaftsspiel im August kann dich begeistern und mit Adrenalin aufladen, vor allem, wenn du in einem Topstadion gegen einen Topgegner spielst: Benfica gegen Juve, im Estádio da Luz von Lissabon, in der »Kathedrale«.

Sommer 2005, der Beginn meiner zweiten Saison in Turin. Der Ball kommt auf der linken Seite zu mir, ich bin mehr als dreißig Meter vom Tor entfernt, ich nehme ihn mit der Brust an und sage mir: Den schieß ich von hier. Ich lande einen perfekten Schuss mit links, einen Superschuss, der Torwart hat keine Chance. Auf der Bank von Benfica sitzt Ronald Koeman, mein Ex-Trainer bei Ajax. Er weiß, dass ich solche Tore schießen kann.

Von den Toren, die ich für Inter erzielt habe, entscheide ich mich natürlich für den Doppelpack im Regen von Parma, am letzten Spieltag der Saison 2007/2008. Zu Beginn des Spiels sitze ich auf der Bank, wegen Knieproblemen. Wir müssen gewinnen, aber wir kriegen den Ball einfach nicht ins Tor. Es ist wie verhext. Da bringt mich Mancini in der zweiten Halbzeit rein. *Bumm, bumm*, zwei Tore, und wir haben den Scudetto in der Tasche.

Auf die Kette der schönsten Tore fädle ich auch die beiden Treffer gegen Arsenal im Trikot von Barcelona auf, Viertelfinale der Champions League, Saison 2009/2010, am Ende hieß der Sieger Inter Mailand, der Verein, den ich gerade verlassen hatte.

Ein unglaublich intensives Spiel. Guardiola erteilt mir die Anweisung: »Sobald ihr Torwart den Ball bekommt, gehst du auf ihn, greif ihn an!« Wir machen Pressing gegen alles, was sich auf dem Platz bewegt.

Ich bekomme zwei fast identische Pässe in den Lauf gespielt. Den ersten Ball lupfe ich sanft über den Kopf des Torwarts, den zweiten knalle ich unter die Querlatte. Ausgerechnet gegen die Engländer, die immer sagten, dass ich gegen sie keine Tore schießen kann. Ein doppelter Genuss.

Aus der Saison 2010/2011, als ich mit Milan Meister wurde, wähle ich das Tor gegen Genua im Heimspiel. Ein Traumpass von Pirlo, ich sprinte zwischen Dario Dainelli und Andrea Ranocchia, die mich in die Zange nehmen, ich strecke das Bein vor und überwinde den Torwart mit einem Heber von der Strafraumkante. Ich wähle es auch deshalb, weil direkt danach Gattuso zu mir kommt, meinen Kopf zwischen seine Hände nimmt und mich wie verrückt anbrüllt. Er muss mir auch noch eine Kopfnuss mitgegeben haben. Ich mochte das total, wie er mich auf diese Weise auflud. Rino war eine tickende Adrenalinbombe auf dem Platz.

Während dieser Spielzeit machte ich in Lecce noch so ein Tor wie mit Juve gegen Benfica, aus dreißig Metern Entfernung. Jemand sagte, dass ich einfach auf gut Glück durchgezogen hätte. So ein Blödsinn. Ich hatte genau gesehen, wo der Torwart stand: zu weit vor dem Tor.

Bei dem Treffer rastete Adriano Galliani komplett aus. Dieser Mann war immer schrecklich gestresst während des Spiels. Ich machte mir Sorgen wegen seiner Gesundheit und sagte immer wieder zu ihm: »Chef, solange Ibra hier ist, kannst du ganz ruhig dort sitzen bleiben.«

Er antwortete immer ganz aufgeregt: »Ist gut, Ibra, ist gut, Ibra.«

Wir gewannen, er genoss es, ging in die Kabine und flippte dort aus vor Freude. Ich verstehe mich gut mit Galliani. Wir sind beide Adrenalinjunkies.

Als Perle aus Paris wähle ich den Doppelpack aus meiner ersten Begegnung mit Marseille 2012. Ich war erst seit Kurzem in der Ligue 1. Bei Olympique spielte dieser Verteidiger aus Kamerun, Nicolas N'Koulou. Seit Tagen war in den Medien zu hören und zu lesen: »N'Koulou ist der Einzige in Frankreich, der Ibrahimović stoppen kann.«

In Ordnung. Wir werden sehen.

Eckstoß Mitte der ersten Halbzeit. Ich laufe zum Ball, komme N'Koulou zuvor, kicke den Ball direkt vor seiner Nase mit einem Taekwondo-Move und – Tor! Gleich danach versenke ich noch einen Freistoß aus dreißig Metern im Netz.

Nach jedem Tor hole ich mir den Ball aus dem Tor und laufe damit zur Mittellinie, so wie es mir mein Physiotherapeut geraten hat.

»Zlatan, tust du etwas für mich? Wenn du ein Tor machst, dann schnapp dir sofort den Ball und bring ihn an die Mittellinie. Das sieht dann aus, als würdest du sagen: ›Dieses Tor genügt mir nicht. Ihr seid zu schwach, und ich will noch mehr Tore schießen.‹ Wenn du das machst, dann platzen sie vor Wut.«

Gesagt, getan.

Manchester United habe ich gleich nach meinem Eintreffen dort zwei Pokale geschenkt. Anfang August 2016, meine erste offizielle Partie für die Red Devils. Finale des Community Shield gegen den Überraschungsmeister der vergangenen Saison, Leicester City unter Claudio Ranieri. Wir gehen in Führung durch Jesse Lingard, Jamie Vardy gleicht Anfang der zweiten Halbzeit aus. Es riecht bereits nach Verlängerung. Aber in der 83. Minute stütze ich mich auf Wes Morgans Rücken auf, gewinne das Duell und köpfe das Siegtor.

Der rote Teil des Wembley-Stadions rastet aus. Er hat sofort bemerkt, wer Ibra ist. Kein schlechter Einstieg.

Einige Monate später, im Februar, gebe ich im Finale des League Cup gegen Southampton eine Zugabe. Ich versenke einen direkten Freistoß, Lingard macht das 2 : 0, und die Sache scheint gelaufen. Doch dann gelingt dem Italiener Manolo Gabbiadini mit einem Doppelpack erst der Anschluss, dann der Ausgleich. Wieder sieht alles nach Verlängerung aus. Doch auch diesmal entscheide ich kurz vor der 90. Minute das Finale mit einem Kopfball. Und wieder explodiert dieser riesige rote Fleck in der Fankurve von United.

Ein unglaubliches Gefühl, auch weil alles, was bei ManUnited passiert, ein unmittelbares weltweites Echo auslöst. Es war ein klares, ganz besonderes Gefühl, das ich nirgendwo sonst so gespürt habe. Wenn jemand bei Manchester United nieste, wusste man das fünf Minuten später schon in China und in jedem anderen Winkel der Erde. Das war die Macht dieses Clubs.

Ich hatte mehr getan, als zu niesen. Ich habe meinem neuen Verein zwei Pokale eingebracht, mit drei spielentscheidenden Toren auf dem heiligen Rasen des Wembley-Stadions.

Auf die Kette meiner besten Treffer gehört auch das Tor, das ich gegen Lazio Rom geschossen habe, direkt nach meiner Rückkehr auf den Platz nach einer viermonatigen Verletzungspause.

September 2021. »Das einfachste Tor deines Lebens«, sagen alle. Okay, aber wer hat dieses Tor erst möglich gemacht? Nicht Rebić, sondern ich, weil ich hingegangen bin. Ich habe die Linie des Passes erdacht. Wäre ich nicht nach vorne gegangen, hätte Ante mit diesem Ball nichts anfangen können. Das Tor war nicht bloß ein kleiner Kick an der Torlinie, es war eine gute Idee, die lange davor entstanden ist, und zwar in meinem Kopf.

Und selbst wenn es einfach gewesen sein sollte, ein Treffer nach einer langen Rehabilitationsphase ist immer ein wichtiges Tor. Es bedeutet einen weiteren Schritt hin zur vollständigen Genesung, es bedeutet, dass es weitergeht und dass die Erinnerung an diese Verletzung mit neununddreißig Jahren ein wenig mehr in den Hintergrund tritt. Dass ich diesen Ball im Netz von Lazio habe zappeln sehen, hat mir sehr geholfen.

Ein Tor ist immer wichtig für einen Stürmer, auch wenn das ehrlich gesagt am Anfang meiner Karriere auf mich nicht so zutraf. Ich dachte vor allem daran, gut zu spielen, und war in der Wahl meiner Spielzüge egoistisch, ich suchte immer nach spektakulärsten Aktionen, die mich glänzen ließen. *Showtime!* Dann haben van Basten und Capello mir die Bedeutung eines Tors beigebracht.

Aber ich bin nie ein besessener Torjäger geworden, einer von denen, die aus sämtlichen Winkeln aufs Tor schießen, denn mein Hauptinteresse war es immer, guten Fußball zu spielen.

Wenn ich dann vors Tor komme, denke ich nicht nur daran, den Ball im Netz zu versenken. Nein. Wenn ich einen Teamkollegen sehe, der besser steht als ich, dann gebe ich den Ball an ihn ab: Das bedeutet Fußball spielen.

Ich stelle jedem jungen Fußballer, den ich kennenlerne, zwei Fragen. Die erste ist: Auf welcher Position spielst du? Verteidiger, Mittelfeld, rechter Flügel … Okay. Die zweite: Wenn du vor dem Tor mit einem Teamkollegen ankommst, versuchst du das Tor zu machen, oder gibst du den Ball ab, wenn der andere besser steht als du?

Nummer zwei ist die richtige Antwort.

Alle halten mich für einen Egoisten, der nur sich selbst sieht und sich für allmächtig hält. Zum Teil stimmt das auch, aber auf dem Platz spiele ich Fußball. Wenn ich den Ball zu einem Kollegen passen muss, dann tue ich das, ohne zu zögern, auch um zu beweisen, dass ich über der Torbesessenheit stehe und ich noch größer bin als derjenige, der den Treffer erzielt.

Es ist eine Sache, ein Tor zu genießen, eine andere, wenn man dieses Gefühl um jeden Preis braucht. Wer verzweifelt ist, kann es kaum genießen. Ich habe mit Teamkollegen gespielt, die verärgert waren, selbst wenn wir 5 : 0 gewonnen hatten, weil sie selbst kein Tor gemacht hatten. Nein, ich denke da nicht an Pippo Inzaghi. Den muss ich verteidigen. Für Pippo bedeutete ein Tor alles, weil er nur das konnte. Daher hat er zu Recht versucht, wie besessen einen Treffer zu erzielen. Wenn er nicht traf, war er nicht Inzaghi. Was war er dann noch?

Heute ist mein höchstes Glück im Spiel nicht mehr der eigene Treffer. Das habe ich bewiesen, indem ich Franck Kessié die Strafstöße überließ. Das habe ich so entschieden. Ich belohne mich selbst, wenn ich anderen etwas gebe, ich helfe der Mannschaft durch mein Spiel, ich fühle mich in einer anderen, reiferen Weise als Leader. Wenn ich doch die Möglichkeit habe, hundert Tore zu schießen, dann mache ich zweihundert, klar.

Das Tor gegen Lazio habe ich übrigens mit offenen Schnürsenkeln geschossen. Nicht nur an einem Schuh, an beiden. Ich weiß nicht, wie die Schnürsenkel es geschafft haben, sich zur selben Zeit zu lösen. Aber es ist passiert. Tja. Ich sehe also, wie der Ball in Richtung unseres Tores geht, und sage mir: Das ist der richtige Moment, um sie wieder zuzubinden. Ich knie mich hin, aber dann erobern wir sofort den Ball zurück, Sandro Tonali passt zu Rebić, und auf einmal sind wir zwei gegen zwei. Daher stehe ich auf und renne mit den offenen Schuhen aufs Tor zu. Da ist Rebić allein gegen zwei Spieler von Lazio. Ich reagiere instinktiv, um einen Gegner von ihm abzuziehen und ihm den Zweikampf eins gegen eins zu ermöglichen. Und dann sehen wir mal, was passiert. Ich gehe nach vorn, er spielt mir den Ball zu, und ich mache das Tor.

Aber der Instinkt, der mich angespornt hat aufzustehen, obwohl ich die Schnürsenkel noch nicht zugebunden hatte, war nicht der für ein Tor, sondern der, einem Kollegen beizuspringen. Ich habe mir nicht gesagt: Hier könnte uns ein Tor entgehen. Nein, ich habe gedacht: Er hat zwei Gegner an den Hacken, ich muss ihm helfen.

Ich habe an meinen Mitspieler gedacht, und es ist ein Tor daraus geworden. Wenn ich ans Toreschießen gedacht hätte, wäre es vielleicht niemals dazu gekommen.

In diesem Spiel und bei diesem Treffer trug ich meine Haare zu einem Samuraizopf geflochten. Ich wollte mich für die Rückkehr auf den Platz nach so langer Zeit mit etwas Symbolischem neu erfinden. Ich bin wie Samson: Je länger meine Haare sind, desto stärker fühle ich mich. Und damit spiele ich auch.

Ich hab's ja schon erzählt: Als ich klein war, ließ mein Vater mich immer die Filme von Bruce Lee und Jackie Chan anschauen, und so habe ich mich für die fernöstlichen Martial Arts begeistert. Der Samuraizopf kommt von daher. Viele Leute haben dann mein Foto und daneben das Bild von Tao Pai Pai aus *Dragon Ball* gepostet, dem japanischen Manga. Wir sehen uns tatsächlich ähnlich.

Aber so einen Zopf richtig ordentlich hinzubekommen, ist nicht einfach. Das Geheimnis liegt darin, die Haare vor dem Flechten wirklich gaaanz kräftig lang zu ziehen, damit sie glatt werden und flach am Kopf anliegen, und dann straff zu flechten, denn sonst lösen sie sich im Spiel und stehen ab.

Ich habe gedacht: Hier brauche ich jemanden, der sich mit solchen Zöpfen auskennt. Man hat mir eine Friseurin mit senegalesischen Wurzeln empfohlen, die sich auf multiethnische Frisuren spezialisiert hat. Sie kam zu mir zum Probefrisieren, und ich habe sofort erkannt, dass sie die Richtige für diesen Job war. Sie hatte keine Angst. Sie befestigte die Extensions und zog an meinen Haaren, als wollte sie mir alle vom Kopf reißen. Tolle Frau, genau so macht man das.

Ich habe sie gefragt: »Könntest du am Tag vor dem Spiel ins Hotel kommen?« Und sie hat sofort zugesagt: »Okay, gib mir die Adresse.«

Und nun werdet ihr im San Siro Ibra wiedersehen, den Samurai der Tore.

Ein Tor ist das Glück im Spiel, die eigenen Kinder sind das Glück im Leben.

Doch wenige Monate vor Maximilians Geburt packt mich die Panik. Mit jedem Tag ein bisschen mehr. Schließlich spreche ich mit Helena darüber: »Hör mal, ich weiß nicht, ob ich dafür bereit bin.«

»Ich weiß das selber nicht, aber denken wir einfach nicht zu viel darüber nach«, antwortet sie.

Wir kommen zum Krankenhaus. Ich halte es ja in Krankenhäusern generell kaum aus, es schnürt mir immer die Kehle zu, und ich habe das Gefühl zu ersticken. Ich bekomme also keine Luft, außerdem soll gleich mein erstes Kind auf die Welt kommen. Helena ist die Ruhe selbst, ich bin ein einziges Nervenbündel.

Dann wirkt die PDA nicht, und jetzt bekommt sie Panik. Ich nehme ihre Hand, spreche mit ihr, versuche, sie auf jede erdenkliche Weise zu beruhigen. »Alles wird gut gehen, du wirst sehen. Ganz ruhig, ich bin hier …«

Aber sie hört nicht auf zu schluchzen, und irgendwann befürchte ich, ich explodiere gleich vor Anspannung. Ich fühle, wie in mir ein Vulkan kurz vor dem Ausbruch steht.

Da schreie ich sie an: »Hör mit dem Gejammer auf! Wir gehen jetzt in den Kreißsaal, schnappen uns unser Kind, und dann verschwinden wir aus diesem verdammten Krankenhaus, wo ich fast ersticke!«

Anstatt sie zu beruhigen, raste ich selbst aus.

Dann kommt Maxi auf die Welt. Und da weine ich.

Er ist so klein und seltsam, ganz violett im Gesicht. Sie säubern ihn, und dann geben sie ihn mir. Er schreit, und ich kann ihn nicht beruhigen, ich rufe nach den Krankenschwestern, den Hebammen, allen, ich habe Angst, dass es ihm nicht gut geht, und ich weiß nicht, was ich tun soll. Ich fürchte, dass ihm etwas zustoßen könnte, auch weil mich bei meiner Geburt die Schwester, die mich auf dem Arm hielt, aus einem Meter Höhe auf den Boden fallen ließ.

Es vergehen einige Minuten, das Baby bekommt langsam eine natürlichere Hautfarbe, und auch ich beruhige mich. Ich lächle ihm zu, er nuckelt am Daumen.

Es kam mir so unglaublich vor. Ein anderes Leben, entstanden aus meinem Leben. Wenn es schon unmöglich ist, die Emotionen bei einem Tor zu beschreiben, dann erst recht die bei der Geburt eines Kindes.

Natürlich haben wir dann gemerkt, dass wir vollkommen bereit für Maxi waren, und haben ab da Tag für Tag freudig unsere Verantwortung übernommen.

Wenn er weinte, dann wiegte ich ihn nicht in meinen Armen, sondern setzte mich in den Sessel, legte ihn auf meine Brust, zockte ein paar Videospiele, und er schlief ein.

Als ich klein war, war es mein größtes Glück, das zu haben, was die anderen Kinder hatten, ein paar neue Klamotten zu tragen und sie zu zeigen, nur weil ich sonst immer die gleiche Trainingshose anzog. Ich trug Fußballersachen. Wenn ich keine Socken hatte, dann nahm ich die langen Stutzen. Ich versuchte, sie unter der Jeans zu verstecken, aber in der Schule bekamen sie das mit und hänselten mich deswegen. Ich zog die Jogginganzüge meiner Schwester Sanela an, die größer war als ich. Die hingen an mir runter wie ein Sack, und ich kam mir toll darin vor. Jeder Tag war ein Kampf gegen die Armut und die Scham.

Das Glück meines Vaters lag darin, uns – also mich und meine Schwester – bei unserer Mutter abzuholen, denn dann hatte er uns den ganzen Tag für sich. Wir fuhren auf einen großen Parkplatz, er setzte mich auf seine Knie, und ich steuerte dann das Lenkrad des dunkelblauen Opel Kadett. Danach gingen wir riesige Hamburger essen und Eis mit Sahne obendrauf. Das war wahres Glück.

Oft gingen wir auch gemeinsam zum Angeln. Einmal habe ich mit Sanela gestritten, und weil mein Vater einen ähnlichen Charakter hat wie ich, hat er uns die Angelruten aus den Händen gerissen und sie ins Meer geschmissen. »Wir fahren heim.«

Meine Mutter ist heute glücklich, und ihre Zufriedenheit ist Teil meines eigenen Glücks. Ich kann an ihrem Gesicht und ihren Händen sehen, wie viel sie in ihrem Leben gearbeitet hat. Sie stand um vier Uhr morgens auf, um zur Arbeit zu gehen, und kam am Nachmittag wieder, um sich um ihre fünf Kinder zu kümmern. Sie hatte zwei Ehemänner vom Balkan, die tranken und ihr mehr Probleme machten, als eine Hilfe zu sein.

Als ich das erste Gehalt von Ajax bekam, habe ich zu ihr gesagt: »Mama, ab heute arbeitest du nicht mehr. Ich sorge für dich.«

Und sie hat geantwortet: »Zlatan, warum willst du mich umbringen?«

»Wie meinst du das?«

»Wenn ich zu Hause bleibe, dann sterbe ich. Ich muss etwas tun.«

Daher haben wir uns darauf geeinigt, dass sie weniger arbeitet, nicht mehr acht Stunden am Tag.

Gerade habe ich ihr eine Wohnung in Kroatien in der Nähe von Pag gekauft, wo ihre zwei Schwestern leben, denen sie sehr nahesteht und die sie lange Jahre nicht sehen konnte. Wegen des Kriegs und allem anderen. Sobald Mama in Schweden gegen Covid geimpft war, habe ich sie in ein Flugzeug gesetzt und zu ihr gesagt: »Flieg zu den Tanten und bleib, solange du willst. Du hast dein ganzes Leben lang an andere gedacht, jetzt sollst du nur noch an dein eigenes Glück denken. Wenn wir das dringende Bedürfnis haben, dich zu sehen, oder du uns, dann kommen wir zu dir. Und wenn keiner das braucht, dann kommen wir dich trotzdem besuchen.«

Ich bin glücklich, dass es ihr dort gut geht. Sie ist glücklich so und hat nie von mir verlangt, etwas daran zu ändern. Ich will ihr Maxi und Vincent mal allein, also ohne Mama und Papa, vorbeischicken. Sie müssen lernen, unabhängig zu sein. Ich will, dass sie einige Zeit in Kroatien bei der Oma verbringen, von der sie so viel lernen können.

Normalerweise besuche ich meinen Vater jedes Mal, wenn ich nach Schweden komme. Ich schaue von Stockholm aus in Malmö vorbei, um Hallo zu sagen. Die übrige Zeit hören wir so gut wie nie voneinander. Mein Vater ist nicht der Typ, der bei mir anruft, um mir etwas über meine Spiele zu erzählen. Früher hat er das getan. Er sagte mir immer, wo ich einen Fehler gemacht hatte. Er wusste alles. Er hat als junger Mann selbst gespielt, musste es aber wegen einer Knieverletzung aufgeben. Zumindest hat er mir das so erzählt, ich habe ihn nie auf dem Platz gesehen.

Heute fliege ich nach New York in der ersten Klasse, aber zum ersten Mal bin ich dorthin zusammen mit Helena geflogen auf Tickets, bezahlt mit den Bonuspunkten ihrer Kreditkarte. Es war unsere erste gemeinsame Reise. Ich erinnere mich daran als ein Glückshighlight.

Wir hatten keine Ahnung von New York, wir ließen uns von den Flyern inspirieren, die in den Hotels auslagen. Wir besichtigten die Freiheitsstatue, und jeden Tag gingen wir ins Kino. Eines Tages gerieten wir beim Herumstreifen in gewisse dunkle und verrufene Straßen von Brooklyn. Ich bekam es wirklich mit der Angst zu tun.

»Helena, lauf ein bisschen schneller und folge mir.«

Ich erinnere mich, dass sie mir förmlich an der Schulter klebte.

Unsere ersten gemeinsamen Jahre waren der Wahnsinn, ein wunderbarer Wahnsinn. Sie kam nach Amsterdam und bemerkte, dass es in meiner Wohnung nur zwei Teller, ein Glas und dreimal Besteck gab. Ich lebte wie ein wildes Tier.

Sie war älter als ich, reifer, vernünftiger.

Sie lehrte mich: »Du musst mindestens zwölf Teller und zwölf Gläser haben, zwölf von allem.«

Und dann zog sie los, um sie zu kaufen.

Als ich den Vertrag mit Juve unterschrieben hatte, schlug ich ihr vor: »Komm zu mir nach Turin.«

Und sie: »Wer bist du denn schon?«

Helena war in ihrem Beruf erfolgreich und hatte ihre Wohnung in Schweden.

»Ach, bitte, komm mit. Schauen wir, ob es funktioniert. Wir können das erst wissen, wenn wir es wenigstens versuchen.«

»Aber ich habe einen Hund«, versuchte sie noch als Einwand.

»Muss der wirklich mit?«

»Ja.«

»Dann nimm ihn eben mit.«

Für mich ist sie die beste Frau der Welt. Sie ist ja auch mit mir zusammen.

Sie hat so viel Energie wie Gattuso. Sie hat nicht nur meine Termine und die der Kinder im Blick, sie hat ein Auge auf alle meine Geschäfts- und Finanzangelegenheiten, macht jeden Tag Frühstück, Mittagessen und Abendessen für meine Söhne, bringt sie zum Training, unterstützt sie in der Schule, führt die Hunde jeden Tag fünfmal Gassi, spült das Geschirr und macht die Wäsche.

Mit Sicherheit könnten Maxi und Vincent keine bessere Mutter haben. Nur dank ihr kann ich so gelassen in Italien sein, während meine Familie in Schweden lebt. Aber sie hat schon zu mir gesagt: »Wenn du mit dem Spielen aufhörst, dann fange ich wieder an zu arbeiten, und du kümmerst dich jeden Tag um die Kinder, so wie ich das bis jetzt gemacht habe.«

Helena ist tough. Wäre sie das nicht, dann hätte sie mich nicht so fasziniert, und dann hätte sie es nicht so lange mit mir ausgehalten.

Nun mit vierzig ist der Mensch Zlatan Ibrahimović glücklich: Ich bin gesund und habe alles, was ich brauche. Ich vermisse nichts. Ich bin zufrieden mit dem, was ich getan habe, und dem, was ich gerade tue. Ich habe weniger Ziele als früher, ich renne ihnen nicht mehr so verbissen hinterher wie früher, und dadurch kann ich die Dinge, die ich habe, und all das Schöne, das mir passiert, mehr genießen. Wie zum Beispiel ein Tor in einem Stadion, das nach der Leere und Stille eines Lockdowns wieder voller Menschen ist.

Von all den Dingen, die ich besitze, kann jedes einzelne ausgewechselt werden außer einem Doppel: Maximilian und Vincent. Sie sind mein wahres Glück. Oder besser gesagt: Ihr Glück ist mein Glück. Unser Glück.

Ich mag noch so sehr für Autos schwärmen, irgendwann habe ich auch vom schönsten genug, und es landet in der Garage. Wahres Glück ist nicht nur ein Augenblick, sondern ein Gefühl, für die Ewigkeit gemacht. Wie das für meine Söhne.

Ich habe nur eine Angst, und die habe ich euch schon gestanden: die vor dem Abschied vom Fußball. Je näher der Moment kommt, desto größer wird diese Angst, und die Frage wird immer drängender: Wo finde ich dann das Adrenalin, das ich brauche und das mir bislang der Fußball gegeben hat?

Aber das ist eine Angst, die mein Glück nicht trübt. Im Gegenteil: Wüsste ich heute schon, welche Zukunft mich erwartet, wäre ich bestimmt weniger glücklich.

8
SCHIEDSRICHTER
(oder: über die Regeln)

Am Anfang meiner Karriere waren die Schiedsrichter meine schlimmsten Feinde.

Ich griff sie an wie ein Tiger in der Arena, und sie verteidigten sich mit Gelben und Roten Karten. Ich war eine Bombe, die bei jedem Pfiff hochging, überzeugt, dass alle es auf mich abgesehen hatten. Auch weil ich groß und breit war und sie meine Kraft mit Brutalität verwechselten. Mit meinen Moves aus dem Taekwondo konnte ich einen Ball zwei Meter über dem Boden mit den Füßen stoppen. So weit oben waren dann allerdings nur Köpfe, die ich treffen konnte. Und wenn ich in einen Zweikampf mit kleineren Spielern ging, brauchte ich mich gar nicht zu bewegen, und ich tat ihnen vielleicht trotzdem weh. Aber es lag nicht daran, dass ich besonders brutal war, sondern einfach daran, dass sie kleiner waren.

Später hat mir jemand beigebracht, dass man seine Energie besser nicht an Schiedsrichter verschwendet, sondern sie lieber aufs Spiel konzentriert. Mit der Zeit habe ich es gelernt.

Nach acht- bis neunhundert Spielen habe ich begriffen, dass es sinnlos ist, mit ihnen zu diskutieren. Wenn sie einmal etwas gepfiffen haben, ändern sie ihre Entscheidung nicht mehr. Jetzt, wo ich vierzig bin und zwei Söhne habe, bin ich gereift. Jetzt helfe ich den Schiedsrichtern, wenn ich kann. Wenn das zum Vorteil meiner Mannschaft ist, umso besser, aber ich helfe in jedem Fall.

Seit ich wieder in Italien bin, habe ich festgestellt, dass die Schiedsrichter mich respektieren und ganz anders mit mir sprechen als früher. Vielleicht wirklich, weil ich mein Verhalten ihnen gegenüber geändert habe. Ich helfe ihnen, und sie halten mich nicht mehr so auf Distanz. Sie erklären mir sogar Dinge und suchen meine Unterstützung, um Meinungsverschiedenheiten auf dem Platz aufzulösen.

Allerdings nicht alle.

Parma gegen Milan, 10. April 2021. Ich bekomme ein paar harte Attacken von den Verteidigern ab und mache Schiedsrichter Fabio Maresca darauf aufmerksam: »Augen auf, Chef …«

Er antwortet nicht.

Kurz darauf wird auch Çalhanoğlu schlimm gefoult.

Ich wende mich noch mal an den Schiedsrichter: »Hast du das gesehen?«

Er reagiert nicht.

Dann sag ich zu ihm: »Wenn du keine Lust hast, das Spiel zu pfeifen, dann geh doch besser gleich nach Hause.«

Und er darauf: »Es interessiert mich nicht, was du sagst.«

»Ach, das interessiert dich nicht?«, erwidere ich. *»Mi sembra strano …«* Das ist aber seltsam …

Aber statt *»strano«* versteht er *»bastardo«* und schickt mich vom Platz: Rote Karte. Wir waren etwa zwanzig Meter voneinander entfernt, kann sein, dass er mich falsch verstanden hat, aber vielleicht hatte er mich einfach auf dem Kieker und suchte nur nach einem Vorwand, um mir eins auszuwischen.

Ein absurder Platzverweis. Ich versuche, zu ihm zu gehen, um eine Erklärung von ihm zu verlangen, aber er entfernt sich in die entgegengesetzte Richtung, haut einfach ab. Ich laufe ihm hinterher: »Bleib stehen …« Rebić hält mich auf. Okay, ich verzichte also darauf, ihn zu verfolgen, um die Situation nicht noch zu verschlimmern.

Ich gehe raus und schwöre Pioli: »Mister, also, wenn ich einen Fehler mache, dann gebe ich das zu. Das weißt du. Aber diesmal habe ich nichts gemacht. Nichts. Schau dir heute Abend die Videos an, dann wirst du schon sehen.«

Und tatsächlich, auf vielen Clips, die auf Youtube gepostet wurden, kann man ganz einfach meine Lippenbewegungen lesen: »Mi sembra strano …«

Ich werde nur für ein Spiel gesperrt, auch wenn nach einem direkten Platzverweis das Regelwerk zwei Spiele Sperre vorsieht, während der Schiedsrichterverband Maßnahmen gegen Maresca ergreift: der Beweis dafür, dass man seinen Irrtum bemerkt hat.

Aber ich verliere anderthalb Spiele und muss mir außerdem die übliche Geschichte vom Bad Boy Ibra anhören, der sich nicht unter Kontrolle hat. Doch das stimmt nicht. Ich hatte die Situation komplett unter Kontrolle. Was kann ich dafür, wenn ein Schiedsrichter einen Fehler macht?

Man berichtet mir, was Billy Costacurta dazu gesagt hat: »Ein Leader kann es sich nie erlauben, dass er vom Platz gestellt wird und die Mannschaft zu zehnt zurückbleibt.«

Ich lasse ihm über einen Freund mitteilen: »Du kennst mich nicht persönlich. Dann halt lieber den Mund. Und bevor du etwas über mich sagst, informier dich besser: Der Schiedsrichter hat einen Fehler gemacht, nicht ich. Ich konnte nichts tun, um den Platzverweis zu verhindern.«

Am Anfang meiner Karriere wollte ich die Schiedsrichter einfach nur zerfetzen, heute verstehe ich, wie schwierig ihr Job ist und unter welchem Druck sie stehen. Das merke ich auch bei unseren Trainingsspielen im Milanello. Meine Teamkollegen beschweren sich immer, sie meinen, bei denen, die das Spiel pfeifen, eine tendenzielle Neigung zur Unterwürfigkeit mir gegenüber festzustellen. »Das Team von Ibra bekommt immer Elfmeter zu seinen Gunsten.«

Das stimmt nicht. Im Gegenteil, oft bitte ich denjenigen, der pfeift, sich nicht von meiner Person beeindrucken zu lassen und mir nichts zu schenken, weil ich das nicht brauche.

Wenn ich Schiedsrichter wäre, wäre ich ein guter Schiedsrichter, denn ich verfüge über Persönlichkeit. Ich möchte sehen, ob es einen Spieler gäbe, der mich nicht respektiert und mir nicht gehorcht.

Ich würde viel laufen lassen und wenig pfeifen. Ich mag ein hartes Spiel, was nicht gleichbedeutend mit brutal ist. Nur die erfahrensten Schiedsrichter können den Unterschied erkennen.

Einmal habe ich dem Boss der Schiedsrichter bei einer Versammlung zu Beginn der neuen Spielzeit gesagt: »Ihr wisst einfach nicht, ob ich in jemanden hineingehe, um ihm wehzutun. Ihr macht ein Standbild und stuft dann aufgrund der Berührung einen Zusammenstoß als brutal ein, der es aber aus dem Bewegungsablauf heraus gar nicht war.«

Ein Fußballspieler erkennt dagegen immer, wer in jemanden hineingeht, um ihm wehzutun. Aus diesem Grund fände ich es eine gute Idee, ehemalige Fußballspieler als Schiedsrichter einzusetzen. Ich sage ja nicht, dass es Spieler aus der Serie A oder einer anderen ersten Liga sein sollten, die zwangsläufig mit einem Verein verbunden sind oder werden und daher von den Fans als parteiisch angesehen würden, sondern nicht so große Stars, die in niedrigeren Ligen gespielt haben, das Spiel aber genau kennen. So könnten übrigens auch sie in die großen Stadien kommen wie das San Siro oder das Stadio Olimpico.

Ich glaube ja, viele Schiedsrichter waren früher mal Kinder, die zwar Fußball liebten, aber nicht sonderlich talentiert dafür waren, und nun eine Möglichkeit gefunden haben, auf einem Platz zusammen mit den Champions zu stehen. Warum sonst sollte jemand Schiedsrichter werden? Warum sollte er das tun?

Ich erinnere mich an Sendungen aus der Zeit, als ich meine ersten Erfahrungen in Italien machte, in denen man drei oder vier Stunden lang über Zeitlupen aus den unterschiedlichsten Perspektiven diskutierte. Die armen Spielleiter wurden immer ans Kreuz genagelt. Heute ist es besser geworden – abgesehen von den Bildschirmen der Videoassistenten, die ziemlich viel Verwirrung stiften. Ich habe immer noch nicht so richtig kapiert, wie das funktioniert. Der Schiedsrichter muss also an den Spielfeldrand kommen, um sich das Geschehen noch einmal anzusehen, wenn der Videoassistent per Funk ruft? Oder was?

Nicht nur die Schiedsrichter bitten den alten Ibra um Hilfe, um Probleme auf dem Platz zu lösen. Auch Gegner, wie es zum Beispiel Maurizio Sarri getan hat. Ich habe mich in einen Mann des Gesetzes verwandelt, bin auf die andere Seite gewechselt. So wie die Ex-Revolverhelden in den Western, die sich den Stern an die Brust heften und Sheriffs werden.

Milan gegen Lazio, 12. September 2021. Wir sind auf der Siegerstraße, es steht 2 : 0, ich verteidige den Ball, und kaum passe ich ihn zu einem Mitspieler, geht Lucas Leiva hart von hinten in mich rein: Instinktiv packe ich ihn am Hals, voller Panik. Ich bin gerade erst nach vier Monaten Pause wegen einer Knieverletzung zurückgekommen. Ich will mich nicht schon wieder verletzen.

Aber das ist nur ein Augenblick, ich entspanne mich sofort und lasse ihn los.

Francesco Acerbi kommt dazu und baut sich drohend vor mir auf: »Willst du dich auch mit mir prügeln?«

»Was erzählst du da für eine Scheiße? Dein Freund hier hat mich angegangen«, antworte ich ihm. »Beruhige erst mal deine Teamkollegen, und dann rede mit mir.«

Ich bin ganz ruhig, mit Pedro ist alles gut, wir lachen und umarmen uns. Aber um uns herum herrscht helle Aufregung.

Sarri, der Trainer von Lazio, kommt zu mir und schreit mich an: »Ibra, ich bin sechzig Jahre alt. Der da muss mich respektvoll behandeln! Er kann mich nicht mit solchen Gesten beleidigen!«

»Entschuldige, aber ich habe keine Ahnung, wovon du sprichst. Was ist denn passiert? Von wem redest du?«

»Alexis Saelemaekers«, sagt er.

»Und was hat er dir getan?«, frage ich.

»Er hat mit den Fingern eine Zwei angezeigt. Zwei wie die Tore von Milan.«

»Das geht gar nicht. Warte, ich rede mit ihm.« Ich muss auch hören, was Alexis dazu zu sagen hat, ich kann nicht nur eine Seite hören. Egal, ob sie im Recht sind oder nicht, ich verteidige meine Teamkollegen immer.

Saelemaekers erzählt mir, dass Sarri erst »Scheißfranzose« zu ihm gesagt hat und er ihm dann das Spielergebnis mit den Fingern gezeigt hat. Beides ist nicht in Ordnung. Wir gehen in den Tunnel zu den Kabinen.

Zu uns kommen Igli Tare, der Sportdirektor von Lazio, mit dem ich mich gut verstehe, und dann der Torwart von Lazio, Pepe Reina, der Alexis zur Rede stellen will.

Ich halte ihn auf: »Hör zu, Pepe. Die sind schon mit zwanzig Mann auf ihn losgegangen, du bist Nummer einundzwanzig. Du kommst zu spät. Der Junge hat's kapiert. Jetzt lass mich mit deinem Trainer reden. Er ist schließlich zu mir gekommen.«

Reina sagt zu mir: »Wer glaubst du eigentlich, wer du bist?«

Falsche Frage. Eine von denen, die mich am meisten auf hundertachtzig bringen.

»Ich bin niemand. Aber du, was willst du eigentlich, Reina?«

Er beruhigt sich.

Also gut, ich bringe Saelemaekers zu Sarri, lasse die beiden das unter sich ausmachen. Die beiden reden, und Alexis entschuldigt sich. Problem gelöst. Sheriff Ibra, der neue Friedensrichter, hat seine Mission erfüllt.

PSG gegen Lorient, 20. März 2015: 3 : 1. Ich schieße einen Dreierpack, und am Ende des Spiels gehe ich zum Schiedsrichter, um mir den Ball geben zu lassen, den ich wie immer als Erinnerungsstück aufbewahren will. Monsieur Tony Chapron, ein unglaublicher Typ, der in die Geschichte eingegangen ist, weil er in einer Partie nach einem Zusammenprall mit einem Spieler von Nantes nachgetreten hat, antwortet mir mit dem typischen Ego der Franzosen: »Nein.«

Nein? Was soll das denn heißen?

Ich habe drei Tore geschossen, und deshalb ist es mein gutes Recht, den Ball mit nach Hause zu nehmen. Aber da war nichts zu machen. Ich musste mir von den Zeugwarten einen anderen Ball schenken lassen. Den aus dem Spiel hat dieser »Held« für sich behalten.

Später habe ich erfahren, dass er diese Entscheidung in einem Interview mit einer englischen Zeitung begründet hat: »Ich habe vier Töchter, wenn die nicht ›bitte‹ sagen, bekommen sie nicht mal eine Antwort von mir. Das Gleiche habe ich bei Ibrahimović getan, der mich respektlos und unhöflich behandelt hat.«

Tja, schade, dass er leider nicht den Mut gehabt hat, mir das ins Gesicht zu sagen. Ich hätte ihm erklärt, dass er mir den Ball von sich aus überreichen und dazu noch ›danke‹ hätte sagen müssen, weil mich zu pfeifen die größte Ehre in seinem ganzen Leben war. Und ich hätte ihm versichert, dass meine beiden Söhne garantiert besser wissen, was Erziehung und Höflichkeit heißt, als seine vier Töchter.

Aber ich muss die französischen Schiedsrichter zum Teil in Schutz nehmen. Sie hatten nicht die Erfahrung, waren keine richtigen Profis, sondern pfiffen nur im Nebenjob, und vor allem waren sie es nicht gewohnt, Champions mit starker Persönlichkeit gegenüberzutreten. Sie waren dem hohen Niveau des Fußballs, das Paris Saint-Germain plötzlich vorgab, nicht gewachsen.

Genau wie die amerikanischen Schiedsrichter, die wirklich eine Katastrophe waren. Das habe ich denen auch ins Gesicht gesagt: »Ihr müsst noch mal die Schulbank drücken, um die Essentials zu lernen.«

Jedes Mal, wenn ich einen Spieler auch nur berührte, schien es, als wollte ich ihn direkt ins Grab schicken. Fußball ist doch nicht Basketball, hier ist Körperkontakt erlaubt.

Sie machten Fehler, wurden zum Videoassistenten gerufen und gingen aus Stolz nicht an den Monitor. Wie bei dem einen Mal, als ein Schiedsrichter einen vollkommen absurden Elfmeter gegen mich pfiff und ich ihn fragte: »Was hast du denn gesehen? Wo warst du? Bist du gerade mal raus, einen Kaffee trinken?«

Aber zurück zu Frankreich: Man darf natürlich nicht vergessen, was ich in Bordeaux gesagt habe: Frankreich sei ein Scheißland. An meinem Ausbruch war damals ein Schiedsrichter schuld, aber trotzdem durfte ich da nicht erwarten, dass man mich mit Samthandschuhen anfassen würde.

In einem anderen Ligaspiel, ich stehe am Spielfeldrand und trinke etwas, da kommt doch glatt der Vierte Offizielle zu mir und versucht, mir die Wasserflasche abzunehmen. Er streckt die Hand aus und will sie greifen, während ich sie an den Mund ansetze. Das versucht er einmal, zweimal, dreimal. Ich muss ausweichen und ihn mit dem Ellbogen abwehren, damit er sie mir nicht aus der Hand reißt.

Was willst du eigentlich? Ich stehe hinter der Linie, nicht etwa auf dem Spielfeld. Verschwinde! Das gibt's doch nicht! Solche Szenen sieht man noch nicht mal im Kindergarten.

Ich hatte noch nie eine Frau als Schiedsrichter, es gibt wenige, die auf meinem Level pfeifen. Vielleicht sollten sie besser Linienrichterinnen sein, aber es gibt schon einige auf dem Platz, und die sind gut. Abgesehen von ihrer Kompetenz wäre das von Vorteil, weil man gegenüber einer Frau seine Reaktionen besser kontrolliert. Wenn du wegen eines Elfmeters hochgehen willst, würdest du gegenüber einer Frau als Spielleiterin erst mal durchatmen, um dich zu beruhigen. Und wenn du trotzdem explodierst, heißt das, du bist ein Psychopath.

Aber um Spiele auf hohem Niveau zu pfeifen, muss man mental sehr gefestigt sein, ganz egal ob Mann oder Frau, denn der Druck auf dem Platz ist enorm. Die Spieler brüllen dich an, sie umringen dich, um zu protestieren. Wenn du mental nicht stark bist, gehst du anschließend nach Hause und landest vielleicht beim Psychiater auf der Couch.

In der Schule war ich immer pünktlich und habe die Regeln dort befolgt, auch weil ich einen sehr strengen Vater hatte. Er kümmerte sich zwar nicht um meine Lernfortschritte, aber er verlangte von mir äußerste Disziplin. Mein Vater war mein Gesetz.

Er sagte: »Bis um neun Uhr abends musst du zu Hause sein«, und ich dachte nicht einmal im Traum daran, diese Regel zu übertreten.

Er hat nie die Hand gegen mich erhoben. Nur einmal, als ich ihn wirklich wütend gemacht hatte, hat er mich hoch über seinen Kopf gehoben und von zwei Metern Höhe auf den Boden geworfen. Er musste mich nicht schlagen, damit ich ihm gehorchte und ihn respektierte. Dazu genügten seine Stimme und sein Blick. Er hatte es drauf, allein durch seine Haltung aggressiv zu wirken. Ich habe nie gewagt, ihm zu widersprechen, mit ihm zu diskutieren oder auch nur seine Vorschriften infrage zu stellen, weil ich zu große Angst hatte, zu weit zu gehen und einen Fehler zu machen.

Vor anderen Gesetzen hatte ich deutlich weniger Respekt.

Ich habe es ja schon erzählt: Ich habe Fahrräder und eine Menge anderer Dinge in den Einkaufszentren geklaut. Aber das steht auf einem ganz anderen Blatt. Das waren nicht einfach Mutproben, ich tat das, um zu überleben und mich gleichwertig mit den anderen zu fühlen. Ich will auch ein Fahrrad. Ich kann keins haben? Verdammt, dann klau ich es eben. Es tut mir leid für den Besitzer, aber ich muss auch leben.

In der Schule sah ich zu, wie meine Mitschüler ihre Pausensnacks aßen. Papa gab mir kein Geld dafür, weil er keins hatte. Also klaute ich in der Mensa. Ich musste auch essen.

Alle in der Schule trugen Markenklamotten von Ralph Lauren und Tommy Hilfiger. Ich Trainingszeug, das ich aus den Umkleiden von Malmö klaute. Dieser Unterschied machte mich zum Einzelgänger, dadurch fühlte ich mich anders als die andern, ich wurde wütend, und deshalb ging ich in die Geschäfte klauen.

Aber das Ganze war nicht so leicht. Einmal wurde ich dabei zusammen mit einem Freund, einem Schwarzen, in einem Einkaufszentrum erwischt. Die Polizei brachte uns ins Präsidium und rief unsere Eltern an. Zum Glück war mein Vater nicht zu Hause, sonst wäre ich nicht mehr hier, um das zu erzählen. Der Vater von meinem Freund holte uns ab. Die Polizei schrieb aber einen Brief an meinen Vater, um ihn über alles zu informieren. Ich ließ den Briefkasten tagelang nicht aus den Augen, und Gott sei Dank konnte ich ihn abfangen.

Auch bei mir zu Hause herrschen strenge und unanfechtbare Regeln. In Sachen Disziplin bin ich genauso eisern wie mein Vater, aber ich rede mit meinen Söhnen wesentlich mehr. Ich höre mir ihren Standpunkt an, wir unterhalten uns darüber, und ich bemühe mich, ihnen die unterschiedlichen Sachverhalte begreiflich zu machen.

Es war nicht immer einfach für die Kinder, meinen Namen zu tragen und mit mir verglichen zu werden. Während unserer Zeit in England war es für Maxi mitunter hart in der Schule. Manchmal haben sie ihn provoziert, weil ich sein Vater bin. Maxi wurde sogar zum Rektor gerufen, und zu Hause bekam er eine Strafe. Er ist genau wie seine Mutter. Er hat mich nicht etwa gebeten,

Videospiele oder was anderes zu spielen, er wollte von mir die Erlaubnis, Bücher zu lesen. Und das von mir, der ich noch nie eins gelesen habe. Er hat eine Woche in seinem Zimmer verbracht und gelesen.

Mein Sohn.

Ich respektiere die Regeln beim Training und die, die mein Beruf mit sich bringt, nicht weniger als die meines Vaters. Die Sache ist ganz einfach: Bei Milan sind wir fünfundzwanzig Spieler. Wie viele Menschen auf der Welt wären gern an unserer Stelle? Deshalb müssen wir uns dieses Privileg verdienen und dieses Glück in jeder Sekunde des Trainings anerkennen.

Wie ich meinen Teamkollegen immer wieder sage: Hundert Prozent reichen nicht, du musst im Job zweihundert Prozent geben, denn irgendwo ist immer jemand, der den gleichen Traum hat wie du und bereit ist, dafür zu sterben, um in deine Schuhe zu schlüpfen. Deshalb musst du in den zwei Stunden, die du hier bist, ordentlich schwitzen und dein Bestes geben, weil du so die anderen dazu zwingst, das Gleiche zu tun, und weil so die Mannschaft wächst. In diesem Sinne hat sich Milan unglaublich verbessert. Was die innere Einstellung und die Arbeitsmoral betrifft, haben wir es geschafft.

Ich bin mein oberster Folterknecht und der Letzte, der sich selbst gegenüber nachgiebig ist. Ich erinnere mich an ein Training, kurz bevor ich bei der Partie gegen Lazio wieder auf dem Platz stand. Es war ein schlechter Tag für mich, mir tat alles weh.

Ich gehe zu dem Rehabilitationstrainer, der für mich verantwortlich ist und meinen Weg begleitet, ein Typ, den sie ganz neu von Juve abgeworben haben und der in dieser sensiblen Phase zwischen der Erholung von einer Verletzung und der Rückkehr ins Team arbeitet.

»Hör mal, ich will ganz ehrlich sein: Heute bin ich nicht in Topform und habe überhaupt keine Lust zu trainieren. Aber keine Sorge, sag du mir, was ich machen soll, und wenn wir anfangen, werde ich das Maximum geben wie jedes Mal.«

Ich möchte immer den Trainingsplan in allen Einzelheiten kennen, bevor ich anfange. Auf diese Weise programmiere ich mich, schalte meine Gedanken aus, konzentriere mich, und dann ziehe ich alles durch bis zur letzten Übung.

Ich mag es nicht, wenn man mir sagt: »Lass uns anfangen, dann sehen wir mal, wie es dir geht.« Nein, wir sehen gar nichts mal. Es ist völlig egal, wie es mir geht. Es zählt nur, was ich machen soll. Und das werde ich bis zum Schluss durchziehen, egal was passiert.

Mit den Regeln auf der Straße bin ich weit weniger streng.

Vollgas zu geben und auf der Autobahn durchzustarten ist für mich eine Form von Freiheit. Inmitten von vielen Menschen fühle ich mich nicht wohl, weil ich weiß, dass mich jeder kennt, und ich komme mir vor wie ein Affe im Zoo. Durch das Auto kann ich alle hinter mir lassen.

Im Laufe der Jahre habe ich eine ganze Menge Strafen angesammelt. Weniger in Italien, denn wenn ich ein bisschen Glück habe, ist der Polizist Milan-Fan, und da hilft meist ein Autogramm oder ein Selfie …

Aber selbst wenn ich mal dringend rausmuss, um mich frei zu fühlen, bin ich dabei immer verantwortungsbewusst. Nie auf dicht befahrenen Straßen, nie in der Stadt, schnell fahre ich nur auf der Autobahn und nur, wenn das überhaupt möglich ist. Ich setze nie die Gesundheit der anderen Verkehrsteilnehmer aufs Spiel.

Eines Tages war ich in der Nähe meiner Wohnung shoppen und hatte die Zeit vergessen. Ich musste um 13 Uhr zum Mittagessen im Milanello sein. Das sind ungefähr fünfzig Minuten Fahrzeit. Keine Chance, das zu schaffen …

Ich rufe den Teammanager an, erkläre ihm, dass mir ein Auto hinten reingefahren ist und dass ich etwas später komme. Zu meinem Physio sage ich: »Ich fahre.«

Ich starte um 12.17 Uhr, und um 12.58 Uhr sitze ich im Milanello am Tisch. Pünktlich. Weltrekord für die Strecke Porta Nuova – Carnago.

Ich werde oft gefragt: »Hast du bei Juve denn nie gemerkt, dass die Schiedsrichter plötzlich viel wohlwollender waren?«

Dann antworte ich: »Nein, auf dem Platz habe ich nur gesehen, dass wir die Besseren waren. Und deshalb haben wir gewonnen.«

Ich war noch jung, der Schiedsrichter blieb für mich weiterhin ein Gegner. Wir waren elf, die anderen zwölf. Ich habe es nie geschafft, ihn auf meiner Seite zu sehen.

Beim Festival von Sanremo hatte man mir einige Stichpunkte für meine Moderation aufgeschrieben. Ich war so konzentriert, dass ich den Fehler nicht bemerkt habe. Sie haben mich sagen lassen, dass ich elf Meistertitel gewonnen habe, aber ich habe dreizehn gewonnen.

Die UEFA und der italienische Fußballverband haben die beiden nicht gezählt, die Juve wegen des »Calciopoli«, des Skandals um Absprachen von Clubs mit Schiedsrichtern, aberkannt wurden, aber für mich gelten die nach wie vor hundertprozentig als gewonnen. Wenn ich das bei Sanremo vorher gemerkt hätte, hätte ich dreizehn gesagt und nicht elf.

Wenn ich das Juventus Stadium, heute Allianz Stadium, betrete und dort die Nummer achtunddreißig neben der italienischen Meisterschaftsfahne sehe, denke ich nicht, dass das ein Irrtum ist, ich denke, dass dies genau die richtige Zahl ist und wahre Gerechtigkeit: Wir haben diese beiden Meisterschaften gewonnen, weil wir die beste Mannschaft in Italien waren, und dann hat man sie uns aberkannt.

Ich weiß nicht, ob das Spielsystem irgendwie manipuliert worden ist, und ich will es auch gar nicht wissen. Ich habe mich von Anfang an bewusst dafür entschieden, die Untersuchung und die ganzen Polemiken nicht zu verfolgen. Aber ich weiß genau, dass niemand meine Sprints auf dem Platz manipuliert hat, meine Tore, meine Anstrengungen im Training, meine Verletzungen. Und niemand hat den Schweiß und das Talent meiner Mitspieler manipuliert. Nach siebzig bis achtzig Spielen gewinnt nur der Bessere: Das ist die Gerechtigkeit auf dem Platz, die im Sport zählt. Deshalb sehe ich die beiden Meisterschaften, die man uns aberkannt hat, immer noch als meine an.

Wie konnte man eine von beiden nur an einen anderen Verein geben? Und wie konnten die anderen sie nur akzeptieren?

Wenn du den Sieger disqualifizierst und mir seine Medaille gibst, dann will ich sie nicht. Ich bin sogar beleidigt, wenn du sie mir gibst. Wenn ich mit dieser Medaille um den Hals herumlaufe und sage: »Ich habe gewonnen«, dann ist das würdelos.

Ich hatte immer ein gutes Verhältnis zu Luciano Moggi, auch weil er sich den ausländischen Spielern gegenüber anders verhielt: Er lachte, scherzte, machte Spaß mit ihnen ... Die Italiener dagegen hatten Angst vor ihm. Wenn er die Kabine betrat, war es so wie mit Berlusconi im Milanello: Man spürte die Schwingungen in der Luft, die Kraft seines Charismas, und alle schwiegen eingeschüchtert.

Aber ich war jung, ich hatte keine Angst vor ihm, nannte ihn »Boss«. Er verstand sich gut mit Mino, und auch das verband uns. Moggi hat viel für mich getan, auch wenn er mir ein paar Strafen zu viel aufgebrummt hat. Wie bei dieser Sache mit Jonathan Zebina.

Dazu muss man wissen, dass in Italien den Spielern das Gehalt nach ungeschriebenen Gesetzen gekürzt wird: zum Beispiel, wenn man zu spät kommt oder sich respektlos verhält.

Ein Trainingsspiel. Zebina geht brutal von hinten in mich rein, einmal, zweimal, dreimal ...

Ich kann es überhaupt nicht ab, wenn man mich von hinten trifft, weil ich es nicht sehe, es nicht erwarte, vor allem im Training, und ich mir wehtun könnte. Weiß ich aber, dass ein Verteidiger in einem Trainingsspiel so hart rangehen will wie in einem richtigen Match, dann bin ich darauf vorbereitet, wenn der Ball zu mir kommt.

Deswegen drehe ich mich um und sage zu ihm: »Wenn du heute hart spielen willst, dann sag mir das, und ich erwarte dich.«

Zebina versetzt mir einen Kopfstoß, meine Rechte schießt vor und schlägt ihn nieder.

Lilian Thuram kommt dazu und schiebt mich weg: »Du bist ein Idiot, Zlatan! Ein Idiot!«

Cannavaro kommt dazu, zieht Thuram weg und sagt zu mir: »Das war nicht in Ordnung, Zlatan!« Aber während er das sagt, zwinkert er mir zu.

Capello, der Trainer, steht die ganze Zeit auf der entgegengesetzten Seite des Platzes, an einen Torpfosten gelehnt. Er brüllt: »Lilian! Lilian!«

Und wenn Capello brüllte, wurde es totenstill.

»Lilian! Geh da weg! Lass ihn in Ruhe!«

Thuram geht, alles beruhigt sich.

Nach dem Training gehe ich zu Capello: »Ich entschuldige mich bei Ihnen, Mister.«

»Wofür?«

»Für die Sache mit Zebina.«

»Dafür musst du dich nicht entschuldigen. Das tut der Mannschaft gut«, antwortet er.

Ich lasse mich massieren, gehe duschen und so weiter. Nach drei Stunden hat Zebina immer noch einen Eisbeutel auf dem Auge.

Alessio Secco, der Teammanager, verkündet mir: »Du bist einbestellt.«

Wenn Moggi dich sehen wollte, hieß das immer: »Du bist einbestellt.« Man nannte nicht mal seinen Namen. Aber alle wussten Bescheid. Weigerte sich zum Beispiel ein Spieler, ein Interview zu geben, und Secco teilte ihm mit: »Du bist einbestellt«, dann wusste dieser Spieler, dass er das Interview machen würde, weil Moggi es so wollte.

Ich gehe also in Moggis Büro, und der sagt zu mir: »Zlatan, ich muss dir eine Strafe geben.«

»Warum?«

»Wegen deiner Auseinandersetzung mit Zebina.«

»Nein, ich zahle nicht.«

»Doch, du zahlst.«

»Hör mal, Boss. Wenn du auf der Straße angegriffen wirst, was machst du dann?«, frage ich ihn.

»Ich wehre mich«, antwortet er.

»Und ich habe mich gegen Zebinas Angriff gewehrt«, erkläre ich.

»Okay, aber falsch war es trotzdem. Zahl einfach die Strafe.«

Ich lese den Betrag: »Aber das ist viel zu viel! Ich habe ihn doch nicht umgebracht!«

»Keine Sorge, er wird auch zahlen«, versichert Moggi mir.

»Wie viel?«

»Zehnmal so viel wie du.«

»Dann ist das in Ordnung. Warum machen wir es nicht so: Du schlägst meine Strafsumme noch auf seine obendrauf, und er bezahlt alles?«

Eines Tages kommen wir ins Stadion. Ich weiß, dass ich spielen soll, aber dann wird mir mitgeteilt, ich soll mich auf die Tribüne setzen. Nicht einmal auf die Bank, auf die Tribüne!

Was ist da los? Niemand kann mir das erklären.

Ich rufe Mino an: »Mino, ich sollte spielen, und jetzt haben sie mich ohne einen Grund auf die Tribüne geschickt. Versuch mal, ob du etwas rausfindest.«

Secco kommt zu mir: »Zlatan, du bist für morgen einbestellt.«

Am nächsten Tag erklärt Moggi mir: »Gestern hast du nicht gespielt, weil du eine Salbe benutzt hast, ohne uns darüber zu informieren.«

»Aber das hat doch nichts mit dem Fußball zu tun. Ich habe ein Problem mit Schuppenflechte an den Armen«, erkläre ich. »Die Salbe habe ich schon bei Ajax bekommen.«

»Sie enthält Kortison. Du musst uns alles nennen, was du nimmst. Wir müssen alles ganz genau wissen. Das wird dich wieder eine saftige Strafe kosten.«

Ich lese die Summe und staune wieder nicht schlecht: »Wegen einer Salbe?«

»Und wenn du das noch mal machst, dann verdoppelt sich die Strafe.«

Da sollte ich wohl besser meine Schuppenflechte behalten.

Bei Juve lagen die Nerven blank wegen allem, was nach einem Medikament aussah, weil gerade gegen Dr. Agricola das Verfahren wegen Doping lief. Hätten sie bei mir so kurz nach meiner Ankunft bei Juve auf dem Platz im Dopingtest eine verbotene Substanz gefunden, hätte das für den Club einen Rückschlag und die Rückkehr zum verheerenden Image bedeutet.

So war Moggi: beinhart. Wenn er der Mannschaft etwas Wichtiges mitzuteilen hatte, rief er sie im Gym zusammen. Nicht in der Kabine oder auf dem Platz: im

Gym. Wir stellten uns dann im Kreis um ihn herum auf. Es redete nur einer, und zwar er.

Ich erinnere mich, wie er eines Tages einen Mitspieler vor versammelter Mannschaft angriff. Er warf ihm vor, er würde nichts bringen, und drohte, ihm das Gehalt um die Hälfte zu kürzen. Der junge Mann wollte etwas darauf erwidern, aber unser Boss schnitt ihm sofort das Wort ab: »Sei still, sonst streiche ich dir sofort zwei Monate volles Gehalt.«

Moggi war erbarmungslos, aber ich mag solche Typen, die klar und direkt sind: entweder Schwarz oder Weiß. Keine verwirrenden Grautöne.

Nach dem Schiedsrichterskandal von 2006 wurde Juve in die Serie B zurückgestuft. Ich entschied mich, den Club zu verlassen und bei Inter zu unterschreiben, dem schlimmsten Rivalen von Moggi. Als ich ihn darüber informierte, machte er mir keine Vorwürfe, er sagte gar nichts dazu, wohl auch, weil er zu der Zeit ernstere Probleme hatte.

Ich bin mit Juve noch ins Vorbereitungstraining gefahren, in die Berge. Ich habe mir ein Zimmer mit Nedvěd geteilt, aber ich habe eigentlich nur darauf gewartet, dass ich gehen kann. Wäre ich so alt wie jetzt gewesen, wäre ich geblieben und hätte der Mannschaft geholfen, wieder in die Serie A aufzusteigen. So wie ich es mit dem AC gemacht habe, den ich wieder an die Spitze geführt habe. Aber ich war noch am Anfang meiner Karriere, ich wollte in der Champions League spielen, nicht in der Serie B, ich war jung und hungrig nach Erfolgserlebnissen.

Bevor ich bei Inter unterschrieben habe, hatte mir Milan auch ein Angebot gemacht und mir einen guten Vertrag unterbreitet, aber unter einer Bedingung: Ich sollte das Qualifikationsspiel für die Champions League gegen Roter Stern Belgrad abwarten. »Wenn wir uns qualifizieren, wird der Club mehr Geld haben.«

Man war sich dort sicher, dass ich auf jeden Fall zu ihnen gehen würde, denn Milan war damals der angesagtere Club, erst drei Jahre zuvor hatte der Verein die Champions League gewonnen, während Inter seit siebzehn Jahren nicht einmal den Scudetto gewonnen hatte.

Doch Inter machte mir das bessere Angebot. Daraufhin ging Mino wieder zu Milan: »Wenn Ibra euer Spieler Nummer eins sein wird, muss er auch das höchste Gehalt in der Mannschaft haben.«

Braida und Galliani antworteten ihm aber: »Nicht einmal wenn die Madonna jetzt hier erscheinen würde, würden wir etwas an unserem Angebot ändern.«

Die Antwort mit der Madonna beleidigte mich. Das bedeutete, dass Milan mich nicht genug wollte, und ich gehe nirgendwohin, wo man mich nicht wirklich will.

Daraufhin wies ich Mino an: »Schließ mit Inter ab. Ich werde dafür sorgen, dass wir nach siebzehn Jahren den Scudetto nach Hause bringen. Das ist die Herausforderung.«

An dem Abend, als ich bei Inter unterschrieb, war Berlusconi zum Abendessen im »Giannino«, einem Restaurant in Mailand. Er saß in einer Runde mit Freunden und spielte Gitarre. Sie lachten und hatten Spaß. Man hat mir erzählt, dass Berlusconi, als er erfuhr, dass ich bei Inter unterschrieben hatte, die Gitarre beiseitelegte und eine Stunde lang kein einziges Wort mehr sagte.

9
VERLETZUNGEN
(oder: über den Schmerz)

Meine linke Hand sieht anders aus als meine rechte, dort steht ein Knochen deutlich raus. Das ist im Sommer 2009 passiert, als ich mit Inter auf Amerikatournee war.

Während eines Spiels gegen Chelsea pralle ich heftig mit John Terry zusammen, und ich verlasse den Platz mit starken Schmerzen in der linken Hand, die nicht vergehen. Vor dem Transfer nach Barcelona im August desselben Jahres stelle ich mich beim Arzt vor und erkläre ihm: »Ich habe so das Gefühl, dass mit dieser Hand irgendetwas nicht stimmt.«

Man entdeckt einen Bruch an der Basis des zweiten Fingergrundgelenks. Ich werde sofort operiert, und das Gelenk wird mit zwei Schrauben fixiert.

Bei Paris Saint-Germain fiel ich fünfundvierzig Tage wegen einer rätselhaften Verletzung aus. Ich bin überzeugt, dass man mir bei einer Behandlung meines Knöchels eine Sehne mit der Spritze durchbohrt hat. Das wurde immer bestritten, aber bei den Kontrolluntersuchungen, die ich in Schweden machen ließ, war das Loch, das wahrscheinlich von der Nadel stammte, deutlich zu sehen.

Und dann diese schlimme, diese schreckliche Verletzung in Manchester, die mich für sieben Monate vom Platz ferngehalten und die meine Geschichte verändert hat.

Viertelfinal-Rückspiel der Europa League, Manchester United gegen RSC Anderlecht, 20. April 2017. Noch dreißig Sekunden bis zum Ende der zweiten Halbzeit. Ich bin erschöpft. Sehr erschöpft. Wir sind fast am Ende der Saison. Mourinho hat mich bei allen Spielen eingesetzt, auch weil ich einen Trainer nie darum bitte, mich zu schonen. Ich will immer in den Kampf ziehen.

Ich springe hoch, um mir mit einem Verteidiger ein Kopfballduell zu liefern, aber als es wieder nach unten geht, berechne ich die Zeit bis zur Landung auf dem Boden falsch. Ich dachte, ich wäre höher gesprungen. Ich habe nicht erwartet, so bald auf dem Rasen aufzukommen. Das Knie, das ich nicht unter Kontrolle habe, bewegt sich unnatürlich nach hinten und zur Seite. Es knickt auf eine Weise ab, wie es das nicht sollte.

Mehr als den Schmerz nehme ich ein seltsames Gefühl wahr, als hätte ich meine Zunge verschluckt. Ich bin voller Adrenalin.

Ich sage mir sofort: »Das ist nichts. Ich bin Superman.« Ich versuche aufzustehen, aber etwas funktioniert nicht. Mir fehlt die Kraft dazu, ich schwanke. Die Ärzte von Manchester eilen herbei, sie tasten das Knie ab und verlangen sofort meine Auswechslung.

Okay, dann gehe ich eben raus, das Spiel ist sowieso fast beendet, aber *please* keine Trage und keine Unterstützung. Ich will den Platz auf meinen eigenen Beinen verlassen, weil ich in meinem Kopf überzeugt bin, dass es mir gut geht, es ist doch nichts Schlimmes passiert. Ich verlasse also das voll besetzte Stadion, doch in der Kabine untersucht mich Dario, und ohne ein Wort zu sagen, schüttelt er betrübt den Kopf. Da beginne ich zu ahnen, dass es nicht gut aussieht.

Mein Ego hört allerdings nicht auf, sich dagegen zu wehren: Ich lege keine Schutzmanschette ums Knie, als ich die Kabine verlasse, und ich schlucke nichts von den Schmerzmitteln, die man mir gibt. Ich stecke sie ein. Superman.

Zu Hause gehe ich auf die Toilette. Als ich von der Schüssel aufstehen will, schaffe ich das nicht, weil mir der Beugemuskel rausgesprungen ist. Ich habe hier ja zum ersten Mal seit dem Unfall das Bein im rechten Winkel abgeknickt. Ich spüre einen schrecklichen Schmerz.

Ich rufe Helena, ich schreie: »Komm her! Komm her!«

Sie zieht an meinem Bein, um mich aufzurichten. Ich entspanne mich ein wenig, aber der Schmerz wird stärker. Jetzt schluckt Superman die Schmerzmittel.

Am Morgen danach stehe ich auf, stelle mich vor einen Spiegel und mache ein Foto von meinen Knien, um sie zu vergleichen. Das rechte ist viel dicker als das linke, man sieht keine kantigen Knochen, alles ist abgerundet, der Schmerz ist unerträglich.

Ich gehe ohne Kniemanschette zum Training. In meinem Kopf bin ich immer noch überzeugt, dass nichts besonders Schlimmes passiert ist. Es wird eine Verstauchung sein oder irgendwas in der Art. Das wird schon wieder. In solchen Fällen ist eine derartige Schwellung normal. Doch das Ergebnis der MRT ist dann der Faustschlag mitten ins Gesicht: Riss des Kreuzbands und des

Außenbands und Abriss des Oberschenkelbizeps. Das Knie ist komplett hin. Ich klammere mich an eine ärztliche Zweitmeinung.

Noch bevor ich eine endgültige Diagnose erfahren und etwas verlautbart habe, läuft Minos Handy heiß: Das sind die Chirurgen, die sich anbieten, mich zu operieren. Die Aasgeier fangen schon an zu kreisen.

Mino raunzt einen bekannten Arzt aus Rom an, der viele Fußballstars operiert hat: »Was willst du operieren, wo wir noch nicht mal wissen, was mit diesem Knie los ist? Wie kannst du es wagen, hier anzurufen? Hol dir deine Werbung woanders!«

Ja, sicher, Mino hat wesentlich drastischere Worte gewählt.

Ich frage Dario: »Nenn mir die Namen der ersten drei Chirurgen, die du konsultieren würdest.«

Wir stellen diese Frage zehn Personen unseres Vertrauens. Alle nennen ein und denselben Namen: Freddie Fu, einen amerikanischen Arzt mit Wurzeln in Hongkong. Aber gleichzeitig sagen alle, dass es unmöglich ist, bei ihm einen Termin zu bekommen, weil er immer ausgebucht ist. Er ist eine internationale Koryphäe, er hat alle möglichen Auszeichnungen erhalten. Auf Google habe ich ihn neben Obama gesehen. Um ihm zu danken, hat die Stadt Pittsburgh ihm sogar einen Tag gewidmet, wie man es sonst nur mit Heiligen macht: Jeden 13. September begeht man dort den »Dr. Freddie Fu Day«.

Ich gebe das an Mino weiter, der sich einige Tage später meldet: »Pack die Koffer. Morgen fliegen wir nach Pittsburgh. Ich habe schon die Flüge gebucht. Freddie Fu erwartet uns.«

Mino ist zwar nicht gerade ein Heiliger, aber er vollbringt wahre Wunder.

Wir landen in den USA um vier Uhr Ortszeit. Ich, Mino und Dario. Wir gehen nicht mal ins Hotel, sondern fahren sofort zum UPMC, dem University of Pittsburgh Medical Center, wo uns Freddie Fu höchstpersönlich am Eingang einen großen Empfang bereitet, zusammen mit seiner rechten Hand Volker Musahl und sechs anderen Ärzten.

Um vier Uhr morgens.

Man untersucht mich auf jede erdenkliche Weise, MRT, Ultraschall und der ganze Rest, dann sagt Freddie Fu: »Kommt um sieben Uhr wieder, dann sprechen wir darüber.«

Nach einem kurzen Aufenthalt im Hotel sind wir also wieder in der Klinik. Wir werden in ein großes Konferenzzimmer geführt, die Fenster werden verdunkelt, und dann werden eine Reihe von Bildern gezeigt: der Unfallhergang in Manchester, die dabei erlittenen Verletzungen, alle Daten meines Knies, die Ergebnisse der drei Stunden zuvor durchgeführten Untersuchungen und eine Simulation des geplanten Eingriffs.

Bei den vorangegangenen Arztgesprächen hatte man mir erklärt, dass zwei Operationen nötig wären: eine für das Kreuzband und eine zweite ein paar Monate später für das Außenband und den verletzten Muskel. Damit hätte ich zu viel Zeit verloren. Ich wollte einen Chirurgen, der alles auf einmal erledigen konnte.

Freddie Fu versichert mir: »Kein Problem. Mir genügt ein Eingriff.«

Mino sieht mich an: »Was meinst du?«

»Das, was ich gesehen habe, flößt mir Vertrauen ein«, antworte ich.

»In Ordnung, dann bleiben wir hier«, beschließt Mino.

»Das Knie muss erst abschwellen. In einer Woche kann ich ihn operieren«, meint Dr. Fu.

Okay. Wir schauen uns also zunächst ein wenig in Pittsburgh um.

Ein paar Tage später erhält Mino einen Anruf vom Chirurgen: »Macht euch bereit, denn um vier Uhr morgens werde ich Zlatan abholen.«

»Aber die Operation ist doch für die nächste Woche geplant?«

»Nein, ich hatte gerade einen Traum und habe gesehen, dass ich ihn morgen operieren muss«, erklärt Freddie Fu, der etwas seltsam ist, wie alle Genies. Wenn er spricht, hat man den Eindruck, er stünde auf der Bühne: Er gestikuliert, macht lange Pausen, zitiert Gedichtverse, erzählt Geschichten, die absurd klingen. So wie die vom Schimpansen.

Er erklärte uns, dass sein medizinisches Zentrum neue Operationstechniken für Kreuzbänder an Tieren erprobte, und berichtete beispielhaft von einem Schimpansen, der Knieprobleme hatte.

»Wie haben Sie das denn entdeckt?«, fragte ich.

»Weil er keinen Sex mehr praktizierte«, antwortete Freddie Fu. »Davor hatte er dreimal am Tag Sex.«

»Und, war die Operation erfolgreich?«

»Ja, zur Freude seiner Gefährtin.«

»Gut«, meinte ich. »Wenn er schon an Tieren geübt hat, dann wird er mit mir keine Probleme haben.«

Freddie Fu schickt keinen Krankenwagen oder einen seiner Mitarbeiter, um mich im Hotel abzuholen. Er kommt höchstpersönlich – um vier Uhr morgens.

Als Erstes denke ich: »Wenn er so operiert, wie er fährt, dann muss ich mir Sorgen machen.«

Beinahe wären wir von der Straße abgekommen.

Ich warne ihn im letzten Moment: »Hey, Freddie Fu!«

Er reißt das Lenkrad rum und ist wieder in der Fahrspur. Das passiert zweimal.

»Alles in Ordnung, Doc?«, frage ich.

»Alles in Ordnung.«

»Sicher?«

»Keine Sorge.«

Keine Sorge schaff ich nicht, da ich gleich von diesem Mann operiert werden soll. Es ist einfach so, dass Freddie Fu immer sehr viel denkt, sein Gehirn arbeitet ununterbrochen, und er ist immer in seiner ganz eigenen Welt. Sicher sollte er das aber nicht am Steuer oder im OP tun.

Ich sehe beunruhigt zu Mino, der meint: »Nur ruhig Blut, ganz ruhig.« Er sagt die ganze Zeit: »Ruhig, ganz ruhig …«

Wir kommen zum Krankenhaus. Alles ist bereit für die Operation. Freddie Fu nimmt einen Filzstift und schreibt etwas auf mein Knie.

»Was ist das?«, frage ich.

»Meine Unterschrift auf Chinesisch.«

»Warum haben Sie das gemacht?«

»Um sicher zu sein, dass ich das richtige Knie aufschneide. Weißt du, die ersten tausend Operationen habe ich fast alle falsch gemacht. Dann wurde ich gut«, sagt er und zwinkert mir zu.

Ich dämmere weg, und der Eingriff beginnt. Er dauert zwei Stunden und fünfundvierzig Minuten.

Man hat mir berichtet, dass mein Knie aussah wie das eines Jungen, kräftig und fest, denn bis zur neunzigsten Minute gegen Anderlecht hatte ich nie Probleme mit Verletzungen. Und das Band, von dem sie ein Teilstück entnommen haben, um damit das gerissene Band zu flicken, war so breit, dass ich nicht ein Gramm an Kraft verlieren würde. Statt der üblichen drei oder vier Schrauben hat man bei mir sechs eingesetzt. Es ist völlig unmöglich, dass es noch einmal bricht.

Kurz gesagt, der Eingriff ist perfekt gelungen.

Ich möchte sofort ins Hotel, weil ich, wie bereits erwähnt, in Krankenhäusern kaum atmen kann, aber ich kann mich nicht wach halten wegen der Nachwirkungen der Narkose. Ich öffne die Augen und schließe sie wieder. Ich komme mir vor wie ein kaputtes Handy, das sich nach dem Laden sofort wieder entlädt.

So verbringe ich den ganzen Tag, dann endlich gegen Abend schaffe ich es, völlig wach zu werden, und wir verlassen das Krankenhaus.

Nun beginnt die Hölle.

Zwei Wochen lang muss ich reglos im Bett liegen, ich darf auf keinen Fall mein Bein belasten. Es ist eine wahre Tortur, ich bin es nicht gewohnt, mich nicht zu bewegen, das mache ich höchstens in den wenigen Wochen Sommerferien.

Normalerweise verlangt mein Körper von mir, zu rennen, mich richtig auszupowern und zu kämpfen, stattdessen darf ich mich nicht rühren. Ich fühle mich wie lebendig begraben.

Mino erkennt die Lage und beschließt: »Wir müssen hier raus. Lass uns einen Ausflug machen.«

Man gibt mir Krücken, solche für unter die Achseln, aber die drücken. Ich versuche die kürzeren, die man mit der Hand hält. Nicht wesentlich besser.

»Hör zu, Dario, dann fahr mich eben im Rollstuhl durch die Gegend.«

Doch der Physiotherapeut weigert sich: »Nein, die Welt darf dich nicht im Rollstuhl sehen.«

Zum ersten Mal nach der OP verlasse ich das Bett. Mino bringt mich ins Gym, damit mein Körper etwas Kraft zurückbekommt. Aber wir kehren bald wieder um, weil ich mich nicht gut fühle.

»Ich gehe zurück aufs Zimmer«, sage ich, und vor dem Aufzug schlage ich der Länge nach hin.

Bewusstlos. Unterzuckerung.

Ich bin weiß wie ein Laken. Mino gibt mir etwas Marmelade zu essen. Ich schiebe sie mir löffelweise in den Mund. Wie ein Kleinkind.

Am dritten Tag, an dem ich auf Krücken Treppen hochhumpele und in Straßengullis oder Drehtüren stecken bleibe, schmeiße ich sie in Darios Richtung und beschimpfe ihn in allen möglichen Sprachen. Ich bin ein hysterischer Zombie, denn meine Welt ist schlagartig zusammengebrochen. Ich kann nicht mehr spielen, rennen, kämpfen und dabei das Adrenalin finden, von dem ich so abhängig bin. Nun wird es wohl ein ganzes Jahr dauern. Ich beginne allmählich zu begreifen, was das bedeutet.

In den ersten Wochen bin ich nur zu einem in der Lage: den Muskel anzuspannen und ihn wieder zu entspannen, um ihn anzuregen und die Verbindung zwischen Gehirn und Bein zu reaktivieren. Mentales Training im Liegen. Ich spanne also den Muskel an und entspanne ihn, ich spanne ihn an und entspanne ihn in einem kontinuierlichen Rhythmus: zweitausendmal in drei Stunden.

Nach zwei Wochen fangen wir an, das Beugen des Beins zu trainieren. Ich muss es innerhalb der ersten zwei Monate schaffen, das Knie so weit wie möglich zu beugen, denn ich weiß, dass es danach nicht mehr besser wird. In Fällen wie diesem bleibst du genau auf der Mobilitätsstufe, die du in den ersten sechzig Tagen erreicht hast. Ich muss mich anstrengen, aber nicht zu sehr, um das Außenband nicht zu überlasten.

Bei Darios Massagen schreie ich laut vor Schmerzen, Mino besorgt mir jeden Tag mein Essen. Er kümmert sich um alles, wie immer, aber irgendwann kann auch er nicht mehr: »Zlatan, Pittsburgh hat mich fertiggemacht. Erklär du Freddie Fu, dass wir nach Miami fahren und dort mit der Reha weitermachen.«

Der Chirurg ist einverstanden, wir bleiben eine Woche in Miami, dann kehren wir nach Schweden zurück, um mit dem Wiederaufbautraining weiterzumachen. Den Rest der Geschichte kennt ihr ja schon: die Geräte in meinem Fitnessraum, die Rückkehr nach Manchester, die falsche, übertriebene Eile von Mourinhos Mitarbeitern, die Entscheidung, in die USA zu wechseln …

Ich war fünfunddreißig, als ich operiert wurde. Viele dachten, das wäre nun das Ende meiner Laufbahn. Stattdessen hat Freddie Fu sofort nach dem Eingriff den Journalisten versprochen: »Die Karriere von Ibrahimović ist keineswegs beendet. Er wird noch lange spielen.«

Er hat recht behalten.

Er hat ihn sich verdient, seinen Tag im Kalender.

Nach dem Unfall während der Partie Juve gegen Milan am 9. Mai 2021 fliegt Volker Musahl, Fus rechte Hand, ins Milanello für eine Untersuchung. Diesmal geht es um eine Verstauchung am anderen Knie, dem linken.

Man hat mir zu einer konservativen Therapie geraten, aber der Schmerz verschwindet nicht, und da kommt Volker noch einmal nach Italien und führt in der Niederlassung des UPMC in Rom einen minimalinvasiven Eingriff an mir durch. Ich füge mich und schufte wieder wie ein Tier, dazu der Schmerz, den ich genieße, und im Kopf immer die übliche Zuversicht: Das ist nichts, ich werde stärker als vorher zurückkehren.

Tatsächlich habe ich, als ich vier Monate später ins Team zurückkomme, die besten Testdaten von allen. Ich bin besser in Form als meine Mannschaftskollegen, die schon zwei Monate Training in den Beinen haben. Selbst Pioli ist überrascht, ja fast schon erschrocken: »Das ist nicht normal, dass du in so einer Form bist.«

Ich kehre gegen Lazio mit dem Samuraizopf auf den Platz zurück und mache sofort das Tor. Wir hatten mit Pioli einen Stufenplan für meinen Neustart erarbeitet: eine halbe Stunde gegen Lazio, gesetzt in Anfield gegen Liverpool, dann sehen wir, wie es nach diesen zwei Partien mit mir steht, und entscheiden, wie lange ich gegen Juventus spielen soll. Stattdessen legt mich eine entzündete Sehne lahm, und da begreife ich, dass etwas nicht stimmt, dass ich etwas ändern muss. Zum ersten Mal in meinem Leben nehme ich zur Kenntnis, dass ich nicht unsterblich bin. Ich bin menschlich geworden.

In den vorangegangenen Monaten hatte ich meinen Körper zu sehr gefordert, um zu beweisen, dass ich mit neununddreißig Jahren immer noch mit meinen Teamkollegen mithalten kann. So bin ich in eine Verletzungsspirale mit Muskelproblemen und Ähnlichem geraten: Ich kam zurück in den Kader und flog wieder raus. Ich startete von Neuem durch, und dann war ich wieder lahmgelegt. Mein Körper schickte mir eine Reihe von Botschaften, die ich ignorierte. Jetzt war der Moment gekommen, an dem ich auf ihn hören und meinen Umgang mit Verletzungen ändern musste, so wie ich auch meinen Spielstil verändert habe.

Ich kann mir keinen Offensivsprint nach dem anderen mehr leisten, wie ich es als junger Kerl gemacht habe. Nun muss ich mit meinen Kräften haushalten. Und ich kann nicht mehr neunzig Minuten im Strafraum kämpfen, wo es hart zur Sache geht. Ich bleibe mehr am Rand des Geschehens, ich habe so viele Jahre Erfahrung auf dem Buckel, dass ich nur noch dann ins Spiel eingreife, wenn es etwas bringt, und ich arbeite mehr für die Tore der anderen als für meine eigenen. Ich habe mich als Spieler neu erfunden, um mich an die Bedürfnisse meines älter werdenden Körpers anzupassen.

Genauso musste ich nun meinen Umgang mit Verletzungen ändern. Ich konnte mir nicht länger sagen: »Das ist nichts, ich kehre stärker denn je zurück.«

Heute brauche ich mehr Zeit, um mich von den Anstrengungen eines Spiels zu erholen und um einen Schlag oder eine Verletzung zu verarbeiten. Ich muss wesentlich mehr arbeiten als früher. Beim Training mit der Mannschaft hänge ich jeden Tag eine Reihe auf mich abgestimmter individueller Übungen an. Seit ich dreißig wurde, achte ich auch stärker auf meine Ernährung. Nicht fanatisch, aber ich habe einige Nahrungsmittel und Getränke von meinem Speiseplan verbannt: Ich esse nicht mehr zweimal täglich Pasta; wenn ich mittags Fleisch esse, dann vermeide ich es abends; und ich zwinge mich immer zu einem energiereichen Frühstück, damit ich gut in den Tag starte. Wenn ich mit vierzig immer noch auf höchstem Niveau spiele, dann verdanke ich das nicht nur einer Gnade des Schicksals oder einem Geschenk der Natur, sondern harter Arbeit und großen Opfern.

Ich habe erkannt, dass ich nicht mehr Superman bin, heute wähle ich meine Kämpfe genau aus und habe zwei Dinge beschlossen. Erstens: Ich gehe keine unnötigen Risiken ein. Ich trainiere und spiele nur, wenn ich mich völlig fit fühle. Ich brauche eine neue Art von Disziplin und viel Geduld.

Und zweitens: Da mein Körper mehr Verletzungen ausgesetzt ist, ist es unbedingt nötig, einen persönlichen Physiotherapeuten zu haben, der ihn gut kennt und rund um die Uhr überwacht. So etwas wie einen Gesundheits-Bodyguard.

Deswegen habe ich Giorgio eingestellt. Er hat viel Erfahrung, er gilt als einer der besten, und er arbeitet nur für mich. Er war der Ausbilder von Dario, der nun leider bei Paris Saint-Germain ist, und hat fantastische Arbeit geleistet, um das operierte Knie zu stabilisieren. Es bereitet mir keine Probleme mehr und funktioniert optimal. Leider kam dann die Sehnenentzündung, die absolut nichts mit dem Knie zu tun hat. Ursache dafür war das Loch, das man mir während meiner Zeit bei PSG verpasst hat, die Narbe hat sich reaktiviert, und es hat sich ein Hämatom gebildet. Die Entzündung entstand durch den Blut- und Flüssigkeitsaustritt.

Den Schmerz in der linken Achillessehne habe ich in der Woche vor dem Match mit Lazio zum ersten Mal gespürt, bei einem Trainingsspiel gegen die Jugendmannschaft, aber ich habe nicht weiter darauf geachtet: Vielleicht liegt es ja am harten Platz, habe ich gedacht. Wir haben einen neuen Hauptplatz im Milanello, er ist schön, aber der Boden kam mir sofort zu hart vor. Ich dachte: Ich muss mich erst daran gewöhnen. Ich achtete nicht richtig auf die Sehnen, denn ich war zu sehr aufs Knie fixiert, und dem Knie ging es gut.

Diesmal habe ich mir die nötige Zeit genommen, um gesund zu werden, und zwar in dem Bewusstsein: »Wenn ich zurückkomme, dann verbreite ich Angst und Schrecken.«

Denn die Tests und alles auf dem Platz sprachen eine deutliche Sprache: Ich war in Topform und der Stärkste von allen. Dann kommt bei der Partie Milan gegen Lazio Tiemoué Bakayoko von der Bank ins Spiel und verletzt sich schon nach wenigen Minuten. Ich gehe zu ihm und frage. »Baka, die Sehne?«

Er antwortet: »Ja.«

»Hast du das schon vor dem Spiel gespürt?«

»Ja.«

Ich, Baka und ein dritter Spieler: alle mit Schmerzen in den Sehnen. Also ist es der neue Platz.

Ich bekomme Panik: Wenn ich mich auch noch verletze, wo ich doch nach vier Monaten Pause gerade erst wieder dabei bin, was werden dann alle von mir denken?

Dass ich ein alter Mann bin, reif für die Müllkippe.

Zu diesem Zeitpunkt hatte ich gegen Lazio schon zum 2:0 getroffen, daher verlagerte ich mein Spiel ein paar Meter nach hinten und spielte von da an möglichst einfach, um jedes Risiko zu vermeiden. Am Tag danach im Milanello habe ich noch etwas Schmerzen, aber wir machen nur leichtes Training.

Im Vorfeld der Partie gegen Liverpool versuche ich, während des Taktiktrainings etwas anzuziehen: fünf oder sechs harte Sprints. Keine Probleme bei den ersten drei. Beim vierten tut es langsam weh. Beim fünften etwas mehr. Nach dem sechsten Sprint kann ich nicht mehr das Tempo der Mannschaft mithalten: Sie rennen, ich gehe. Als sie am Strafraum ankommen, bin ich immer noch im Mittelfeld. Anstatt auf dem Vorderfuß laufe ich auf den Fersen, um die Schmerzen zu vermeiden.

Ich sage zu Pioli: »Mister, wenn es mir morgen gegen Liverpool immer noch so geht, musst du mich nach einer Viertelstunde rausnehmen.«

»Dann mach jetzt mal Pause, Zlatan.«

Diesmal nehme ich mir all die Zeit, die ich brauche, um mich wiederherzustellen. Ich bin keine zwanzig mehr. Zumindest nicht mein Körper. Im Kopf bin ich immer noch der Alte.

Ich will nicht daran denken, wie ich als alter Mann sein werde und wie dann meine Tattoos altern. Ich habe sie mir deswegen fast alle auf den Rücken stechen lassen, damit ich sie nicht sehe. Ich habe keine Tattoos an den Beinen. Dort sind nur die Narben, die ich meinem Spielstil und meiner persönlichen Fußballhistorie verdanke. Am Handgelenk habe ich mir den Geburtstag meines Bruders Sapko stechen lassen, der mit einundvierzig gestorben ist: 30. April 1973. Die Leukämie hat ihn in nur vierzehn Monaten getötet.

Deswegen möchte ich nicht an die Zukunft denken und konzentriere mich nur auf die Gegenwart. Ich versuche, keine Sekunde zu vergeuden und immer in der Nähe meiner Kinder und der Menschen, die ich liebe, zu sein und so viel Zeit wie möglich mit ihnen zu verbringen, denn ich weiß, dass das Leben dahinrast und dass eine einzige medizinische Untersuchung alles auf den Kopf stellen kann.

Als ich Sapko fragte, wie er das mit seiner Krankheit gemerkt hat, erzählte er mir, er hätte beim Gehen plötzlich so ein merkwürdiges Gefühl gehabt, als würde er auf dem Bürgersteig ertrinken. Er fühlte sich wie unter Wasser, konnte nicht atmen.

Er ging sofort ins Krankenhaus und ließ eine Reihe Untersuchungen machen. Man sagte ihm gar nichts. Erst am nächsten Tag rief der Arzt meinen Vater an und erzählte ihm alles.

»Was für eine Leukämie ist es?«, fragte ich ihn.

»Ein aggressiver Typ«, antwortete Papa.

»Aber wir sind stärker. Wir werden auch diesen Kampf gewinnen.«

Sapko begann mit der Therapie, aber nach einigen Monaten verschlechterte sich sein Zustand. Ich fuhr aus Paris, wo ich zu der Zeit spielte, nach Hause, und er war dann schon aufgedunsen, hatte alle Haare verloren und konnte sich kaum bewegen. Es war extrem schwer für mich, ihn so zu sehen. Darauf war ich nicht vorbereitet. Er musste viele Medikamente einnehmen, durch die es ihm dann besser ging, aber nur kurzfristig.

Papa brachte ihn zur Toilette, dann kam er ins Wohnzimmer zurück und gestand mir zum ersten Mal: »Es gibt keine Hoffnung.«

Ich sah ihn an und erkannte in seinen Augen, wie ernst es ihm war. Ich konnte nicht atmen. Hatte einen Kloß im Hals.

Was war da los? Sapko gab mir Hoffnung, und Papa nahm sie mir.

Mit all meiner körperlichen Stärke, mit all meinem Geld, mit all meinen internationalen Kontakten konnte ich nichts tun, um meinem Bruder zu helfen. Ich fühlte mich so ohnmächtig, eine absolute Null. Ich war am Boden zerstört.

Weiterzuspielen war ein gewaltiger Kraftakt, auch wenn ich mich dank meiner Willenskraft und meines Verantwortungsgefühls darauf programmieren konnte: Neunzig Minuten lang konzentrierte ich mich nur auf den Platz, ich gab alles für meinen Beruf, und dann versenkte ich mich wieder in meinen Schmerz.

Sapko ging es immer schlechter. Man hatte ihn in ein Hospiz gebracht, aber er blieb nur eine Woche. Er fühlte sich dort nicht wohl. Daraufhin entschied Papa: »Ich hole ihn zu mir nach Hause.«

Aber er war völlig erschöpft von seinem Schmerz und von der Anstrengung bei der Pflege seines Sohnes, den er über ein Jahr rund um die Uhr betreut hatte. Keine Minute hatte er ihn allein gelassen. Er war geschwächt, konnte ihn nicht mehr heben, obwohl Sapko inzwischen leicht wie eine Feder war. Daher musste er ihn zurück ins Hospiz bringen.

Wir wurden von Chelsea aus der Champions League geworfen, und ich sagte zu Laurent Blanc: »Trainer, ich fahre zurück nach Schweden. Ich will bei meinem Bruder sein.«

Damals hatten wir noch die rosa Villa in Malmö, die ganze Familie war dort versammelt. Ich kam spät am Abend aus Paris.

Am nächsten Morgen stand ich auf, frühstückte. Ich hatte es nicht eilig, ich dachte, dass mir jede Menge Zeit bliebe. Ich verließ das Haus, vergaß die Jacke drinnen, drehte noch mal um. Dann fuhr ich los zur Klinik, fand sie nicht, telefonierte mit Papa, der mir aus dem Hospiz entgegenkam, und dann gingen wir zusammen zu Sapkos Zimmer.

Er lag bereits im Koma.

Atmete unregelmäßig.

Papa erklärte mir, dass die Abstände zwischen den Atemzügen immer länger wurden. Er saß am Bettende, in Fensternähe. Ich stand neben ihm, konnte meinen Bruder kaum ansehen, ich schaffte es einfach nicht, ich lauschte nur seinem Atem, dessen Intervalle immer länger wurden.

Nach einer Viertelstunde sagte Papa: »Es ist vorbei.«

»Was?«

»Er atmet nicht mehr.«

Sapko hatte mit dem Sterben auf mich gewartet. Er wollte mich dort an seiner Seite haben. Da bin ich ganz sicher. Ich hatte lange geschlafen, ich hatte in aller Ruhe gefrühstückt und mir Zeit gelassen. Aber er hatte gewartet. Erst nachdem ich angekommen war, hat mein Bruder zehn Minuten später seinen letzten Atemzug getan.

Papa stand auf, um ihn mit dem Laken zu bedecken, ich hielt ihn auf: »Nein, fass ihn nicht an. Lass das die anderen machen.«

Die Beerdigung erfolgte nach muslimischer Tradition. Eine einfache Holzbahre, die Verwandte und Freunde sich weiterreichen. Wer sie einmal getragen hat, geht weiter an den Anfang der Reihe, um sie dann erneut weiterzureichen. Es ist eine Kette von Armen, die den Verstorbenen zum Grab begleiten. An den Stoffbändern ließen ihn dann die sechs Personen herab, die ihm am nächsten standen und die Papa ausgewählt hatte.

Neben dem Grab, an dem sich viele versammelt hatten, um an der Zeremonie teilzunehmen, standen auch ein paar Schaufeln. Papa nahm eine und warf die erste Schippe Erde ins Grab. Dann war ich an der Reihe, ich machte es ihm nach, einmal, zweimal, dann konnte ich nicht mehr. Ich ließ die Schaufel fallen. Ihn komplett mit Erde zu bedecken hieß zu akzeptieren, dass er tot war, doch in meinem Kopf lebt Sapko immer noch. Ich kann nicht zugeben, dass er nicht mehr da ist. Er war zu jung, er war mein Bruder. Ich ging zu meiner Familie und weinte mit ihr.

Papa vergoss keine einzige Träne. Am Tag danach ging er allein zum Friedhof und weinte den ganzen Tag, von morgens bis abends.

Er erklärte: »Ich mache das nur einmal, und dann ist gut.«

Als man mir dann sagte: »Mihajlović hat Leukämie«, bin ich schlagartig in den Albtraum mit Sapko zurückgekehrt, ich habe diese schrecklichen Tage erneut durchlebt. Ich hätte Siniša am liebsten sofort angerufen, aber dann hatte ich nicht die Kraft dazu.

Ein paar Tage später konnte ich es. Ich war in Los Angeles, ich habe mir genau überlegt, wann ich ihn am besten anrufe, wegen der neun Stunden Zeitunterschied. Rufe ich ihn abends an, wenn bei ihm Morgen ist, dann ist das vielleicht besser für ihn, denn am Abend ist er vielleicht zu müde.

Ich rufe ihn also an, aber mir fällt nichts Besseres ein, als zu fragen: »Wie geht's dir?«

Da hat jemand Leukämie, und du fragst ihn: »Wie geht's dir?«

Eine idiotische Frage.

Siniša bemerkt, dass ich rumstammele, dass ich mich schwertue, daher redet er.

»*Bato* …«, meint er.

Siniša nennt mich so. *Bato*, das bedeutet im Serbischen »mein Sohn«. »*Bato*, du kennst mich: Du weißt, dass ich auch diesen Kampf gewinnen werde. Ich bin stark genug, mir geht es gut. Mach dir keine Sorgen.«

Er gibt mir Zuversicht. Ich weiß nur wenig über Leukämie. Ich hatte nur diese schlimme Erfahrung mit meinem Bruder. Während Mihajlović erzählt, frage ich mich, ob es das letzte Mal ist, dass ich mit ihm spreche, und ob das letzte Mal, dass ich ihn gesehen habe, wohl schon gewesen ist.

Mitten in meine Zweifel und Ängste hinein sagt er zu mir: »Ich brauche einen Stürmer. Komm zu uns.«

Versteht ihr? Für Siniša stand fest, dass er gesund werden würde, er plante schon für die Zeit nach der Krankheit, er saß schon wieder auf der Bank von Bologna und wartete auf mich.

»Siniša, ich überlege, ganz aufzuhören. Ich bin alt, ich kann nicht mehr rennen.«

»Du sollst auch gar nicht rennen. Du sollst Tore schießen. Die anderen werden für dich rennen.«

Marco Di Vaio, der Teamkoordinator von Bologna, kam nach Los Angeles, um das mit mir zu besprechen.

Ich erklärte ihm: »Schau mal, du brauchst mir gar nichts vom Stadion, den Fans, der Vereinsgeschichte oder sonst was zu erzählen, um mich zu überzeugen. Wenn ich nach Bologna komme, dann nur wegen Mihajlović.«

Siniša war eine sehr starke Motivation für mich, aber ich konnte nicht sicher sein, dass er wirklich auf der Bank sitzen würde, und Bologna als Mannschaft hielt für mich nicht den Adrenalinkick bereit, den ich brauchte. Da kamen, wie gesagt, zuerst noch Neapel und Milan.

Ich rief Siniša an: »Du bist der Erste, dem ich das sage. Noch weiß das niemand: Ich gehe zu Milan. Es tut mir leid.«

Er erwiderte: »Das hast du sehr gut gemacht. Eine ausgezeichnete Wahl.«

Wir haben uns dann am Spielfeldrand im San Siro gesehen. Das war noch zu der Zeit, als er im Krankenhaus ein und aus ging. Man ließ ihn raus, damit er auf der Bank sitzen konnte, er wollte einfach dabei sein. Mit Mütze und medizinischer Maske. Vor dem Spiel begrüße ich nie die Trainer der gegnerischen Mannschaft, selbst wenn ich sie so gut kenne wie Mourinho. Aber Siniša wollte ich umarmen, und wenn mich jemand daran hätte hindern wollen, dann hätte er das nicht geschafft, weil ich ihm einen Moment Freude und Energie schenken wollte, die er mir gegeben hatte.

Pioli hat mir von dem Krebs erzählt, der Ivan Gazidis erwischt hat, den Vorstandsvorsitzenden von Milan. Wir schreiben uns. In einer Nachricht bat er mich: »Führe Milan weiter so an, wie du es gerade tust.«

»Versprochen.«

Ich bin überzeugt davon, dass alle guten und schlechten Taten am Ende zu einem zurückkehren, dass der Kreis sich schließt, aber noch hier auf dieser Erde. Ich glaube nicht an ein zweites Leben. Wenn ich tot bin, bin ich tot. Ich weiß nicht einmal, ob ich eine Beerdigung und ein Grab will, also einen Ort, der den Leuten, die mich lieben, Schmerzen bereitet.

Eines Tages im September 2021 erhielt ich einen Anruf aus Pittsburgh: »Freddie Fu hat nur noch sieben oder vielleicht zehn Tage zu leben. Krebs.«

Es wurden sogar weniger.

Ein weiterer Anruf: »Er ist gestorben.«

So ist das Leben.

10
PÄSSE
(oder: über die Freundschaft)

Heute spiele ich wesentlich mehr Pässe als früher.

Als junger Mann war ich da egoistischer. Heute denke ich viel mehr an die Mannschaft. Wenn du jung bist, glaubst du, du kämpfst allein gegen die ganze Welt, und möchtest am liebsten all ihre Bewohner umdribbeln. Später begreifst du, dass Fußball ein Mannschaftssport ist und dass du so stark sein kannst, wie du willst, aber erst wenn du mit der Mannschaft spielst, wirst du noch stärker.

Je älter und reifer ich wurde, desto mehr wurde mir bewusst, dass ich Mitspieler brauche, dass ich mich auf sie stützen muss. Heute ist mir der Pass wichtiger als das Dribbling.

Ich bevorzuge Pässe, die aus einer Vision heraus entstehen. Nicht das letzte Zuspiel, das am einfachsten zu verstehen ist, die Torvorlage, die den Zuschauern ein *Wow!* entlockt. Nein, ich sehe im Voraus, wie sich eine Aktion entwickelt, die hier auf der rechten Seite startet und die nach einer Reihe von weiteren Pässen mit Dominoeffekt eine Gefahr dort drüben auf der linken Seite ergibt. Meine erste Ballberührung setzt den Mechanismus in Gang, und auch wenn dieser Pass nicht bejubelt wird, ist er doch genauso wichtig wie der letzte, der zum Schuss aufs Tor führt. Nein, er ist sogar noch wichtiger, weil alles damit beginnt. Ohne diese erste Berührung, ohne die Vision entwickelt sich die ganze Aktion nicht. Ich mag diese Art von Pässen.

Dazu fällt mir eine Szene aus meiner Zeit bei Inter ein. Maicon spielte mir den Ball mit einem hohen Pass zu, und ich machte eine Art Fallrückzieher, um ihn dann an Stanković weiterzugeben. Viele Leute dachten: Was für ein Glückstreffer …

Das war aber kein Glück. Ich hatte die Situation total unter Kontrolle und habe genau diesen Move gewählt, den die meisten wohl für instinktiv, improvisiert gehalten haben, um den Spielzug auszuführen.

Ich mag das: Bei einem Angriff immer alles unter Kontrolle zu haben, die Position meiner Mitspieler und meiner Gegner genau zu kennen, um dann zu entscheiden, was ich mache: den Ball direkt weiterleiten, einen Steilpass in den Lauf eines Mitspielers, einen Kopfball.

Mit einer Serie von solch kontrollierten Zuspielen habe ich Antonio Nocerino in einer Saison bei Milan zu elf Toren verholfen, und Antonio war nicht gerade ein Torjäger. Antonio spielte sehr überlegt. Manche Spieler versuchen auf dem Platz mehr, als sie können. Er nicht. Er nahm den Ball nicht an, um den letzten Pass zu spielen, das Spiel aufzubauen oder zu dribbeln. Er eroberte Bälle, passte sie zu seinen Mitspielern, die dann etwas daraus machten, und danach sprintete er vor in den gegnerischen Strafraum.

Sich zwischen den Verteidigern freizulaufen, nachdem man schon reichlich gefightet hat, bedeutet ein Opfer mehr. Das ist wie Überstunden machen. Nicht jeder Spieler ist bereit dazu.

Robinho zum Beispiel gab sicher nicht den Ball ab, um anschließend das Opfer zu bringen, für andere zu laufen. Er war halt ein anderer Spielertyp, er wollte immer selbst im Spiel bleiben. Wenn er den Ball an dich abgab, dann wollte er ihn sofort wieder zurück, um selbst Aktionen zu erfinden, zu kreieren, andere zu überraschen. Bei Nocerino war das anders, er ging in den Strafraum rein, und ich wusste, dass ich ihn dort finden würde.

Heute, wie schon gesagt, spare ich mir meine Kräfte, um direkt vor dem Tor anzugreifen. Pioli bearbeitet mich, dass ich immer da vorne für andere zu finden bin. Aber vor zehn Jahren war ich ein ganz anderer Spielertyp, und ich war nicht so verbissen wie manche Stürmer, die auch noch von der Eckfahne schießen. Ich wollte Fußball spielen, bewegte mich rund um den Strafraum, war immer in Bewegung und spielte für Kevin-Prince Boateng, Pato, Robinho und Inzaghi die Pässe rein …

Nocerino hat diese Möglichkeit sehr schlau genutzt. Elf Tore sind viel für einen Mittelfeldspieler, besonders in Italien.

Wenn ich die aufzählen soll, die mir die besten Pässe zugespielt haben, dann beginne ich mit Pavel Nedvěd, der damals einer der Besten war und mit dem Ballon d'Or als bester Fußballer Europas ausgezeichnet wurde, ein großzügiger Mensch sowohl auf dem Platz als auch außerhalb. Er verhielt sich nie egoistisch, dachte immer zum Besten der Mannschaft, er gab mir Ratschläge, spornte mich an, lieferte mir großartige Torvorlagen.

Trezeguet dagegen schlug mir vor: »Zlatan, du läufst und holst die Bälle, und ich warte im Strafraum auf dich.« Was im Klartext hieß: Du machst die Arbeit und ich die Tore.

Ich war jung, deshalb antwortete ich: »Ja, ja, in Ordnung, David …«

Ich war glücklich, je mehr Ballkontakte ich hatte. Er dachte nur an die Tore. Und tatsächlich wurde Trezeguet in dem Jahr unser bester Torschütze durch meine Assists und meine Umtriebigkeit. Ich habe eine Menge für ihn geackert.

In der nächsten Saison habe ich ihm aber gesagt: »Hör mal, David, ich will auch Tore schießen.« Und ab da bin ich für mich selbst auf Torejagd gegangen.

Mit Verratti habe ich mich auch bestens verstanden. Marco servierte mir Spitzenpässe. Wir sind im gleichen Jahr zu PSG gekommen und wurden am selben Tag der Presse vorgestellt. Ich komme also in einen Raum mit einer Handvoll Journalisten und sehe jemanden, den ich nicht kenne, mit der Presse sprechen. Er ist klein. Vielleicht ist das gar kein Fußballspieler, denke ich, das wird ein neuer Manager sein, einer von den Sponsoren oder so ähnlich.

»Wer ist das?«, frage ich.

»Marco Verratti.«

»Woher kommt der?«, frage ich weiter.

»Von Pescara, aus der italienischen Serie B.«

Ich wundere mich. Sonst holt sich PSG Leute wie Thiago Silva und Ibrahimović, keine Italiener aus der zweiten Liga. Hm …

Ich gebe meine Pressekonferenz. Der Raum, der zunächst leer war, füllt sich jetzt plötzlich, und ich stelle mich vor, begrüße die Leute, sage, was ich mir vorgenommen habe, und das übliche Blabla …

Der kleine Kerl bleibt da und hört zu.

Dann beginnt das erste Training mit Ancelotti, Pastore, Lavezzi und all den anderen. Dieser Verratti ist auch dabei, der Spieler, der direkt aus der Serie B kommt.

Nachdem er zweimal den Ball gespielt hat, bleibe ich stehen. Ich denke nicht etwa: »Abwarten. Schauen wir mal. Vielleicht war das nur ein Zufall. Anfängerglück.« Nein. Mein Urteil steht fest: Dieser Junge hat etwas ganz Besonderes. Wer selbst Fußball spielt, sieht bestimmte Dinge sofort. Wenn jemand neu zu Milan kommt, weiß ich gleich, aus welchem Holz der geschnitzt ist.

Verratti ist der einzige Spieler, den ich kenne, der immer den Ball haben will, egal, ob er gedeckt wird, weitab steht, auf dem falschen Fuß erwischt wird oder verletzt ist … Er will ihn immer. Er hat vor nichts Angst. Und neun- von zehnmal kommt er mit dem Ball am Fuß aus dem Zweikampf, auch wenn die Situation sehr eng ist. Das können nur ganz wenige auf der Welt.

Ancelotti allerdings bat mich immer um eins: »Zlatan, auf dich hört er doch: Überzeug Verratti davon, dass er nicht immer diese schlaffen Pässe spielt, die er so mag … Ploff …«

Also ging ich hin und bat Marco, schärfere Pässe zu spielen.

Ich bin überglücklich, dass er 2021 die Europameisterschaft gewonnen hat, denn er ist ein fantastischer Kerl, so bescheiden, jeder mochte ihn. Als er nach Paris kam, war er noch nicht bereit für den großen Fußball. Damit meine ich nicht seine technischen Möglichkeiten. Ich meine vielmehr den Abschluss eines wichtigen Vertrags, die Bürokratie und alles, was der Job in einem Topverein mit sich bringt.

Ich habe ihm geholfen, indem ich ihm die Berater aus meinem Team zur Verfügung gestellt habe, Finanzexperten, Fachberater, Anwälte. So hat er sich nur auf den Fußball konzentrieren können.

Ich freue mich auch für ihn, weil ich weiß, wie er während der Monate vor der EM gelitten hat und wie sehr er fürchtete, dass er nicht dabei sein würde, wie es mir dann passiert ist. Wir hatten denselben Physiotherapeuten. Er sagte mir, dass Marco, wenn alles gut ging, ab dem zweiten oder dritten Spiel eingesetzt werden könnte.

Nach dem Titelgewinn der Italiener in London haben wir uns dann auf seiner Hochzeit getroffen. Er hatte nur ein paar Freunde eingeladen.

»Du musst unbedingt dabei sein«, hatte er mir quasi befohlen.

Es war eine wunderschöne Feier, mit Lavezzi, Pastore, Sirigu und den anderen. Wir haben die Chemie zwischen uns bewahrt, die uns verbunden hat, als wir noch zusammen gespielt haben.

Der ehemals so kleine Verratti aus der Serie B, der Unbekannte, den ich in diesem leeren Saal für einen Manager gehalten hatte, hat seinen Weg gemacht: Er ist heute glücklicher Ehemann und Europameister!

Doch das beste, weil natürliche, nicht vorgeplante Verständnis herrschte zwischen mir und Pogba bei Manchester United. Wir haben uns sofort gefunden, ohne einander zu kennen oder erst zu beobachten. Es war stimulierend, eine Freude, mit ihm zu spielen und von ihm diese genialen Pässe zu bekommen.

Bei Inter hatte ich keinen Lieblingsspieler für die Pässe, da teilten sich viele diese Aufgabe: Cristian Chivu, Maxwell, Stanković, und vor allem Maicon lieferte Pässe wie eine Maschine. Er fand mich immer.

Der beste Passspieler aktuell ist Kevin De Bruyne. Er sieht Dinge, die andere nicht sehen. Der Belgier hat die Vision, die ich auch immer suche, wenn ich spiele. Seine Torvorlage bei der Europameisterschaft 2021 gegen Dänemark erklärt alles. Er ist in den Strafraum vorgestoßen, hat den Ball bekommen, und alle dachten jetzt, er würde aufs Tor schießen. Er dagegen hat Thorgan Hazard gesehen, der dazukam, und ihm den Ball zugespielt: Tor.

De Bruyne sieht das, was passieren wird, einen Moment vor den anderen.

Ist das Dribbling eine Flucht in die Freiheit, verbindet dich der Pass mit deinen Mitspielern, es ist so etwas wie die Seilschaft in den Bergen. Das Dribbling schenkt dir die Einsamkeit, der Pass schafft Freundschaften auf dem Platz.

Im Leben ist Freundschaft, glaube ich, ein rares Gut.

Ich habe sehr wenige Freunde.

Damit meine ich die, die dich ein Leben lang begleiten, mit denen du jeden Tag sprichst und denen du blind vertraust. Mino ist Freund, Vater, Berater, alles. Mino ist das Komplettpaket. Etwas ganz anderes. Richtig enge Freunde im wahrsten Sinne des Wortes habe ich nur ein paar.

Die Freunde aus der Jugend habe ich alle aus meinem Leben gestrichen, denn je mehr Erfolg ich hatte, desto größer wurde ihr Neid. Ich konnte das nicht begreifen.

Wir waren zusammen aufgewachsen, waren immer ein Team gewesen, waren gemeinsam nach Ayia Napa auf Zypern geflogen, um dort am Strand und in der Disco Spaß zu haben. Aber je berühmter ich wurde, desto öfter hörte ich sie schlecht über mich reden. Ich bekam immer wieder mit, wie hinter meinem Rücken gelästert wurde. Ich wollte es nicht glauben. Schließlich habe ich eine Entscheidung getroffen: Diese ehemaligen Freunde bringen mir nur negative Energie, ich brauche sie nicht mehr. Kontakt abgebrochen.

Sie erwarteten nur, dass ich ihnen finanziell unter die Arme griff, und setzten das Gerücht in die Welt, dass ich das für niemanden täte. Aber Freundschaft hängt nicht am Geld. Du kannst doch mein Freund sein, ohne dass das eine Rolle spielt.

Damals besaß ich ja auch keine Reichtümer, ich bekam meine ersten Gehälter und achtete auf mein Geld, weil ich wusste, so, wie es reinkam, konnte es auch wieder rausgehen. Ich hatte selbst erlebt, was es bedeutete, keins zu haben und in einen leeren Kühlschrank zu schauen.

Ich habe all diese Menschen aus meinem Leben gestrichen bis auf Guðmundur Mete, der mit mir in der ersten Mannschaft bei Malmö gespielt hat. Er ist nie neidisch gewesen, ab und zu hören wir uns noch.

Es ist schwierig, echte, loyale und selbstlose Freunde zu haben. Deshalb sage ich, dass meine besten Freunde meine Anwälte sind: Ich bezahle sie, sie arbeiten für mich und sind immer bereit, mir zu helfen, wenn ich sie mal brauche.

Heutzutage lebe ich ziemlich isoliert, ich lasse nicht allzu viele Menschen in mein Leben, und wenn ich sie hineinlasse, bedeutet das, dass sie sich das Vertrauen und die Zuneigung verdient haben.

Ich vertraue einigen Menschen, aber einen wirklich besten Freund habe ich nicht. Seit ich so enttäuscht wurde und die Freunde von damals verloren habe, suche ich den Zusammenhalt mit meiner Familie und führe ein sehr zurückgezogenes, geschütztes Leben.

Maxwell ist mein bester Freund im Fußball, der, dem ich am meisten vertraue, aber wir sprechen uns nicht jeden Tag. Manchmal rede ich mit Ignazio Abate, mit Mete oder jemand anderem.

Kann man mit seinem Trainer befreundet sein? Ich sage Ja.

Einmal habe ich Ancelotti angerufen, damals war er nicht mehr bei PSG: »Ciao, Mister. Wie geht's dir?«

Er hat geantwortet: »Nenn mich nicht mehr Mister, ich bin nicht mehr dein Trainer. Nenn mich Carlo oder Freund.«

Carlo ist ein Trainer, der sich von allen anderen abhebt, er hatte ein ganz besonderes Verhältnis zur Mannschaft. Eines Abends saß ich in Paris mit sechs oder sieben Spielern im Restaurant beim Abendessen. Wir riefen ihn an, um Hallo zu sagen, und zwanzig Minuten später saß er mit uns am Tisch und trank ein Bier.

Aber auch mit Pioli verstehe ich mich ausgezeichnet. Letzten Sommer waren wir zur gleichen Zeit auf Formentera. Vor der Abreise, als ich erfahren hatte, dass er auch dorthin reisen würde, habe ich ihn hochgenommen: »Mister, das ist ein Ort für reiche Leute. Das ist nicht deine Liga …«

Ich rief ihn ein paarmal von meinem Boot aus an, und er gab mir mit seinem Handy seine Position durch, aber er war dann immer genau auf der entgegengesetzten Seite der Insel. Irgendwie war das so, als ob wir Fangen spielten. Während des ganzen Urlaubs haben wir uns kein einziges Mal erwischt.

Manchmal, wenn ich zum Beispiel Saelemaekers anschreie, weil er den Ball nicht an mich abgegeben hat, ruft Pioli mich zur Ordnung: »Zlatan, ganz ruhig. Ich mach das schon und feure die Mannschaft von der Bank aus an.«

Aber andere Male sagt er dann wieder zu mir: »Zlatan, mach du mal bei den Jungs auf dem Platz Dampf, ich bleib hier ganz ruhig auf der Bank sitzen.«

Tatsächlich bleibt Pioli niemals ruhig sitzen, er erlebt die Partie immer aufs Extremste mit. Er ist wie besessen.

In einem Spiel gegen die Roma habe ich gegen Ende der ersten Halbzeit ein Problem an den Adduktoren. Ich informiere ihn. In der Halbzeitpause sprechen wir und überlegen gemeinsam mit den Ärzten, ob ich auf die zweite Halbzeit verzichten muss.

Der Mister entscheidet: »Zlatan, du gehst jetzt wieder auf den Platz und rührst dich nicht vom Tor weg, okay? Keine Anstrengungen.«

Aber schon bei der ersten Aktion in der zweiten Halbzeit schreit er mir hinterher: »Zlatan, beweg dich! Lauf! Greif an!«

Sollte ich nicht eigentlich nur direkt vor dem Tor sein?

Von allen Kabinen, in denen ich schon gewesen bin, spürte man in der von PSG die freundschaftlichste Atmosphäre. Wir gingen oft zusammen essen, manchmal trafen wir uns auch bei Ezequiel Lavezzi, der einen argentinischen Grillabend veranstaltete. Wir waren so ungefähr die Truppe, die sich später auch auf Verrattis Hochzeit zusammengefunden hat. Es schien dort, als wären wir erst vor fünf Minuten auseinandergegangen, nicht vor fünf Jahren.

Auch bei meinem jetzigen Milan herrscht eine unglaubliche Atmosphäre, aber es ist anders, weil ich hier mehr der Leader bin, das Vorbild, das Beispiel. Ich gehe nicht mit der Mannschaft essen, weil ich weiß, dass die Jungs zu viel Respekt vor mir haben, das wäre für sie keine entspannte Situation, sie wären gehemmt, eingeschüchtert.

Von einem bin ich überzeugt: Wäre ich noch der Ibrahimović von früher, dann hätte diese junge Mannschaft bei Milan mit nur wenigen Spielern, die international Erfahrung gesammelt hatten, überhaupt nichts gewonnen, weil ich sie mit meiner Aggressivität plattgemacht hätte. Mit den Jahren habe ich mich geändert, ich bin reifer geworden – das merke ich auch an meinen Reaktionen.

Heute bin ich hart, aber gleichzeitig soft. Ich verfüge über eine Ausgeglichenheit, die ich früher nicht hatte: *balance* … Heute behandle ich nicht alle Mitspieler gleich, ich weiß, wer motiviert werden muss, vielleicht im Einzelgespräch, und wen ich vor der gesamten Mannschaft rüffeln muss. Hart und soft.

Ich bin nicht zu Milan gekommen, um vierzig Tore zu schießen und Spiele zu verlieren, ich bin hier, um den

Spielern der Mannschaft zu helfen, damit sie als Kollektiv und auch als Einzelspieler wachsen. Damit alle gemeinsam gewinnen. Das ist meine Herausforderung, das ist meine neue Rolle.

Vor zehn Jahren, in meinem ersten Leben bei Milan, hatte ich eine ganz andere Aufgabe: Ich musste der Mistkerl sein, der aus einer Generation von Champions, die schon alles gewonnen hatten, das Letzte herausholte.

In Roberto Mancinis EM-Team habe ich genau die Einstellung erkannt, wie sie mein heutiges Milan hat: wenige Superstars, aber das Team top. Ihr und unser Geheimnis sind der Spirit, die magische Chemie, die entstanden ist und die junge und nicht so junge Spieler zu einer Einheit geformt hat. Die Azzurri sangen im Bus so wie wir und haben auch die Melodie unseres berühmten Kampflieds benutzt: »Pioli is on fire«.

Mancini hat außergewöhnliche Arbeit geleistet. Ja, Roberto hat sich sehr verändert. Bei Inter hatte er keine Beziehung zu den Spielern. Null. Das machte alles Mihajlović, der gerade seine aktive Laufbahn beendet hatte und nun Robertos Co-Trainer war. Mancini leitete das Training, er kümmerte sich um die Taktik, das war's. Null Dialog mit der Mannschaft. Dafür war Siniša da. Heute wirkt Roberto wie ein anderer Mensch. Er redet mit jedem, auch außerhalb der Nationalmannschaft. Er hat einen anderen Zugang zu den Leuten, transportiert Emotionen. Früher war er kühler und distanziert. Er hat gesiegt, indem er aus den jungen Spielern, die er zur Verfügung hatte, das Beste herausgeholt hat.

Schon beim ersten Spiel von Italien bei der EM habe ich gesagt: »Die kommen bis ins Endspiel.«

Je öfter sie gesiegt haben, desto besser wurden die Chemie und die Begeisterung im Team. Wie es auch bei uns passiert ist. Und wenn du Selbstvertrauen hast, dann findest du auch den Mut, einen neuen, offensiveren Fußball zu spielen, wie eben den von Mancini und Pioli.

Entscheidend waren die ersten drei Spiele in Rom mit Publikum, nach einem Jahr der leeren Stadien. Wir bei Milan spielten, gewannen, und dann sagten wir: Okay, jetzt aber ab nach Hause zum Essen. Eine triste Alltagsroutine.

Die Azzurri dagegen hatten die Fans, die im Stadion Schlachtgesänge anstimmten, die jubelten, die mitrissen, die Energie abgaben, Adrenalin. Und so wuchs die Mannschaft von Spiel zu Spiel über sich hinaus.

Mich hat vor allem ihre Verteidigung begeistert. Ich mag Leonardo Bonucci und Giorgio Chiellini, weil ich gegen sie gespielt habe und genau weiß, was sie wert sind. Ein perfektes Duo, sie ergänzen sich wunderbar: Chiellini macht dich im Zweikampf fertig, der andere spielt mehr den Ball. Eine außergewöhnliche Mischung in einem sehr auf Ausgeglichenheit ausgerichteten Spielsystem: Italien spielt sehr offensiv, aber es kann auch verteidigen.

Habt ihr Chiellini gegen den armen Bukayo Saka im Finale in London gesehen?

So ist Chiellini: Auch wenn du an ihm vorbeiziehst, auch wenn du ihn umdribbelst, weißt du, dass es noch nicht vorbei ist, weil er alles tun wird, um dich zu stoppen. Was kannst du schon tun, wenn er dich am Hals packt? Nichts. Du regst dich auf und machst weiter. Das ist Chiellini: ein Tier.

Ich spiele unheimlich gern gegen Verteidiger wie ihn, so wie ich gern gegen Maldini, Nesta, Cannavaro, Thuram und Stam angetreten bin. Adrenalin in Reinform.

Du weißt, dass du gegen solche Giganten immer mehr geben musst, denn sie lassen nicht locker. Aber wenn du es schaffst, an ihnen vorbeizukommen, vielleicht nach zwei Versuchen, fühlst du dich großartig und seufzt: Ach, wie schön …

Und dann hat mir natürlich Donnarumma gefallen, der sich unglaublich entwickelt hat. Was ist Donnarumma wert? Ein solcher Torwart ist unbezahlbar. Du zahlst, was er von dir will, und dann bedankst du dich noch bei ihm, dass er nur das verlangt hat, denn er wird noch stärker werden. Heute ist er nicht mehr der gleiche Torwart wie vor der Europameisterschaft, heute könnte er problemlos das Doppelte verlangen.

Wenn er zehn Millionen von dir will, gib sie ihm. Diese zehn Millionen sind keine Ausgabe, sondern eine Investition.

Außerdem zeichnet Gigio noch etwas aus, über sein Können hinaus: Er ist bei Milan gewachsen, er hätte der neue Maldini werden können, ein Anführer, Mannschaftskapitän. Es stimmt nicht, dass er auf jeden Fall weggegangen wäre. Gigio wäre geblieben, er hat zu mir gesagt: »Wenn sie mir geben, was ich will, bleibe ich. Ich fühle mich eigentlich richtig wohl hier.«

Einen Torwart wie ihn kannst du nicht ersetzen. Donnarumma hätte dir für fünfzehn Jahre die Zukunft gesichert, nicht nur für zwei oder drei.

Bei allen Mannschaften, in denen ich gespielt habe, war mir der Torwart meist ziemlich egal, denn wenn der beste Spieler im Team bloß der mit der Nummer eins auf dem Trikot war, dann bedeutete das, dass wir nichts gewinnen würden. Aber mit Donnarumma war das anders: Er hat Milan sehr oft gerettet und dabei geholfen, dass die Mannschaft ganz langsam wachsen konnte. Man kann nichts als Danke sagen für das, was er uns gegeben hat. Er war unsere Stärke und unsere Sicherheit. Wir wussten, selbst wenn wir es nicht gebacken kriegen, würde er immer noch hinten drinstehen und alles regeln.

Ein ähnliches Gefühl hat mir nur Gigi Buffon vermittelt. Während des Trainings ließ mich Capello gegen Thuram und Cannavaro spielen. Eins gegen zwei: Wenn ich an ihnen vorbeikam – falls ich vorbeikam –, dann stand ich vor Buffon, einer Mauer, einem, der einfach jeden Ball hielt.

Gigio ist noch nicht auf dem Niveau von Gigi in seinen besten Zeiten, aber er hat ein enormes Potenzial. Man sieht, dass in ihm etwas Besonderes steckt. Und er hat auch seine Persönlichkeit stark entwickelt. Am Anfang war er empfindlich, immer in der Defensive, vor allem, wenn er kritisiert wurde. Er benahm sich wie ein Star, obwohl er noch keiner war. Und dann kam ich, der ich ja schon das eine oder andere gewonnen hatte, und er hat sich verändert.

Nun antwortete er wie ein Leader. Er nahm Kritik von mir an, manchmal erwiderte er mit neu gewonnener Selbstsicherheit: »Okay, aber du musst Folgendes tun …«

Und so entwickelte sich das Team durch den Vergleich, durch gegenseitige Ratschläge. Denn als ich bei Milan ankam, habe ich allen Druck gemacht, ohne Ausnahme, auch den Donnarummas und Romagnolis dieser Welt, die einen gewissen Status hatten.

In Paris musste Donnarumma anfangs nach seinem Wechsel zu oft auf der Bank sitzen. Mino fragte mich: »Was meinst du, muss Gigio PSG den Kampf ansagen?«

»Natürlich muss er das«, war meine Antwort. Er muss zu Pochettino gehen und ihn jedes Mal fragen: »Warum spiele ich nicht?«

Er muss ihn in Verlegenheit bringen, ihn und all die anderen. Sonst ist das Leben für sie zu einfach. Wenn Gigio akzeptiert, dass er auf der Bank sitzt, dann akzeptiert er quasi, dass er der Schwächere ist, und das ist er nicht. Dann hätte er gleich Stammspieler bei Milan bleiben und den Vertrag akzeptieren können, den man ihm vorgelegt hat.

Es ging nicht darum, seine technischen Fähigkeiten zu zeigen. Nach zwei Trainingseinheiten hatten alle begriffen, dass er der Bessere war. Er musste sich bei seinen Mitspielern durchsetzen, auch wenn es in der Kabine vielleicht ganz normal war, dass die Südamerikaner alle auf der Seite von Keylor Navas standen.

Gigio war bereits als der beste Spieler der Europameisterschaft ausgezeichnet worden, und das in einer Mannschaft, die auf Angriff spielte, nicht in einer, die nur verteidigte. Und das war nur gerecht, denn der eigentliche Star war er gewesen.

Im Elfmeterschießen des Finales war er gigantisch.

Okay, Gareth Southgate, der englische Nationaltrainer, hat lauter falsche Entscheidungen getroffen, aber es war für ihn auch nicht leicht in diesem voll besetzten Stadion, mit ganz England im Nacken und dazu die fünfundfünfzig Jahre ohne Titel, die auf ihm lasteten. Und genauso wenig war es einfach, die Elfmeter zu schießen, durch die der Titel entschieden wurde.

Du kannst tausend davon im Training geschossen und alle versenkt haben, aber wenn du dann dort im Spiel stehst, bist du auf einem ganz anderen Planeten.

In der vergangenen Saison habe ich das in der Serie A am eigenen Leib erfahren. Ich hatte bei Elfmetern immer eine ausgezeichnete Trefferquote. Dann habe ich zu Beginn der Saison ein paar verschossen, und etwas ist in meinem Kopf passiert. Ich begriff nicht so recht, was. Irgendetwas hatte sich geändert.

Wenn ich zum Elfmeterpunkt ging, fühlte ich mich sicher und voller Selbstvertrauen. Ich lief sehr ruhig an, doch dann genau in dem Moment, wenn ich den Ball traf, kam es mir so vor, als würde ich an Kraft verlieren. Alles war perfekt, bis auf den Moment, in dem ich den Ball trat – dann verlor ich entweder an Wucht oder wurde unsicher und entschied mich im letzten Moment um.

Das war mir vorher noch nie passiert.

Ich habe versucht, trotzdem weiterzumachen: Der nächste wird bestimmt besser, die Blockade löst sich auf, und mein Kopf wird wieder frei. Stattdessen Fehlanzeige.

Daher habe ich zu Kessié gesagt: »Schieß du, Franck.«

Ich wollte etwas Druck von mir nehmen, durchatmen und dann wieder versuchen zu schießen.

Ich habe im Januar einen Elfmeter gegen Cagliari getroffen, aber es war ein beschissener Schuss, total schlapp. Zum Glück hatte sich der Torwart zur falschen Seite geworfen.

Verdammt, mir fehlt immer noch der letzte Biss.

Gegen Bologna verschieße ich. Wieder einmal … Fünfter verschossener Elfer, daher beschließe ich: Schluss, aus, ich schieße so lange keine Strafstöße mehr, bis ich wieder Selbstvertrauen habe und ich mich frei fühle. Und außerdem ist Kessié wirklich gut darin.

Es ist nicht wichtig, wer schießt, wichtig ist nur, dass die Mannschaft ein Tor erzielt. Franck hat gegen Juve verschossen, aber ich habe ihm gesagt: »Keine Sorge, schieß weiter du. Ich muss nichts beweisen. Ich bin hier, um dem Team beim Wachsen zu helfen.«

Im Moment weiß ich nicht, wann ich wieder zum Elfmeterpunkt gehe. Es muss wieder klick in meinem Kopf machen. Wenn ich momentan zum Strafstoß antrete, steht nicht der Torwart vor einer Herausforderung, sondern ich selbst. Es ist eine Blockade, die ich überwinden muss, und das muss im Spiel passieren.

Im Training nützt das gar nichts. Wenn ich nicht traf, schnappte ich mir Donnarumma und sagte: »Gigio, lass uns ein paar Elfer üben.«

Ich versenkte sie alle, die Kraft und die Genauigkeit im Moment des Schusses war jedes Mal da. Jetzt muss es in einem Spiel klick machen. Es ist alles reine Kopfsache.

Nach Gigio geht bestimmt auch Kessié irgendwann fort, denn es ist völlig normal, dass man, wenn man gewinnt, auch Forderungen stellen kann.

Alles geht so schnell, man braucht seine Erinnerung.

Wenn ich mir aus der Geschichte einen Freund für ein gemeinsames Abendessen aussuchen müsste, würde ich ohne zu zögern Muhammad Ali wählen, denn er war innen so wie nach außen. Er stand zu dem, was er sagte, auch wenn er dafür das Gefängnis riskierte, und das zu einer gesellschaftlich schwierigen Zeit der Kriege und Rassenkonflikte. Wenn es dir gelingt, aus der Mitte des Sports heraus wichtige Botschaften zu verschicken, die jeden Winkel der Welt erreichen, dann bist du wesentlich mehr als nur ein Athlet. Du bist eine Ikone, ein Symbol, alles. Ich hätte gern ein wenig Zeit mit ihm verbracht und mich mit ihm unterhalten.

Sollte ich dagegen eine lebende Person wählen, um mit ihr auf meinem Boot einmal um die Welt zu fahren, dann nehme ich Mino mit, der alles über das Meer, über den Fischfang und Korallenriffe weiß und auch über alles Übrige bestens informiert ist. Irgendwer lässt den Namen eines ungarischen Städtchens fallen? Mino liefert dir dazu prompt ein paar Infos, und vielleicht hat er sogar noch einen Restauranttipp für dich.

Aber mein wahrer Freund, der beste Freund aller Freunde, heißt Red. Er ist ein Hund, eine Englische Bulldogge. Wenn ich Zuwendung brauche, dann kann ich mich auf ihn verlassen.

Ich wollte schon immer eine Englische Bulldogge. Wir haben dann einen Welpen bei einem Züchter in Wales vorgemerkt und sind ein paarmal dorthin gefahren, um uns mit ihm zu treffen. Bei einem dieser Besuche habe ich Red entdeckt, der mich im Sturm erobert hat. Es war Liebe auf den ersten Blick. Ich habe ihn gesehen, und er war genauso, wie ich mir meinen Hund erträumt hatte: stark, kräftig, mit einem riesigen Kopf, obwohl er erst zwei Jahre alt war. Er war der perfekte Hund.

Es gab nur ein einziges Hindernis: Er stand nicht zum Verkauf, weil er ein Problem hatte. Er hatte irgendwann ein Trauma erlitten, vielleicht bei einem Silvesterfeuerwerk. Das hatte eine Blockade in seinem Kopf ausgelöst, und von da an war er nicht mehr derselbe. Also keine Hundeshows mehr für ihn. Ein freundlicher Hund, aber sehr verunsichert, verängstigt, gestresst. Wir haben gefragt, ob wir ihn kaufen könnten, aber die Antwort war Nein.

Einige Zeit nachdem wir unseren Welpen abgeholt hatten, besuchten uns die Züchter zusammen mit Red in Manchester und schlugen uns vor, ihn probeweise zu behalten, um zu sehen, wie es lief.

Fast zwei Wochen lang blieb der Hund ganz ruhig in einer Ecke der Küche, er verschwand nur mal schnell in den Garten, um seine Bedürfnisse zu verrichten, danach kehrte er sofort ins Haus zurück. Uns wurde klar, dass er professionelle Hilfe brauchte, und wir beschlossen, ihn einem Hundetrainer anzuvertrauen. Nur für einen Tag. Wenn er irgendwelche Fortschritte machen sollte, würden wir ihn behalten, wenn nicht, würden wir ihn nach Wales zurückbringen.

Es war kaum zu glauben, aber innerhalb nur eines halben Tages veränderte sich der Hund radikal. Und es endete damit, dass wir den Welpen zurückgaben und Red behielten, der nicht gerade einen aktiven Tag verbringt, er schläft, er frisst, geht mal kurz mit uns in den Park. Heute ist er ein vollwertiges Mitglied unserer Familie.

Er fehlt mir so sehr, dass ich hier in Mailand eine Kopie von ihm habe, eine Art Statue.

Also, die Liste wird länger: Red gehört zum Kreis meiner besten Freunde. Als der beste und höflichste Engländer, den ich kennengelernt habe.

Nach meinem Dreißigsten beschloss ich, nie mehr Geburtstage zu feiern, denn dieser Tag, der 3. Oktober, war zu einer Art Kalendermemo geworden: »Vergiss nicht, dass du alt bist.«

Also zumindest für den Fußball.

Ich behandelte den Tag daher wie jeden anderen auch. Ich verbrachte ihn entspannt im Kreise der Familie, ohne Überraschungsparty oder Ähnliches. Und eigentlich wollte ich das auch an meinem Vierzigsten so halten, ein runder Geburtstag und eine magische Grenze, die nur wenige Fußballer als Aktive überschritten haben.

Am Tag davor sagt Patrizio, einer meiner Freunde: »Halt dich morgen um 20 Uhr bereit.«

Okay, denke ich, dann gehen wir wohl mit unseren Familien essen.

An meinem Geburtstag habe ich frei. Ich bringe Maximilian, Vincent und einen ihrer Freunde ins Milanello, wo sie Fußball spielen wollen. Ich habe keine Verpflichtungen, keine Eile, ich mache alles total relaxed.

Als wir nach Hause kommen, meint Helena zu mir: »Mach dich jetzt fertig, denn wir müssen gleich los.«

»Ja, gut, was soll ich anziehen?«

»Zieh dich ein bisschen eleganter an, es ist dein Geburtstag.«

Elegant? Okay: Jeans und ein weißes Hemd tun's wohl.

Aber nun schwant mir allmählich etwas, denn was sie anzieht, das ist deutlich mehr als elegant, mehr was für den Laufsteg. Ich warne sie sofort: »Hör mal, keine Überraschungen oder Spezialeffekte, du weißt ja, wie sehr ich das hasse.«

»Keine Sorge, da sind nur dein Bruder und einige Freunde aus Schweden gekommen. Wir essen zusammen, und das war's.«

Ah, gut.

Man fährt mich zum Hyatt. Mino ist schon dort. Er hat mir ein unglaubliches Geschenk gemacht: ein Gewehr, oder besser gesagt: den Rolls-Royce der Jagdgewehre. Ein wahres Wunderwerk.

Außerdem sind da: mein Bruder, seine Frau, meine Freunde Thomas, Daniel Majstorović, der mit mir in der Nationalmannschaft war, Andreas, Max Martin, mein erster Physiotherapeut in Malmö, Patrizio und seine Frau.

Wir essen, und dann warten wir, dass sie die Torte bringen. Ich werde gefragt: »Würde es dir etwas ausmachen, in die Küche zu gehen und die Köche zu begrüßen? Weißt du, die sind extra aus Rom eingeflogen.«

Okay, gerne, das Essen war wirklich Spitzenklasse.

Dann führt man mich zu einem Aufzug, der jedoch ins oberste Stockwerk auf die Dachterrasse fährt. Meine Begleitung geht vor. Ich steige aus, erkenne sofort Nada Topčagić, die serbobosnische Sängerin, und schon ertönt die Melodie von »Jutro je«, dem Stück, das ich so mag und das man immer beim Festival von Sanremo gespielt hat, wenn ich die Bühne betrat. Sie fängt an zu singen.

Plötzlich kommt ein bekanntes Gesicht nach dem anderen auf mich zu. Alle sind da, und damit meine ich wirklich alle.

»Ciao …« Zambrotta.

»Ciao …« Dacourt.

»Ciao …« Gattuso.

Ich bin buchstäblich vor den Kopf geschlagen, das alles ist so unwirklich. Ich laufe wie ein Zombie über die Terrasse.

Ambrosini, Oddo, Abate, Cassano, Verratti, Donnarumma, Sirigu, Kulusevski, Pogba … Leute, die ich schon seit Ewigkeiten nicht mehr gesehen hatte. Moggi, Galliani …

Der Song endet, ich nehme das Mikrofon, und auch wenn ich verwirrt und gerührt bin, versuche ich, ein paar Worte zu sagen: »Ich danke euch allen. Das habe ich echt nicht erwartet … Das ist wirklich eine tolle Überraschung. Ich sehe, dass auch viele gekommen sind, die ich nicht gut behandelt habe. Ich hätte nicht gedacht, dass sie kommen würden. Und ich schwöre, ich habe niemanden fürs Kommen bezahlt. Vielleicht bedeutet das, dass ich ein Herz habe und dass ich irgendwo doch etwas Gutes zustande gebracht habe.«

Applaus, Umarmungen.

Dann kommen auch Mister Pioli, Maldini und meine Mannschaftskollegen dazu, die gerade erst in Bergamo gespielt und ein großes Match gewonnen haben. Ich bin zum AC Milan nach einer 0:5-Niederlage bei Atalanta zurückgekommen, um dem Verein zu helfen, wieder zu alter Stärke zu finden, und heute Abend hat mein Milan auf demselben Platz dominiert und eine fantastische Vorstellung abgeliefert. Die Tore haben Calabria, Tonali und Leão erzielt, drei Jungs, die in diesen Monaten sehr gewachsen sind.

Und das an meinem Geburtstag. Hätte ich von meinen Mitspielern ein schöneres Geschenk bekommen können?

In seiner ersten Saison bei Milan war Tonali noch ganz in seinem Traum blockiert. Er sah sich um und sagte sich immer wieder: Das hier ist das Team, von dem ich schon als kleiner Junge geträumt habe … Dieses Jahr hat er sich von seinem Traum gelöst und ist ins reale Leben eingetreten. Jetzt sagt er sich immer: »Ich bin ein Spieler von Milan, und ich beweise das in jeder Partie.« Er ist dort im Mittelfeld ein Panzer. Tonali wird bald Stammspieler in der Nationalmannschaft sein. Es ist nur eine Frage der Zeit. So wie Calabria, der nun das Maximum an Reife erreicht hat. Tonali dagegen hat noch erheblichen Spielraum für Verbesserungen.

An Leãos Leistung habe ich keinen Anteil. Ich habe es bereits erklärt: Er ist der Einzige, bei dem ich keinen Weg der Kommunikation gefunden habe. Ich habe es inzwischen aufgegeben: Wenn er nichts von sich aus dazu beiträgt, kann ich nichts tun. Wenn nicht er beschließt, sich zu ändern und zu wachsen, dann kann ich ihm nicht helfen. Schließlich hat er es geschafft. Er hat beschlossen, sich selbst zu helfen, und nun ist er ein völlig anderer Spieler. Er lässt alle mit einer beinahe peinlichen Leichtigkeit hinter sich, es wirkt immer, als spielte er gegen eine Jugendmannschaft. Vom ersten Tag des Vorbereitungstrainings an ist er mit dem richtigen Spirit und der richtigen Einstellung angetreten. Er hat hart trainiert, und die Ergebnisse ließen nicht auf sich warten. Nun fühlt er sich mehr als wohl, es geht ihm bestens, und so muss er weitermachen.

Pioli hat nun ein echtes Problem, denn ich glaube, er hatte noch nie in seinem Leben so viele potenzielle Stammspieler für die Nationalmannschaft in seinem Team.

Einmal machten wir im Milanello ein Trainingsspiel elf gegen elf. Ich war in der Reservemannschaft, beobachtete die andere Mannschaft, die dann später Lazio zerlegen sollte, und sagte mir: Wir können sie schlagen. Hundertprozentig. Piolis Glück ist, dass er fünfmal wechseln darf.

Meine Mitspieler sind gewachsen, sie sind ganz oben in der Liga angekommen, sie spielen in der Champions League und haben Atalanta niedergebügelt.

Auf meiner Party wollte Galliani unbedingt das Spiel gegen Bergamo sehen und ließ sich einen Fernseher auf die Terrasse bringen.

Ich bin wirklich glücklich. Auch wenn ich sonst so etwas nicht mag, muss ich zugeben, dass Helena eine wunderbare Überraschung für mich organisiert hat. Sie hat einen Monat daran gearbeitet. Berlusconi sollte auch kommen, aber am Morgen hat er angerufen, dass er es nicht schaffen würde.

Ich habe mich sehr gefreut, Luciano Moggi wiederzutreffen, den ich schon so viele Jahre nicht mehr gesehen hatte. Er war derjenige, der mich nach Italien geholt und mir die Tür geöffnet hat. Ich musste nur noch eintreten und Ibra sein.

Schön war es auch, Adriano Galliani zu sehen, zu dem ich immer ein ausgezeichnetes Verhältnis hatte, abgesehen von dem einen Mal, wo er mich nach Paris abserviert hat.

Ihnen zuzuhören, wie sie miteinander redeten, war einfach wunderbar.

Galliani sagte: »Einmal, Zlatan, solltest du gegen uns spielen, aber du warst gesperrt, und Luciano hat Himmel und Hölle in Bewegung gesetzt, um die Sperre aufzuheben. Ich habe davon erfahren und habe nicht untätig zugesehen …«

Und Moggi: »Erinnerst du dich, Adriano, an dieses Traumtor von Trezeguet in San Siro nach einem Fallrückzieher von Del Piero?«

Galliani: »Ich erinnere mich eher an den Elfmeter von Sheva gegen Manchester.«

Und dann war da noch Cassano, der hemmungslos eine Anekdote nach der anderen rausfeuerte, wie es seine Art ist.

Eine wirklich magische Stimmung. Ich war glücklich. Und gerührt. Diese Terrasse voller Überraschungen war das schönste Geschenk, das ich je bekommen habe.

Und in diesem Glück war für mich das Allerschönste, zu sehen, wie meine Söhne sich freuten und wie stolz sie waren. Jahrelang haben sie mich gefragt: »Papa, wie war denn eigentlich Gattuso? Wie waren Maldini, Zambrotta, Ambrosini?« Sie schickten mir Youtube-Videos und löcherten mich mit ihren Fragen. Jetzt sahen sie alle diese Ausnahmespieler in Fleisch und Blut vor sich, alle auf einer Terrasse versammelt.

»Nutzt die Gelegenheit«, habe ich Maximilian und Vincent gesagt. »Redet mit allen, auf Italienisch, Englisch, Französisch, ganz egal, ihr werdet schon sehen, die verstehen euch. Fragt alles, was ihr wollt.«

Wie schön war es, sie so aufgeregt zu sehen, ihre staunend aufgerissenen Augen, und wie sie von Gattuso zu Pogba wechselten. Es war auch ein Weg, meine Fußballgeschichte besser kennenzulernen, denn im Moment habe ich zwar tolle Teamkollegen, aber früher spielte ihr Papa mit den besten Fußballern der Welt.

Die Geburtstagstorte war riesig, obendrauf meine Fußballschuhe. Wir blieben bis um vier Uhr morgens und haben geredet und gelacht. Ich habe mich so richtig wohlgefühlt.

Beim Betreten des Hyatt war mir noch ziemlich flau gewesen. Diese riesige Zahl Vierzig aus beleuchteten Fenstern hatte mich ins Schwitzen gebracht: Was würde mich wohl erwarten?

Aber als ich das Hotel verließ, es war fast schon Morgen, war ich glücklich und dachte über eines nach: Wenn ich selbst die Feier organisiert hätte, wären alle gekommen, aber nur ungern. Sie hätten gedacht: Wenn Zlatan uns ruft, dann müssen wir kommen.

Aber ich wusste ja nicht, wer eingeladen war. Eigentlich hätten sich alle auf der Terrasse eine Ausrede einfallen lassen können, und ich hätte nie davon erfahren. Das bedeutet, dass sie gekommen sind, nur weil sie gern bei mir sein und mich feiern wollten.

Als ich gesagt habe, dass ich, abgesehen von meinen Anwälten, nur wenige Freunde habe, da habe ich vielleicht untertrieben.

VERLÄNGERUNG

(oder: über die Zukunft)

Mailand, Mittwoch, den 3. November 2021

Gestern hat es den ganzen Tag geregnet, heute Morgen ist der Himmel dagegen klar und blau. Man kann die Berge am Horizont sehen, schon weiß vom Schnee.

Ich liebe es, Mailand von der Terrasse meiner Wohnung aus zu betrachten: die Kinder, die unten im Park spielen, den Dom zur Linken, die mächtigen Trägerbalken des San Siro, die weit hinten hervorspitzen …

Ich habe das Gefühl, die ganze Stadt zu kontrollieren, die von oben noch schöner ist.

Ich breite dann die Arme aus, so wie ich es nach einem Tor mache. Ich atme die frische Luft ein und schließe einen Moment die Augen.

Helena meint, dass mein Apartment nur ein besseres Hotelzimmer sei, es gefällt ihr nicht, weil es vor allem für mich eingerichtet ist, zu viele Sportgeräte, ein großer Fernseher, ein Esstisch voller Computer und Videospiele, sodass wir uns manchmal zum Essen auf die Hocker in der Küche setzen müssen.

Ich dagegen liebe es. Denn ich fühle mich dort wohl und sicher.

Es erfüllt seinen Zweck perfekt. Ich bin aus einem bestimmten Grund in Mailand und konzentriere mich vollständig auf meine Mission. Die lange Wartezeit wegen der Pandemie ist vorbei. Endlich füllt sich das Stadion wieder bis zum Rand mit Fahnen, Spruchbändern und entfesselten Anfeuerungsrufen, und ich werde das langersehnte Adrenalin in mich aufsaugen, das ich so lange vermisst habe. Adrenalin ist mein Antrieb, meine Motivation, um mit dem weiterzumachen, was ich liebe. Geld ist nicht mehr die treibende Kraft, es sind die ohrenbetäubenden Anfeuerungsrufe, die Emotionen und der Applaus auf der Tribüne, die einem das Gefühl vermitteln, Fußball sei eine Frage auf Leben und Tod. Ein Spiel, das ich immer lieben werde.

Nächsten Sonntag ist das Derby. Das ist immer ein ganz besonderes Spiel, schließlich wird dadurch auch ermittelt, wer in der Stadt das Sagen hat. Wir sind bereit.

Vor zwei Tagen hatten wir ein großes Match gegen die Roma, auswärts, vor einer großartigen Kulisse: Das Stadio Olimpico war fast voll, fünfzigtausend Besucher. Ich habe die Fans so sehr vermisst, auch wenn sie pfeifen, grölen und mich beleidigen.

Schon beim Aufwärmen hatte ich ein gutes Gefühl. Wie ich schon erklärt habe: Ich bin derjenige, der beschließt, ob ein Spiel gut oder schlecht läuft. In meinem Kopf. Und in Rom habe ich sofort beschlossen, dass es gut laufen würde.

Bevor ich aus der Kabine ging, habe ich zu Daniele Bonera, unserem Techniktrainer unter Pioli, gesagt: »Jetzt geh ich raus und mach alle fertig.«

Im Interview vor dem Spiel hatte man mich gefragt, was die fünfzigtausend Zuschauer für mich bedeuten. Meine Antwort: »Hoffentlich pfeifen sie, denn wenn sie mich auspfeifen, fühle ich mich lebendig, und das gibt mir umso mehr Energie.«

Direkt vor dem Anstoß bilden wir einen Kreis, Arm in Arm, mitten auf dem Platz. Ich gebe die Parole aus: »Wir greifen ab der ersten Sekunde an.«

Und kaum hat der Schiedsrichter angepfiffen, stürzen wir uns auch sofort im Pulk auf den Ball, um der Roma zu zeigen, dass wir ihn wollen. Wir holen ein paar gute Chancen für uns raus, dann gibt man uns einen direkten Freistoß. Bennacer kommt zu mir: »Gestern im Training habe ich jeden reingemacht. Lass es mich probieren, Zlatan …«

Ich antworte: »Okay, schieß du im Training, ich schieße im Spiel.«

Ismaël grinst und geht.

Ich bin sicher, dass der Torwart einen Ball mit Effet über die Mauer erwartet, denn ich stehe in einem ziemlich schrägen Winkel zum Tor. Daher beschließe ich, ihn mit einem mächtigen Flachschuss von der anderen Seite zu überraschen. Er geht auch wirklich einen Schritt auf die Mauer zu, und als er begreift, dass der Ball in eine andere Richtung kommt, versucht er, sich anders zu positionieren, aber so verliert er das Gleichgewicht und kommt nicht vom Fleck.

Ich feiere den Treffer mit den Teamkollegen und tippe mir mit zwei Fingern mitten auf meine Stirn.

Auf einmal brüllt das gesamte gegnerische Publikum: »Zigeuner!«

Ich lege die Hand ans Ohr: »Ich kann euch nicht hören …«

Ich provoziere sie, noch lauter zu schreien: »Lauter! Ich hör nichts … Lauter!«

Ein ohrenbetäubendes Pfeifkonzert geht los.

»Lauter! Ich höre immer noch nichts …«

Ich tanke Adrenalin. Ich breite die Arme aus und lächle dazu glücklich: Ich fühle mich lebendig, ich fühle mich stark.

Der Schiedsrichter verwarnt mich. In dem Moment sage ich nichts dazu, denn ich stehe immer noch unter der aufputschenden Wirkung des Adrenalins. Aber in der Pause ist der Adrenalinspiegel wieder gesunken. Ich gehe zu ihm und erkläre: »Hör mal, du hast mich verwarnt, aber als fünfzigtausend Personen mich als ›Zigeuner‹ beschimpft haben, hast du nichts getan. Du hast nur mich bestraft. Was wollen wir tun?«

Ich hatte niemanden provoziert, ich hatte nicht den Mittelfinger gezeigt, ich hatte mich nicht mit einer obszönen Geste berührt. Ich hatte nur die Arme vor der gegnerischen Kurve ausgebreitet, die mich beleidigt hat.

Ich warne den Schiedsrichter: »Pass auf, spiel nicht mit dem Feuer, denn ich bin nicht wie die anderen. Verhalte dich korrekt und tu das Richtige.«

Er hätte mich nicht verwarnen dürfen, nur um es denjenigen recht zu machen, die mich auspfiffen oder die auf der Bank protestierten.

Dann im Tunnel antwortet er mir: »Pass lieber du auf, sonst werfe ich dich vom Platz.«

Vor zehn Jahren wäre ich bei so einer Drohung abgegangen wie eine Rakete. Ich hätte mich völlig vergessen. Diesmal sage ich nichts, ich kontrolliere mich. Ich fühle Verantwortung für meine Mitspieler, ich will dem Team keine Probleme bereiten.

Adrenalin und *balance*.

Pioli informiert mich: »Zlatan, ich lass dich noch zehn, fünfzehn Minuten im Spiel, denn diesem Schiri trau ich nicht.«

»Keine Sorge, Mister. Ich gehe nur zum Ball und auch nur dann, wenn ich sicher bin, dass es keinen Zweikampf gibt.« Ich wollte keinen Vorwand für eine zweite Gelbe Karte liefern.

Und tatsächlich halte ich mich in der zweiten Halbzeit aus allen Zweikämpfen und Rangeleien um den Ball raus. Ein Treffer von mir wird wegen Abseits nicht gegeben, ein zweiter nach einer Brustvorlage von mir auch bei Leão nicht, und ich hole schließlich den Strafstoß zum 2:0 raus, den Kessié verwandelt. Es ist ein klarer Elfmeter, weil der Verteidiger mich am Knie berührt, mein Bein blockiert und ich dadurch nach vorne falle.

Als der Schiedsrichter zum Monitor des Videoassistenten geht, bin ich absolut sicher: »Jetzt nimmt er uns den Elfer weg. Er kann ihn nicht bei einem Foul an mir geben …«

Doch überraschenderweise gibt er ihn uns.

Ich liege immer noch am Boden, Kessié kommt zu mir und sagt: »Das ist deiner.«

Vor zehn Jahren hätte ich den Ball genommen und geschossen. Mein Ego hätte mich gezwungen, das zweite

Tor zu machen und dann vom Platz zu gehen. Jetzt ist es mir aber wichtig, dass die Mannschaft Vertrauen in sich fasst und sich als der Held des Spiels fühlt. Ich habe schon ein Tor gemacht, ich habe den Freistoß rausgeholt, ich habe gegen fünfzigtausend Gegner gespielt, die mich beleidigt haben. Ich stand oft genug im Scheinwerferlicht. Jetzt sind die Jungs dran, auch weil ich bald rausgehe und sie sich stark fühlen müssen, um drei Punkte nach Hause zu bringen.

Also sage ich: »Nein, Franck. Den schießt du.«

Kessié trifft, ich werde ausgewechselt, Theo Hernández fliegt vom Platz, und dann beginnt eine lange Zitterpartie. Die Roma geht immer stärker in die Offensive, Mourinho protestiert ständig und feuert so sein Team an. Daher befehle ich zehn Minuten vor Schluss meinen Mannschaftskollegen auf der Bank: »Los, alle Mann aufstehen und die Mannschaft anfeuern, denn die brauchen uns jetzt!«

Wir stehen also alle am Spielfeldrand, schreien uns die Seele aus dem Leib, machen den Jungs auf dem Platz Mut, die tatsächlich einen ganz wichtigen Sieg nach Hause bringen.

Mourinho ist außer sich, er gratuliert zum Sieg und verabschiedet sich ganz schnell. Vor dem Spiel war ich zu konzentriert, um mit ihm zu sprechen, auch weil ich weiß, dass er ein Meister in Sachen *mind games* ist und mich hätte beeinflussen können. Aber ich habe mentale Spielchen auch ganz gut drauf.

Die ganze Provokation der Roma-Fans war ein *mind game*: Sie riefen »Zigeuner«, und ich habe die Arme ausgebreitet und gelächelt.

Jetzt allerdings auf der Terrasse meiner Wohnung stelle ich mir erneut die Frage: Wir haben uns zwei Jahre lang hingekniet, um diskriminierte People of Color zu unterstützen. Richtig. Alles gut und schön. Aber was ist mit den anderen Minderheiten?

Ich habe es bereits gesagt, ich mag keine Politik im Sport, ich stelle nur eine Frage: Ist das Rufen von »Zigeuner« weniger diskriminierend? Ist es eine weniger schwerwiegende Beleidigung? Was machen wir da?

Wenn sie irgendeine andere rassistische Beleidigung gerufen hätten, hätte der Schiedsrichter bestimmt das Spiel unterbrochen. Aber sie haben mich einen »Zigeuner« genannt, und der Schiedsrichter hat mich verwarnt.

Was nützt es denn, sich hinzuknien, Trikots mit der Aufschrift »respect« zu tragen, sich mit dem Spot »No to racism« zu schmücken, wenn sich in den Stadien nichts ändert?

Ich habe viele Pokale gewonnen, aber in dieser Saison wäre der Titel definitiv das größte Erfolgserlebnis, denn es gibt keine andere Mannschaft, die sich nach meiner Ankunft so verändert hat.

Das Spiel gegen die Roma war die endgültige Bestätigung: Jeder ist in der vollen Überzeugung auf den Platz gegangen, ein Ausnahmetalent zu sein. Mit so einem Selbstvertrauen müssen wir immer spielen. Die Jungs haben vor nichts Angst und greifen an, weil sie wissen, dass wir stark sind. Sie wissen, dass wir zusammen als Mannschaft mehr wert sind als all unsere Einzelleistungen.

Ich kann nicht sagen, ob sie sich mit mir auf dem Platz sicherer fühlen, aber falls wir wirklich den Scudetto gewinnen, dann wäre das superfantastisch, das Beste, was ich je erreicht hätte.

Und vielleicht wäre der Scudetto mit diesem AC Milan der ideale Abschluss meiner Karriere. Aber ich habe zu viel Angst vor dem Aufhören, und ich fühle mich immer noch zu stark dafür.

Die Fußballschuhe, auf die man »Zlatan 40« aufgestickt und die man mir zum Geburtstag geschenkt hat, sind eine Botschaft: »Ich bin vierzig Jahre alt und immer noch hier.«

Ich will die nächste Weltmeisterschaft spielen.

Ich habe ein ausgezeichnetes Verhältnis zum Trainer der schwedischen Nationalmannschaft. Vor jeder Aufstellung ruft er mich an, fragt, wie die Dinge stehen, und stellt mir immer die gleiche Frage: »Willst du weitermachen?«

Das letzte Mal habe ich geantwortet: »Ja, ich will. Mach dir mal keine Sorgen. Und frag mich das nicht mehr. Wenn ich mich nicht mehr in der Lage fühle, in der Nationalmannschaft zu spielen, dann werde ich dir das sagen.«

Für den Moment glaube ich, dass ich den Jungs helfen kann, sich zu verbessern, so wie ich das beim AC Milan getan habe. Ich muss nichts mehr beweisen oder jemandem vorschreiben, ich will nur inspirieren.

Die Ratschläge, die mir van Basten zu Beginn meiner Karriere erteilt hat, habe ich bereits an die jüngeren Spieler weitergegeben. Die Geschichte wiederholt sich.

Die Zukunft scheint noch weit weg und unverrückbar, wie diese verschneiten Berge dort hinten, jenseits der Dächer von Mailand. Und doch kommt sie auf mich zu. Ein bisschen macht sie mir Angst. Aber ich sehe ihr direkt in die Augen.

Und breite die Arme aus.

Von dreien, die auszogen, Fußballprofi zu werden

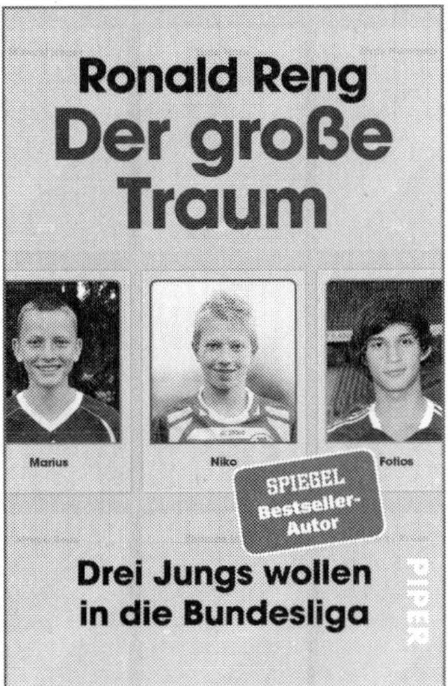

Ronald Reng

Der große Traum

Drei Jungs wollen in die Bundesliga

Piper Taschenbuch, 528 Seiten
ISBN 978-3-492-31906-5

In vollen Stadien spielen, gefeiert werden wie Thomas Müller oder Robert Lewandowski. Das ist der große Traum vieler Jungs wie Fotios, Marius und Niko. Alle drei spielen unwiderstehlich gut Fußball. Und deshalb nehmen die Profiklubs 1. FC Nürnberg und Greuther Fürth sie in ihre Leistungszentren auf. Doch Talent allein reicht nicht für eine große Karriere. Ronald Reng legt die Mechanismen und Methoden des Profifußballs offen und erzählt eine mitreißende Geschichte von Siegen und Niederlagen.

Leseproben, E-Books und mehr unter www.piper.de